CRIANZA POSITIVA, DISCIPLINA PARA NIÑOS PEQUEÑOS Y ENTRENAMIENTO PARA IR AL BAÑO (4 EN 1)

ENSEÑA A TU HIJO A IR AL BAÑO EN 7 DÍAS O MENOS, EDÚCALO SIN GRITOS Y APRENDE ESTRATEGIAS PARA NIÑOS FELICES

FAYE PALMER

© **Copyright 2021 - All rights reserved.**

The contents of this book may not be reproduced, duplicated or transmitted without direct written permission from the author.

Under no circumstances will any legal responsibility or blame be held against the publisher for any reparation, damages, or monetary loss due to the information herein, either directly or indirectly.

Legal Notice:

This book is copyright protected. This is only for personal use. You cannot amend, distribute, sell, use, quote or paraphrase any part or the content within this book without the consent of the author.

Disclaimer Notice:

Please note the information contained within this document is for educational and entertainment purposes only. Every attempt has been made to provide accurate, up to date and reliable complete information. No warranties of any kind are expressed or implied. Readers acknowledge that the author is not engaging in the rendering of legal, financial, medical or professional advice. The content of this book has been derived from various sources. Please consult a licensed professional before attempting any techniques outlined in this book.

By reading this document, the reader agrees that under no circumstances is the author responsible for any losses, direct or indirect, which are incurred as a result of the use of information contained within this document, including, but not limited to, —errors, omissions, or inaccuracies.

ÍNDICE

ENTRENAMIENTO PARA IR AL BAÑO Y DISCIPLINA PARA NIÑOS PEQUEÑOS (2 EN 1)

Introducción — 3

Parte I
LO QUE DEBE SABER SOBRE LOS NIÑOS PEQUEÑOS

1. Conoce mejor a tu hijo — 13
2. Hablar y explicarle las cosas a tu hijo — 29

Parte II
PLAN PARA DISCIPLINAR A LOS NIÑOS SIN CULPA

3. Apostar por la crianza positiva puede llevarte al método de disciplina sin culpa — 47
4. Desafíos de la crianza positiva con los que te encontrarás — 64
5. Practicar la Paciencia — 80
6. Estrategias de crianza sin estrés para criar a un niño más feliz - ¡Sin culpa! — 96
7. Buscar ayuda profesional. — 111

Parte III
HABLEMOS DEL ENTRENAMIENTO PARA IR AL BAÑO

8. ¿Cuándo es el mejor momento para empezar a entrenar a ir al baño? — 129
9. Descifrando los hechos y aclarando los conceptos erróneos del entrenamiento para ir al baño — 140

10. ¿Estás mentalmente preparado?	150
11. Preparar el equipamiento	163
12. El plan de 7 pasos para enseñarle a tu hijo a ir al baño en pocos días	173
13. Qué hacer por la noche cuando llega la hora de ir al baño.	184
14. Obtener ayuda de las guarderías y los cuidadores.	195
15. Criar al Niño Más Feliz.	208
Conclusión	221

CRIANZA POSITIVA Y DISCIPLINA LIBRE DE CULPA (2 EN 1)

Introducción	229

PARTE I

1. Comenzando El Viaje En Armonía	237
2. Evaluación de tu estilo de crianza antes de comenzar	251
3. Investigación Cerebral y Desarrollo infantil	265
4. La importancia de los primeros años	277
5. Inteligencia Emocional	294
6. Modelos de conducta a los que admirar	305
7. Respuestas tranquilas ante cualquier situación	315

PARTE II

8. Bloqueo de viejos hábitos y prevención de arrebatos	333
9. Conexión profunda, amor incondicional	342
10. Crear confianza y vínculos emocionales	350
11. El tiempo de exposición a la pantalla y sus efectos en el desarrollo infantil	362
12. Oportunidades de desarrollo infantil a partir de la Disciplina Positiva	373
13. Habilidades para hablar y escuchar	385
14. Cómo pasar del campo de batalla al lugar pacífico	398

Conclusión

ENTRENAMIENTO PARA IR AL BAÑO Y DISCIPLINA PARA NIÑOS PEQUEÑOS (2 EN 1)

LA GUÍA PARA LIBERARTE DE LOS PAÑALES SUCIOS EN 7 DÍAS. ESTRATEGIAS DE CRIANZA SIN ESTRÉS PARA CRIAR AL NIÑO MÁS FELÍZ DE TODOS

INTRODUCCIÓN

¿Estás preparado para sumergirte en la crianza de tus hijos? Esto no tiene por qué ser un enfoque de hundirse o nadar. Muchos padres se sienten perdidos en cuanto a ideas de crianza realistas. Otros, creen tener todas las respuestas, pero se quedan cortos cuando sus hijos no parecen encajar en el perfil que les han transmitido sus padres y amigos. La crianza de los hijos puede ser agotadora, desafiante y gratificante, todo en una sola aventura. Una verdadera aventura en la vida.

Este libro, con su enfoque de inmersión profunda, develará muchas ideas y pautas genuinas para una crianza feliz y saludable. ¿Qué cualificaciones crees que se necesitan para ser padre o madre? La enseñanza, la enfermería, algo de psicología y un poco de entrenamiento deportivo se incluirán en tu lista de habilidades parentales. No hay una talla única para ser padre o madre. Un libro como éste te abrirá los ojos a las diferentes perspectivas que ofrece el sector de la paternidad.

No hay una carretera ancha, con un coche supersónico, para llegar a tu destino. En realidad, no importa de qué clase social procedas ni tu formación académica. Tus calificaciones, tu edad y tu experiencia en la vida contribuirán a tus habilidades como padre. Sin embargo, navegar por los giros inesperados de este viaje de paternidad puede depararte algunas sorpresas. Según mi experiencia, la crianza de los hijos es un reto. No hay una fórmula sencilla que seguir. La mayor dificultad estriba en tratar de manejar los caracteres y las personalidades individuales. Los niños tienen puntos fuertes y débiles diferentes. Crecen y se desarrollan a ritmos diferentes. Los niños no están hechos para encajar en un molde común. Todo se reduce a la experiencia y a estar abierto a probar nuevas ideas. Todos los padres se encontrarán con que tienen que "dar un rodeo" en su viaje y probar otras tácticas. Este libro está repleto de ideas prácticas y minuciosamente investigadas sobre la crianza de los hijos para ese tipo de situaciones. Si al principio no tienes éxito, puedes volver a intentarlo.

"Empezar con el fin en mente" es uno de los principios de la crianza de los hijos, que leí en el libro de Stephen Covey, sobre los 7 hábitos de las familias eficaces. Es fácil, como padre, sentir que estás flotando en un mar de pañales y problemas de disciplina. Establecer objetivos es una parte muy importante de la crianza de una familia. Ojalá hubiera tenido este sencillo principio en mente cuando empecé a criar a mis hijos. Los libros de todo tipo son una gran ayuda, pero saber cuáles son tus objetivos es un principio muy útil que debes poner en práctica. A través de la lectura de diferentes publicaciones, artículos y sitios web sobre la crianza de los hijos, me ha sorprendido la cantidad de información valiosa que hay disponible. El padre novato quiere devorar cada trozo de información. Nunca hay suficientes horas en el día cuando se empieza con el nuevo bebé. Encontrar un libro que ofrezca ideas prácticas y esté bien documentado ayuda mucho a agudizar las habilidades parentales.

Kahlil Gibran, en El Profeta, utiliza una poderosa analogía con los arcos y las flechas, para mostrar el papel de los padres en la preparación de sus hijos para la vida. Dice:

"Ustedes son los arcos de los que sus hijos, como flechas vivas, son enviados".

¿Cómo se relaciona esta analogía con la crianza de los hijos?

- Un arco debe ser flexible para que la flecha pueda volar hacia el objetivo. Del mismo modo, los estilos de crianza necesitan flexibilidad y una cantidad añadida de fuerza para mantenerse firmes ante la adversidad. Los padres encontrarán en las páginas de este libro mensajes fortalecedores y alentadores. Pautas positivas para ayudar al arco.
- La cuerda del arco debe ser fuerte y estirarse para dar más fuerza al vuelo de la flecha. Hay momentos en tu viaje como padre, en los que esa cuerda parecerá estirada al máximo de su capacidad. La cuerda, que representa tus principios de crianza, tiene que ser capaz de mantenerse firme y fuerte, para asegurar que la flecha viaje hacia su objetivo.
- La puntería debe ser precisa para que la flecha encuentre su camino, recto y verdadero, en su trayectoria de vuelo. Aquí es donde contar con objetivos paternales, y saber cuál es tu objetivo, será lo más importante. La flecha volará en la

dirección a la que apuntes, y tener ese fin en mente siempre te ayudará a encontrar el verdadero camino que debe seguir tu flecha.

- Las flechas, que son tus hijos, necesitan plumas para guiar la flecha por el aire. Las plumas o los plumajes no son simples adornos al azar, son plumas de ala cuidadosamente elegidas, y necesarias para guiar la flecha en su trayectoria de vuelo. Tus estilos de crianza son esas plumas que eliges para colocar en esa flecha. Ayudan a que la flecha vuele por el aire destinada a hacer su marca y alcanzar el objetivo. Las plumas de pavo tienen fama de ser las mejores. En la fabricación de la flecha, las plumas se eligen cuidadosamente clasificándolas en grupos de izquierda o derecha. Si las flechas no se clasifican en sus grupos específicos, se doblan en curvas opuestas. Las plumas del mismo lado del ala volarán en una trayectoria de vuelo recta y verdadera. Si una flecha gira o se interrumpe en su trayectoria, las plumas ayudan a estabilizarla en el vuelo y hacen que la flecha vuele con más precisión. Los padres que optan por una buena crianza complementaria emplumarán sus flechas y las ayudarán a volar con confianza.

- Hay un arquero, el guía general de nuestro universo. En el círculo de la vida, el arquero utiliza el arco, los padres para propulsar las flechas, los hijos de manera intencionada. Este es el componente de naturaleza versus crianza de la crianza. La naturaleza da a nuestros hijos los dones de los orígenes universales de la naturaleza, y la crianza nutre esos dones, para ayudar a los niños a ser lo mejor que pueden ser.

La crianza de los hijos no debería ser un asunto de aciertos y errores. Este libro, repleto de consejos de expertos y valores probados, ayudará a estabilizar los arcos y a guiar las flechas en la dirección correcta. Hay un aire de urgencia para esta época de la paternidad en nuestras vidas. La urgencia viene dada por la esencia del tiempo. El tiempo es el ladrón, que puede llegar en la noche y robarnos la alegría. La ventana de crianza más eficaz se encuentra en los primeros años del desarrollo del niño. Si se acierta con la receta durante esos años impresionables, el papel de padre se hace más fácil.

"Nunca dejes para mañana lo que puedas hacer hoy".

— BENJAMIN FRANKLIN

Esas palabras suenan a verdad cuando se piensa en la crianza de los hijos. Los meses y los años pasan volando mientras tu hijo crece y alcanza todo tipo de hitos en su desarrollo. Un libro sobre la crianza de los hijos, que cuestiona la forma en que los padres pasan el tiempo con sus hijos y el propósito que hay detrás de su estrategia de crianza, es una guía valiosa. Este libro pretende ser el libro al que se recurre en momentos de necesidad. Ningún padre quiere ser como el conejo blanco de Alicia en el País de las Maravillas. Totalmente perdido sobre qué hacer y adónde ir, acaba murmurando que no tiene tiempo y desaparece en una madriguera. Alicia le sigue en un mundo de caos y confusión. La expresión "bajar a la madriguera" se refiere exactamente a ese tipo de experiencia. La crianza de los hijos no tiene por qué ser un viaje por la "madriguera". La ventana de oportunidad de la crianza de los hijos es breve, así que hay que aprovechar al máximo este valioso tiempo.

Este libro pretende poner de relieve algunos de los aspectos más importantes de la crianza y la educación de niños increíbles. Hay mucho en juego y el camino hacia el éxito puede dar muchas vueltas, pero con algunas directrices prácticas las habilidades de crianza pueden ser más manejables. Este libro invita a los padres a conocer la crianza positiva a través de la disciplina sin culpa. Conocer a los niños pequeños y saber cómo comunicarse con ellos es un gran paso para poner en práctica sus límites de crianza y alcanzar sus objetivos.

Descubre cómo convertir los obstáculos en oportunidades. Aprende a practicar la paciencia y la comprensión, y a mantener la calma cuando sientas que quieres explotar. Hay momentos en los que la ayuda profesional es tu mejor opción, y este libro te orientará sobre cuándo y cómo debes buscar ayuda profesional. Hay toda una sección dedicada al aprendizaje para ir al baño. El primer paso real que da tu hijo hacia la independencia es aprender a usar el orinal. Conseguirás deshacerte de los pañales para siempre, y tener un pequeño ser que puede utilizar el baño con éxito.

Realmente, al final del día, como se dice, quieres un niño feliz y motivado. Criar a un niño feliz y bien adaptado es la parte más satisfactoria de la crianza. Conseguirlo puede parecer desalentador, ya que los medios de comunicación exponen a los padres a muchos peligros a lo largo del camino de la crianza. Poder utilizar los recursos bien documentados de un libro de crianza, lleno de todos los temas más relevantes, es una gran ayuda. Nunca se insistirá lo suficiente en la importancia del desarrollo de la primera infancia.

El desarrollo de la primera infancia se produce a gran velocidad en los primeros cinco años de vida del niño. Las habilidades físicas, cognitivas, sociales y lingüísticas son aspectos del desarrollo infantil en los que los padres pueden participar activamente. Los niños necesitan el cariño y el apoyo de sus padres para alcanzar sus hitos de desarrollo.

Este antiguo proverbio chino da sabiduría a la verdad subyacente a la crianza de los hijos.

Oigo y olvido,
veo y recuerdo,
hago y comprendo¡.

Otra traducción literal del antiguo dicho chino termina con "saber no es tan bueno como actuar, el verdadero aprendizaje continúa hasta que se pone en acción".

El padre que esté preparado para adentrarse en las páginas de este libro y poner en práctica los consejos es el que más ganará. Los estilos de crianza deben ser flexibles, pero algunos elementos de la crianza nunca cambian. Dar amor, seguridad y apoyo en nuestro mundo moderno son elementos clave. Ponerlos en práctica con la ayuda de métodos y orientaciones probados y fiables, ayuda a los padres a aligerar la carga en su viaje de crianza. Aprovecha esta oportunidad para adentrarte en las páginas de este libro y disfrutar del reto de la crianza activa mientras "haces y comprendes".

I

LO QUE DEBE SABER SOBRE LOS NIÑOS PEQUEÑOS

1

CONOCE MEJOR A TU HIJO

"El conocimiento es poder. La información libera. La educación es la premisa del progreso, en todas las sociedades, en todas las familias"

Dijo Kofi Annan, Secretario General de las Naciones Unidas y ganador de un Premio Nobel de la Paz.

¿Qué conocimientos debes tener para impulsarte y empezar con buen pie las primeras etapas de la crianza? Meterse en la cabeza de un niño pequeño es todo un reto. Saber todo sobre los primeros años de vida de tu hijo puede parecer abrumador. Los años de los niños pequeños son probablemente los más agotadores. Es difícil imaginar que un niño pequeño pueda hacer descarrilar a una familia, pero puede ocurrir. El primer capítulo de este libro debería ayudarles, como padres, a comprender mejor a la pequeña persona que han traído al mundo. Criar a un niño pequeño no tiene por qué ser una montaña rusa emocional.

Empecemos por ver lo que aportas a la causa. Imagina que estás planeando iniciar una aventura empresarial. Puede que frunzas el ceño al pensarlo. ¿Qué tienen en común los negocios y la crianza de los hijos? Bueno, en realidad hay muchos aspectos de la gestión de un negocio que podrían relacionarse con la crianza de la familia. Piensa por el momento en ti como gerente. Tendría que establecer estrategias y, lo que es más importante, tendría que conocer su producto.

Richard Branson dijo:

"Una gran empresa empieza pequeña".

Probablemente no pensaba en formar una familia, pero a través de los ojos de este capítulo puedes adaptar algunas valiosas ideas de negocio, y ponerlas en práctica mediante útiles habilidades de crianza. Conocer a tu hijo, el pequeño componente de esta empresa, te será de gran ayuda. Conocerte a ti mismo también será una ventaja. ¿Cómo encajas tú en el modelo de negocio de los padres?

Un buen punto de partida es un análisis F.D.O.A.

- **F** - fortalezas
- **D** - debilidades
- **O** - oportunidades
- **A** - amenazas.

Analiza realmente tu estructura familiar y, junto con otros miembros de la familia, tómate un tiempo para ser objetivo y a qué altura estás.

Las **fortalezas** serían tus conocimientos sobre la crianza de los hijos. Es posible que ya tengas experiencia en la crianza de los hijos. Tal vez hayas recibido formación en el campo de la educación o el desarrollo infantil. ¿Vienes de una familia estupenda? ¿Tienes grandes modelos a seguir? ¿Eres un ávido lector de libros de crianza? ¿Tienes tiempo para ser un gran padre o madre y sientes que tienes los medios para mantener a tu familia? Probablemente haya encontrado muchos puntos fuertes en el nicho de la paternidad.

Debilidades. A nadie le gusta centrarse en sus puntos débiles, pero ésta es una buena manera de estar atento a las trampas, y cerrar las brechas que pueda considerar como áreas débiles. ¿Es usted un padre primerizo y se siente menos seguro de lo que debería con poca experiencia? ¿Quizás tu propia infancia fue bastante movida y temes cometer los mismos errores, o compensar en exceso porque quieres hacerlo mejor? ¿Sientes que no tienes suficiente tiempo para dedicar a la crianza de una familia? La debilidad puede convertirse en fortaleza, con las herramientas y los conocimientos adecuados para ayudarte.

Las **oportunidades** son abundantes. Criar una familia está lleno de un número increíble de oportunidades. Relaciones que construir con tus hijos. Caminos educativos que seguir y actividades y eventos familiares que disfrutar. Tienes la oportunidad de forjar el carácter, desarrollar y cuidar a las personas pequeñas mientras se convierten en personas mayores. La crianza de los hijos te da la oportunidad de ser un buen modelo de conducta, y un confidente y apoyo para tu familia.

Saber aprovechar estas oportunidades reforzará tus habilidades como padre.

Las **amenazas**, las barreras que se interponen en el camino de tu progreso como padre siempre estarán ahí, pero se pueden superar. Puede que haya algunas amenazas que identifiques antes de empezar este viaje. Tal vez tengas dificultades para equilibrar tu tiempo como padre o madre que trabaja. Tal vez otros miembros de la familia interfieran o tal vez tus circunstancias sociales sean un reto. Las amenazas siempre estarán ahí.

"Tanto si crees que puedes como si crees que no puedes, tienes razón".

— HENRY FORD

Una de las amenazas para una crianza realista podría ser el desconocimiento de los importantísimos primeros años. Los primeros años de la vida de un niño pequeño son etapas vitales en muchas áreas del desarrollo. Aprender sobre esos primeros años arrojará luz sobre las formas de empezar con buen pie.

Si pudieras meterte literalmente en la mente de tu hijo pequeño, te sorprendería el milagro de la naturaleza que hay en la cabeza de un niño. ¿Sabías que un bebé nace con 86.000 millones de neuronas? Son las células del cerebro encargadas de recibir la información sensorial del mundo exterior. Durante los primeros años de desarrollo, el cerebro es muy sensible y las cosas que experimenta pueden tener un efecto duradero en el bienestar emocional del niño. El cerebro se desarrolla rápidamente desde el nacimiento hasta los cinco años. Las experiencias de calidad son las que más importan y ayudan a formar el cerebro.

Un bebé nace con la capacidad de aprender. Desde el primer día y durante el transcurso del primer año, el cerebro crece y duplica su tamaño. Este crecimiento continúa y a los tres años el cerebro del bebé ha alcanzado el 80% de su tamaño adulto. El cerebro del bebé tiene todas las neuronas que necesita para hacer frente a este crecimiento y, a los cinco años, se ha producido el 90% de este crecimiento. Es la crianza positiva, y estable la que permite que estas neuronas crezcan. Tu bebé necesita sentirse nutrido y seguro.

Recuerdo haber traído a mi recién nacido a casa por primera vez. Un momento emocionante y aterrador a la vez. Una de las cosas que pensé que iba a ser difícil era manipular la fontanela o punto blando del bebé. Imagínate lo nerviosa que me sentí cuando descubrí que había varias. Las fontanelas son puntos blandos en el cráneo del bebé. Creo que la mayoría de la gente conoce la que está en la parte superior de la cabeza del bebé. ¿Por qué hay puntos blandos justo donde se está desarrollando el cerebro? Bueno, hay una buena razón lógica. El punto blando, donde los huesos no se han cerrado, da flexibilidad al cráneo durante el tiempo que el bebé tiene que pasar por el canal del parto. Las pequeñas aberturas del cráneo permiten que el cerebro crezca mientras todavía hay espacio y margen para el crecimiento. El punto blando es en realidad bastante resistente. Tiene una membrana dura sobre ella. Este punto es un buen indicador de enfermedad o deshidratación. Lo más importante es que permite que el cerebro crezca y se desarrolle a la velocidad mencionada anteriormente. Recuerda que tu médico siempre te dirá si hubo algún problema al nacer y, si te preocupa, puedes buscar ayuda profesional.

Cada segundo se establecen millones de conexiones mientras las distintas áreas del cerebro se preparan para poder moverse, entender el lenguaje y experimentar emociones. A medida que el cerebro se desarrolla, se construye sobre sí mismo y las conexiones se enlazan entre sí. Durante estos primeros años, el cerebro comienza a desarrollar capacidades de orden superior, como la motivación y la resolución de problemas. Las relaciones sanas y afectuosas con sus padres son un ingrediente esencial para alimentar la comunicación y la autorregulación. Estas capacidades se fomentan mediante la interacción positiva con sus sentidos. Desarrollar la conciencia de los cinco sentidos estimula este desarrollo. El enfado, la sonrisa, la risa y el llanto son formas en las que tu hijo empieza a comunicarse contigo y con los demás.

¿Cómo funciona esto? Dale Carnegie, orador motivacional y escritor, dijo lo siguiente sobre las interacciones positivas.

"Actúa con entusiasmo y serás entusiasta".

Por muy descabellado que parezca, puedes enfadarte, cantar, reír y jugar con tu hijo a menudo y el entusiasmo se verá recompensado con algo que no puedes ver. Ahora sabes que está ocurriendo. Las neuronas del cerebro de tu hijo están respondiendo positivamente. Las relaciones afectuosas con padres y cuidadores son una parte esencial del desarrollo saludable. Los primeros años pasan volando y saber cuánto desarrollo se produce en los tres primeros meses te dejará asombrado. Las habilidades motrices parecen empezar lentamente con los movimientos de la cabeza, seguidos por los del cuerpo, los brazos y las piernas, pero a las ocho semanas tu bebé ya ha notado sus manos. Los sentidos ya se han puesto en marcha, y tu bebé puede oler y saborear cuando aún está en el útero. Los bebés se asustan con los ruidos y tu bebé podía oír en el útero. La vista es el menos desarrollado de los sentidos, pero los bebés disfrutan con los colores brillantes y los objetos en movimiento. El sentido del tacto está muy desarrollado y los bebés responden al tacto y al movimiento. El cerebro asocia el tacto con el desarrollo cognitivo y social. Todas estas habilidades sensoriales se están desarrollando en la cabecita, donde el cerebro del bebé está creciendo y aprendiendo a responder al mundo.

El conocimiento de la importancia de los primeros años da fuerza a los padres. Tienen en sus manos el desarrollo temprano de su hijo. Hay logros tempranos en la vida de todos los bebés que hay que celebrar y reconocer. Celebrar estos logros los motivará como padres. Los diarios y libros del bebé, que marcan el viaje a medida que se avanza en el camino de la paternidad, son alentadores. Recuerdo lo entusiasmada que estaba con el primer bebé y con cada pequeño acontecimiento de crecimiento. Registrar esos logros del bebé me parecía muy importante. Había primeras veces para todo. Siempre había un trasfondo para estos logros. Alcanzar una meta no siempre es fácil, así que es bueno celebrar estas ocasiones.

"Todo logro, grande o pequeño, que merezca la pena, tiene su trabajo y su triunfo: un comienzo, una lucha y una victoria".

— MAHATMA GANDHI

Esta afirmación es muy cierta en la crianza de un niño. Los años en que el niño empieza a caminar son probablemente los de mayor lucha. Es en este momento cuando puedes descubrir que tu hijo tiene características que te resultan difíciles de entender. Puede pensar que tiene un demonio de las carreras en sus manos. Los niños pequeños son personas muy ocupadas. Los niños pequeños llegan a nuestras vidas entre los doce y los dieciocho meses. Al principio son inseguros, pero pronto ganan confianza. Es la edad del descubrimiento. Es una edad de gran desarrollo cognitivo y social.

Durante esta fase, los niños pequeños se mueven mucho más. Son más conscientes de sí mismos y de lo que ocurre a su alrededor. Quieren explorarlo todo. Hay que tener ojos en la nuca para observar a estas personitas. Los niños pequeños empiezan a ser independientes, y a mostrarse desafiantes en algunas situaciones. Seguir el ritmo de un niño pequeño puede ser agotador. Tratar de entender algunos de sus comportamientos puede resultar confuso. Si no entiendes por qué se comportan así, el resultado puede ser una batalla de voluntades.

Aquí van algunos consejos probados y fiables para ayudar a lidiar con el comportamiento no deseado:

Consejo nº 1. - Ignora el comportamiento que no te gusta.

Los niños pequeños están en lo que se conoce como la fase "preoperacional". Tu hijo piensa, pero no utiliza la lógica para transformar o separar ideas. Tu hijo está aprendiendo sobre el mundo, pero no es capaz de utilizar la información que ha aprendido. Empezar a hablar introduce esta fase. Es una etapa de desarrollo muy egocéntrica. Los niños pequeños se centran en un solo aspecto de lo que ocurre en cada momento. Durante la etapa preoperacional, los niños pequeños aprenden repitiendo comportamientos. Una gran reacción por algo que hacen va a significar que quieren repetir ese comportamiento. Puede tratarse de una palabra traviesa o de una acción que desaprueba. Los comportamientos antisociales, los malos modales o las acciones poco amables no son el tipo de comportamiento que quieres fomentar.

Los infantes participan en lo que se conoce como juego paralelo. No juegan con otros niños, sino que juegan junto a ellos en lo que parece ser un juego. En esta etapa de su desarrollo social, no se relacionan realmente con otro individuo de su edad. Quizá te preguntes si esta forma de jugar es beneficiosa. Es un gran paso para el desarrollo del lenguaje, el juego imaginativo y un camino para comprender la interacción social. El juego paralelo significa que tu hijo no funciona en un mundo aislado. Participa en la observación y se prepara para el siguiente paso en su desarrollo social.

El juego paralelo es un comportamiento que llega a gustar en esta etapa. Es positivo y hay que fomentarlo. Intenta no interferir, pero deja que tu hijo pase por esta fase y observa cómo crece y se desarrolla.

Ignora el mal comportamiento a menos que vaya a dañar o herir a otro niño.

Consejo nº 2. - Intenta no utilizar la palabra "no" con demasiada frecuencia.

La palabra "no" parece entrar muy pronto en el vocabulario de los niños pequeños. Probablemente sea porque la escuchan a menudo. Piensa en cuántas veces al día dices "no". Los niños pequeños también aprenden pronto a decir la palabra "no". Empiezan a darse cuenta de que también tienen sentimientos, necesidades y deseos. El comportamiento asertivo viene con la palabra "no". Los padres pueden intentar predicar con el ejemplo y no decir que no a todo. Piensa en algunas alternativas e intenta convertir lo negativo en positivo con la forma de decir las cosas. Las distracciones y los comportamientos alternativos funcionan bien. En lugar de decir "No saltes en la cama", dile descansemos en la cama y hagamos una pequeña siesta. Representa el comportamiento y ríanse juntos. Haz que las tareas cotidianas sean divertidas.

Consejo nº 3. - No excluyas a los niños pequeños de las tareas cotidianas.

Es mucho más fácil hacer las cosas rápidamente y las tareas cotidianas están fuera del camino. En lugar de decir no hagas esto o no hagas aquello, intenta incluir a tu hijo. A los niños pequeños les gusta participar, y ayudar en la casa tiene muchos beneficios para los niños en crecimiento. Desarrolla el respeto y la sensación de formar parte de la familia. Empezar desde una edad temprana es un paso en la dirección correcta. Busca pequeñas cosas que tu hijo pueda hacer y dale una respuesta positiva a la acción, como un elogio por ayudar. Mi hijo pasó por una fase de superhéroe y nos convertimos en héroes súper útiles. Hice capas de héroe para que se las pusiera mientras ayudaba, y convertir las tareas en un juego añadió valor a la actividad.

En el papel de padre, uno quiere ser la persona de la que habla Babe Ruth. La leyenda del baloncesto dijo,

"¡Es difícil vencer a una persona que nunca se rinde!"

También es difícil ser la persona que nunca se rinde, el padre que está dispuesto a seguir intentando comprender cómo funciona el comportamiento de los infantes. ¿Por qué los niños pequeños son desafiantes? ¿Hay una manera de entender este comportamiento?

La respuesta es sí, hay formas de entender el comportamiento desafiante. Los niños pequeños no tienen suficiente vocabulario para expresarse con claridad, pero tienen un lenguaje corporal muy fuerte. Son muy egocéntricos y a veces incluso prepotentes. Echa un vistazo a la comunicación típica de los niños pequeños a través del lenguaje corporal. ¿Qué significan realmente estas diferentes posturas?

Descifrar el código de comunicación de los niños pequeños.

Tirar de la camisa o del vestido por encima de la cabeza para esconderse cuando conocen a una persona nueva.

Esta acción es un signo de ansiedad. El niño está nervioso por conocer a alguien nuevo y siente que si no puede ver a la nueva persona, ésta no puede verle a él. Esto hace que el niño se sienta seguro.

¿Qué debes hacer?

Tranquilizar a tu hijo y ayudarle a que se adapte a la nueva persona. Fomentar la conversación y el apoyo durante este tiempo.

Tu hijo no establece contacto visual contigo.

Mira hacia otro lado o baja la cabeza.

Esta acción muestra vergüenza. Es una señal de que se siente avergonzado por algo que puede haber hecho. Sabe que puede haber hecho algo que te desagrade.

¿Qué debes hacer?

Pregúntale a tu hijo si tiene que enseñarte algo. Esto puede llevarle al lugar donde ocurrió el accidente. Cuando sepas de qué se trata, intenta no reaccionar de forma exagerada, y más bien habla de lo que han hecho y de cómo ha sucedido. Quieres que tu hijo sienta que puede compartir contigo las cosas que le preocupan.

<u>A la hora de acostarse, tu hijo insiste en apilar todos sus juguetes en la cama.</u>

Tu hijo empieza a utilizar ideas imaginarias. Puede tener miedo, pero al mismo tiempo finge estar protegido por los juguetes.

¿Qué debes hacer?

La imaginación es algo que hay que fomentar. Es una de las habilidades de pensamiento de orden superior. Intenta sugerir que tres juguetes serán suficientes y ayuda a tu hijo a elegir los tres mejores para la tarea de protegerle.

<u>El comportamiento caprichoso es muy vergonzoso.</u>

¿Por qué los niños pequeños manifiestan un comportamiento tan chocante? Nueve de cada diez veces es para llamar tu atención. Sí, una atención negativa es a menudo mejor que ninguna atención. Tu hijo puede estar aburrido, cansado o incluso hambriento.

¿Qué debes hacer?

Aborda los tres temas mencionados anteriormente si cree que pueden ser la causa del comportamiento. Si estás de excursión, lleva siempre una bolsita con juguetes o libros que le distraigan. Juega con tu hijo a otro juego. Si crees que se trata de un auténtico comportamiento travieso, tómate un tiempo con tu hijo y dile con suavidad, pero con firmeza, que romper los juguetes y ser brusco no está bien.

<u>Comportamiento pegajoso y excesivamente posesivo.</u>

¿Por qué los niños pequeños se convierten de repente en enredaderas que se aferran? Se aferran a tus piernas cuando intentas caminar o tiran de tu chaqueta. Se aferran a ti con la determinación de no separarse nunca. Tu hijo podría estar diciéndote que necesita pasar más tiempo contigo. ¿Has estado fuera o acaba de empezar a jugar en la escuela? Puede haber varias razones por las que tu hijo intente demostrarte que necesita más tiempo contigo.

¿Qué debes hacer?

Piensa en los diferentes problemas o circunstancias que podrían estar exigiendo tu tiempo más que en el pasado. ¿Qué ha cambiado y cómo puedes demostrar a tu hijo que puedes dedicarle tiempo y gestionar también los cambios?

Bromas extrañas como desnudarse para darse un chapuzón en el estanque de los patos.

Introducir objetos extraños como guisantes en las orejas, beber agua de la bañera y cubrirse de barro. Esto es la exploración en su máxima expresión, siempre que no sea peligrosa.

¿Qué debes hacer?

Ríete y disfruta del momento. Capta la escena con tu cámara y compártela con los abuelos de tu hijo. Haz que tu hijo participe en el momento divertido y rían juntos. La paternidad puede tener sus momentos de alivio cómico.

Toda esta rebeldía y comportamiento difícil forma parte del crecimiento. Es el momento del desarrollo de un niño pequeño en el que empieza a darse cuenta de que puede tener cierto control sobre su mundo. Una de las formas de afirmar el control es desafiarte. Los niños pequeños necesitan empezar a hacer cosas por sí mismos y ganar confianza. Enfrentarse a su cuidador principal es el comienzo de esta capacidad para ganar independencia. Sin embargo, hay que establecer límites y fronteras. Hay que estar preparado para mostrar empatía y animar a los niños a hablar de sus sentimientos. Ofrece opciones, pero asegúrate de que van en la dirección correcta. La elección del pijama, por ejemplo, sigue llevando a la cama. Decide el objetivo final y trabaja para conseguirlo.

Mantener las rutinas es muy importante para los niños pequeños. Mantén los horarios y el orden normal de las cosas que haces. A los niños pequeños no les gustan los cambios. En el momento en que intentes hacer algo con prisas y fuera de su rutina, tu hijo se mostrará desafiante y podría tener una rabieta. Si tienes que hacer algo fuera de la rutina, asegúrate de que esté preparado. Añade algo divertido o, si vas a salir, llévate un juguete o un libro.

Ayudar a tu hijo a entender los sentimientos es otra forma de ayudarle a superar esta fase. Ayúdale a aprender sobre la ira, la tristeza, la felicidad y la soledad. Los libros son una herramienta maravillosa para ayudar a los niños pequeños a aprender sobre los sentimientos.

Estos libros están disponibles en Amazon:

El Monstruo de los Colores por Anna Llenas - Es un libro ilustrado y muy apropiado para esta edad.

Así Es Mi Corazón – Un libro de sentimientos de Jo Witek.

Mis Días de Muchos Colores por Dr Seuss.

El Libro de los Sentimientos por Todd Parr.

Los libros y los cuentos son herramientas maravillosas para ayudar a los niños a entender sus sentimientos.

En este primer capítulo se puede decir que comprender los años y los logros de los niños pequeños es una parte muy valiosa de la crianza. Empezamos reconociendo que el conocimiento es poder. Conocer la verdad que hay detrás de los logros y el comportamiento ayuda a mantener la crianza en los primeros años en perspectiva.

Nelson Mandela, que sabía prepararse para su largo camino hacia la libertad, dijo

"Recuerda celebrar los logros mientras te preparas para el camino que tienes por delante".

Toma estas ideas y tus propias metas personales para avanzar en tu viaje como padre y alcanzar metas que celebrar en el camino.

2

HABLAR Y EXPLICARLE LAS COSAS A TU HIJO

"El mundo es un escenario. Y los hombres y las mujeres simplemente actores. Tienen sus salidas y entradas; y un hombre en su tiempo representa muchos papeles".

— WILLIAM SHAKESPEARE

Aprender a comunicarte con tu bebé y niño pequeño te hará sentir pronto como un actor. Ha llegado el momento de ponerse el sombrero y la capa y pisar el escenario. Un escenario metafórico, en el que tú y tu hijo interpretarán distintos papeles a medida que se vayan conociendo y comprendiendo. Este nuevo mundo de la comunicación requiere un poco de actuación y teatro amateur. Aprender a comunicarse con un niño pequeño requerirá perder algunas inhibiciones y aprender a pronunciar discursos cómicos, soliloquios, conferencias, algunos cantos en solitario, tal vez un dúo o dos. Su mundo podría convertirse fácilmente en un escenario a medida que aprende diferentes habilidades de comunicación.

La comunicación comienza desde el día en que traes a tu hijo al mundo. En el momento en que te entregan tu pequeño bulto de humanidad estás preparado para conocer al otro. El intercambio de miradas, los suaves sonidos de tu voz y la forma de tocar a tu bebé son signos de comunicación. Tu bebé hará ruidos de llanto y pronto sabrás lo que significan. El hambre, el malestar o la necesidad de atención son elementos básicos de comunicación. Cuando tu bebé te devuelve los primeros sonidos de enfado y balbuceos, te sientes totalmente eufórico. Es instintivo devolverle el complemento y balbucear también. Has iniciado tu primera "conversación" con tu bebé.

Jim Henderson, creador de los Muppets y del programa de televisión Calle Sésamo, dijo lo siguiente

> *"Las personas más sofisticadas que he conocido tenían una sola cosa en común: estaban en contacto con su niño interior".*

Es exactamente dónde quieres estar cuando empieces a comunicarte con tu hijo. Pierde las inhibiciones e imita las vocalizaciones del bebé. La voz aguda y chirriante que muchas personas utilizan para hablar del bebé suena más nutritiva. El bebé relaciona este sonido con ser nutrido. Aprender a hablar a un bebé y a un niño pequeño es entrar en contacto con tu niño interior.

¿Cómo se desarrolla el habla del bebé desde el nacimiento hasta el año? Es interesante observar las líneas de tiempo, pero los padres deben recordar que cada niño es un individuo y que los tiempos pueden variar.

De uno a tres meses:

A tu bebé le encanta oír tu voz. Los bebés pueden enfadarse y balbucear y es posible que oigas un sonido vocálico como "ooh". Sonreír en respuesta a tu voz es una recompensa en esta fase. ¿Sabías que no es demasiado pronto para empezar a leer cuentos a esta edad? El sonido de tu voz leyendo ayuda a estimular el cerebro. Cantar canciones sencillas para calmar al bebé es una buena idea. Prueba con una nana suave.

De cuatro a siete meses:

Tu bebé es más consciente de los sonidos y a esta edad observa las reacciones de sus padres. Murmuran y hacen ruidos más fuertes. Puedes empezar a mirar libros ilustrados, como los de cartón o los de tela. Elige los que tengan dibujos sencillos y di la palabra correspondiente al dibujo.

De ocho a doce meses:

Los ruidos que hace tu bebé empiezan a ser más claros. Puede oírse Ma-ma y da-da con un ga-ga entre medias. La interacción contigo es muy divertida. Puede saludar, aplaudir, soplar besos y hacer otros gestos sencillos. Todas estas interacciones forman parte de la comunicación.

Al entrar en el siguiente año de desarrollo, ha llegado el momento de entrar realmente en contacto con el niño que llevas dentro. ¿Recuerdas cómo era tu infancia? ¿Qué cosas recuerda haber hecho para fomentar el desarrollo del lenguaje? Todas esas divertidas canciones infantiles sin sentido te refrescarán la memoria y ahora podrás jugar con tu hijo.

Hay rimas muy queridas como la de la torta y la del cerdito que fue al mercado. Garantizan risas y chillidos de alegría. Hay muchas más rimas infantiles que puedes aprender a decir y realizar las acciones. La imitación es una buena manera de aprender. Prueba a hacer algunos movimientos sencillos de baile con palmas. A los niños pequeños les encanta bailar y unirse a la fila del coro.

Otra forma de fomentar el lenguaje es hablar de lo que estás haciendo mientras realizas diferentes actividades. Di en voz alta lo que estás haciendo para bañar o vestir a tu hijo. Habla de los alimentos que come. Señala las cosas que ve en el jardín o en el camino. Los niños pequeños pueden empezar a aprender los colores y a contar algunos números. La mayor parte de su aprendizaje será por imitación, pero poco a poco el significado y la memoria crecerán, y se desarrollará un vocabulario más amplio.

Aprender las palabras y asociarlas a los objetos es el primer paso para aprender un idioma. Los libros ilustrados son muy valiosos. Pronto tu hijo será capaz de identificar las imágenes, y entonces, podrás añadir ruidos de animales o casas de animales para aumentar el vocabulario y empezar a asociar palabras. A los niños también les encantan los libros desplegables y los libros sonoros. Nunca se cansan de escuchar una historia vieja favorita una y otra vez.

De la misma manera que los actores aprenden su oficio, los padres pueden aprender a ser buenos oradores y, lo que es igual de importante, pueden aprender a escuchar.

Nicole Kidman, durante una entrevista sobre la actuación, dijo que un actor debe tener voluntad y dedicación y ser capaz de adaptarse. Reconoció la necesidad de adaptarse, porque en la actuación los personajes son siempre diferentes. En su etapa de desarrollo de las habilidades de comunicación estar listo para aprender a prestar atención y cómo animar a la audiencia, su niño.

Una de las adaptaciones más importantes que tendrás que hacer es encontrar las habilidades de escucha adecuadas para lidiar con un niño pequeño. Un niño que se está convirtiendo en una personita, que se inicia en el ámbito de la comunicación, necesita sentir que le estás escuchando. La escucha activa es una de las partes más importantes de ser un buen oyente. Esto significa aprender a participar físicamente en la escucha. Participa con el interlocutor y hazle saber que le estás escuchando de verdad. Tienen tu atención. En esta era moderna de la tecnología, es muy fácil distraerse. El teléfono móvil es probablemente el elemento tecnológico que más nos distrae. La tentación de escuchar o mirar lo que está sucediendo, ahí mismo en tu mano, en tu teléfono móvil es una enorme distracción para ser un oyente activo.

¿Qué es un oyente activo? Aquí algunos puntos a tener en cuenta.

- El primer paso para ser un oyente activo es ponerse en modo de escucha.
- Es necesario que te comprometas con la persona que está hablando.

- Muéstrale que le estás escuchando manteniendo el contacto visual.
- Asiente con la cabeza y haz pequeños comentarios a lo largo de la conversación.
- Haz preguntas sobre el tema que se está tratando.
- No critiques, interrumpas ni juzgues a la persona que estás escuchando por pequeña que sea.
- Contrólate a lo largo del camino, si te sientes aburrido, distraído o sientes que estás perdiendo el tiempo, entonces no estás escuchando realmente.

Tus acciones, tus expresiones faciales y tu lenguaje corporal forman parte de la escucha activa. Ser un buen oyente fomenta la autoestima y la confianza en el niño al que escuchas.

Sin embargo, hay un límite que puedes estar diciéndote a ti mismo. ¿Cómo dejar que los niños hablen y ser un buen oyente, pero al mismo tiempo tener en cuenta que a veces es necesario un botón de pare? La vida es un acto de equilibrio en muchos sentidos. Dejar que tu hijo tenga tiempo para ocupar el centro del escenario y reconocer que otras personas necesitan tener su turno, es una importante habilidad para la vida.

A medida que los niños adquieren más confianza en sus habilidades lingüísticas y desarrollan más vocabulario, pueden empezar a interrumpir o dominar la conversación. ¿Qué hacer si ves que tu hijo cae en esta categoría de hablar demasiado? Es conveniente frenar su conversación con algunos recordatorios suaves de que los demás también necesitan su turno. Aquí algunas ideas.

1. Ten paciencia, porque al fin y al cabo quieres fomentar el desarrollo del lenguaje. Ten una señal secreta que puedas compartir con tu hijo para decirle que es el turno de mamá o que es hora de dejar hablar a otra persona.
2. Enséñale a tu hijo que es importante respetar los turnos, incluso al hablar. Ayuda a tu hijo a preguntar amablemente si puede hablar contigo cuando esté con otras personas. Tal vez pueda decir "disculpe" o "puedo hablar con usted" y esperar amablemente mientras usted se asegura de que tiene su turno. Es importante responder a esta petición o su hijo se impacientará, y la idea no funcionará eficazmente.
3. Elogie a su hijo por sus ideas interesantes. Si se trata de algo que claramente les interesa mucho, tómate el tiempo de buscar otra información o libros sobre el tema. A los niños les encantan los dinosaurios, por ejemplo, y decir esos complicados nombres es muy divertido. Es increíble cómo se acuerdan de cómo decir Tyrannosaurus Rex, pero se olvidan de dar las gracias.

Ahora te sientes preparado para mantener algún tipo de conversación con tu hijo. ¿Cómo iniciar estos momentos de conversación y cómo ayudar a tu hijo a ser capaz de participar en la conversación contigo? El primer paso es aumentar el vocabulario de tu hijo. Sin las palabras para decir algo no habrá conversación. En un entorno adecuado, los niños amplían su vocabulario a gran velocidad. En pocas palabras, al hablar se aprenden nuevas palabras.

Aquí algunas sugerencias y formas de ayudar a construir el vocabulario y fomentar las conversaciones.

Lean juntos libros ilustrados.

Señala los dibujos y di las palabras. Haz que tus experiencias de lectura sean lo más interactivas posible. A los niños de esta edad les encanta la repetición. Haz que tu hijo te copie y diga como un loro los nombres de las cosas que aparecen en el libro. Los libros de cartón resistentes son ideales para esta actividad. Utiliza los libros ilustrados para que juegue a imitarlos. Haz los ruidos de los animales, sé el granjero que planta la semilla, conduce el coche y el autobús de los dibujos. Uno de mis libros favoritos para este tipo de actividades es la serie Richard Scary. Hay muchas cosas que suceden en cada imagen. Busca un personaje que te guste en los dibujos y ve lo que hace ese personaje cada vez que pasas la página. Lowly Worm es un miembro muy entrañable de las historias de Richard Scary y encontrarlo en la imagen es muy divertido para todos.

Hagan cosas juntos y hablen de la actividad:

Hagan un esfuerzo por hablar de lo que están haciendo y compartir una experiencia juntos. Hornear es una forma maravillosa de compartir una actividad juntos. El placer de mezclar los ingredientes y hornear las galletas. Lamer el bol y extender la masa fomenta el desarrollo del vocabulario. Luego, cuando las galletas estén hechas, haz una fiesta de té e invita a otros miembros de la familia a participar.

Cantar canciones:

Las canciones son una forma maravillosa de alegrarse y aprender por repetición. Hay canciones de acción estupendas que ayudan a aprender vocabulario. Las canciones infantiles tradicionales y las nuevas que los niños aprenden en la guardería o de sus hermanos mayores son siempre formas alegres de ampliar el vocabulario. Canciones como El viejo McDonald también pueden ser creativas, ya que tu hijo aprende los animales y los ruidos que hacen.

Aprender a utilizar palabras sensoriales:

Los niños pueden empezar a entender sus sentimientos a través de las palabras sensoriales. Las palabras táctiles, gustativas y olfativas pueden fomentarse mediante la participación en la cocina. Hablar de cómo se sienten las cosas puede desarrollarse con la puesta en marcha de una bandeja sensorial. Coloca diferentes cosas en la bandeja para que tu hijo sienta las texturas suaves, lisas y rugosas. Asegúrate de que los objetos de la bandeja no puedan tragarse. Evita cualquier cosa con la que pueda atragantarse. Una forma muy fácil de comprobar si un objeto es lo suficientemente grande como para no suponer un peligro de asfixia es tomar un rollo de papel higiénico y ver si el objeto pasa a través del rollo de cartón. Si el objeto no pasa a través del rollo, entonces no es un peligro de asfixia. Este sencillo método puede aplicarse también a los primeros juguetes.

El sentido del oído se desarrolla a través de los juguetes musicales. El xilófono o las maracas y los tambores proporcionan una buena gama de sonidos. Escuchar sonidos pregrabados de animales o ruidos de tráfico ayudará a desarrollar el sentido del oído. Puedes dar un paseo por la naturaleza o visitar una granja y poner a prueba los cinco sentidos.

Los juegos desarrollan el lenguaje:

Hay muchos juegos adecuados para desarrollar las habilidades lingüísticas. El "veo veo" es un buen ejemplo. Cuando los niños son pequeños y no conocen las letras, lo mejor es utilizar los colores para encontrar los distintos objetos. Dígale a su hijo que está buscando algo rojo, por ejemplo. Dígale: "Veo con mi ojito algo rojo". Obviamente, este juego depende de que tu hijo conozca los colores.

Rompecabezas de libros e imágenes:

Los libros con rompecabezas de imágenes como la búsqueda de objetos ocultos son buenos desarrolladores de vocabulario. En la etapa preescolar, los niños aprenden la percepción de las figuras, que consiste en buscar imágenes entre otras imágenes. Esta es una parte importante para aprender a distinguir las letras más adelante. Inicie los rompecabezas y los debates en torno a las imágenes desde el principio para desarrollar el vocabulario y la percepción visual.

Títeres:

Los títeres son pequeños compañeros maravillosos y también maestros. Ten una cesta de marionetas de mano para jugar y utilizarlas en conversaciones interesantes. A tu hijo le resultará más fácil actuar o tener conversaciones imaginarias jugando con un títere. Los títeres pueden decir lo que quieren y tal vez ayuden a resolver algunas frustraciones que tu hijo pueda estar experimentando. Los padres también pueden utilizar los títeres como portavoces. El lenguaje y el vocabulario se fomentan mediante la representación de cuentos y obras de teatro con marionetas. Los títeres son una gran actividad para los días de lluvia, ya que pueden entretener a la familia en lugar de la televisión. Lleva a tu casa espectáculos en vivo y deja que tu hijo participe.

Títeres "Peek-a-boo":

Los juegos en los que las marionetas aparecen y desaparecen son uno de los primeros juegos interactivos a los que pueden jugar los niños. Las marionetas que se esconden en conos de tela y salen de su escondite pueden entretener a un niño pequeño durante horas. El hecho de saber que un juguete puede aparecer y desaparecer es un logro importante en el desarrollo del niño. El conocimiento de que algo puede aparecer y desaparecer se denomina permanencia del objeto. Es el comienzo de la comprensión de que si algo se esconde, sigue siendo un objeto y puede volver al juego.

Espectáculos de títeres y cuentacuentos:

Los títeres tienen el potencial de mejorar la alfabetización a través de la puesta en escena de pequeñas obras de títeres o la narración de historias. Muchos niños se sienten más seguros cuando tienen una marioneta a su alcance. Si no tienes marionetas, una simple bolsa de papel con una cara divertida en la parte delantera puede servir de marioneta. Un calcetín viejo se transforma en una animada marioneta de calcetín y tu hijo tiene la oportunidad de crear la marioneta y luego jugar con ella también.

Mantener conversaciones con tus hijos puede ser muy entretenido y también enriquecedor. Aquí hay una que puede hacer que una madre muy exigente sienta que sus habilidades como madre son bastante pretenciosas.

Hijo: Mamá, ¿por qué los malos siempre intentan ganar?
Mamá: Bueno, quieren ser los jefes y poner todas las reglas.
Hijo: ¡Entonces deberían intentar ser madres!

Los pequeños pueden ser muy astutos cuando se trata de manejar la casa. Sin embargo, hay un área de la casa y del hogar que necesita ser atendida y un área donde los buenos hábitos son importantes. Se trata de la higiene personal. Los niños no aprenden automáticamente a ser responsables de su limpieza. Los padres deben enseñárselo a sus hijos, y predicar con el ejemplo.

La higiene personal empieza por aprender a lavarse las manos. Enseña a tu hijo a lavarse las manos en momentos especiales. Asegúrate de que el cuarto de baño sea fácil de usar para un niño pequeño. Un taburete para ponerse delante del lavabo. Un paño y jabón para usar y una toalla para secarse las manos. Al principio, tu hijo necesitará ayuda para esta actividad, y también recordatorios. Una tabla con dibujos que indique cuándo hay que lavarse las manos ayudará a captar el mensaje para un niño pequeño que aún no sabe leer. Enséñale a llenar la palangana con el agua suficiente, y a utilizar el jabón para enjabonarse las manos, enjuagarlas, secarlas y dejar la palangana limpia para la siguiente persona.

Las áreas de higiene personal incluyen:

- Lavado de manos.
- Baño.
- Higiene bucal.
- Cuidado del cabello.

- Aseo rutinario.
- Riesgos de estornudos y tos: taparse la boca.
- Limpieza de las uñas de manos y pies.
- <u>Baño</u>:

Al principio, el baño será una actividad en la que ambos participen. La hora del baño puede ser muy divertida, con juguetes y burbujas, y una forma estupenda de terminar el día. Enseña a tu hijo a lavarse todas las partes importantes de su cuerpo, y ayúdale con las zonas que creas que no es capaz de lavarse al principio. Una alfombra antideslizante en la bañera es una gran ayuda para evitar que tu hijo se resbale en el agua del baño. Secarse después del baño es otro aspecto del aprendizaje de la rutina del baño. Aprovecha también este momento para desarrollar el lenguaje, hablando de lo que haces en cada parte de la rutina.

<u>Higiene bucal</u>:

Puedes empezar a acostumbrar a tu hijo a tener un cepillo de dientes en la boca y enseñarle a cepillarse. Hacer que la higiene dental forme parte de la rutina matutina y nocturna garantiza que se mantenga. Incluya el cepillado de la lengua y frote también el paladar. Habrá que insistir en la importancia del cepillado dental cuando lleguen los segundos dientes. Los niños pueden aprender a usar el hilo dental cuando puedan realizar esta actividad más difícil. Una introducción temprana al dentista de la familia para visitar y experimentar el sillón dental ayudará a preparar a tu hijo para las revisiones dentales.

Tos y estornudos:

Cubrirse la boca y la nariz al toser o estornudar es un hábito muy bueno para enseñar a tu hijo. Los estornudos y la tos propagan fácilmente las enfermedades en el aire. Al mismo tiempo, puedes enseñar a tu hijo cómo se propagan los gérmenes a través de los ojos, la nariz y la boca. Poner las manos sucias en estos lugares propaga los gérmenes. Hurgarse la nariz es un hábito en los niños pequeños, que propaga los gérmenes en las fosas nasales.

Cuidado del cabello:

Lavar y cepillar el cabello suele formar parte de la rutina del baño. A los niños pequeños no les gusta mucho que les laven el pelo. Intenta suavizar la experiencia con un champú para bebés que no pique los ojos. Si tu hijo pequeño usa uno, existen viseras para la ducha, que evitarán que el agua le entre en los ojos. Un accesorio para los grifos hará que la actividad de lavar el pelo sea menos traumática.

El aseo rutinario:

Las rutinas para ir al baño forman parte de toda la experiencia de aprendizaje que conlleva el entrenamiento para ir al baño. Los detalles sobre cómo enseñar a tu hijo a usar el orinal y, posteriormente, el inodoro, se tratan con más detalle más adelante en este libro. Las partes esenciales del entrenamiento para ir al baño, para la rutina higiénica, serán lavarse las manos y mantenerse limpio mientras se usa el inodoro o el orinal. El entrenamiento y las rutinas son diferentes para los niños y las niñas, pero la esencia de la limpieza es el mensaje importante que hay que compartir mientras se lleva a cabo el entrenamiento.

Cuidado de las uñas:

Las uñas deben cortarse y limpiarse porque son los lugares ideales para que la suciedad y los gérmenes vivan y crezcan. Los niños pequeños necesitarán ayuda para cortarse las uñas. Se les puede enseñar a utilizar un cepillo de uñas y a fregarse las uñas sucias mientras se bañan.

Introducir a los niños en los buenos hábitos de higiene es una importante habilidad para la vida y, aunque es un asunto serio por razones de salud, el baño y el lavado pueden ser también momentos divertidos con melodías pegadizas y juguetes de baño para fomentar experiencias de baño alegres.

La hora del baño puede ser también una oportunidad para superar el miedo al agua, y enseñar a los niños a hacer burbujas en el agua soplando y no inspirando. Es un buen ejercicio de preparación para la natación.

Aprovecha la hora del baño para crear un vínculo afectivo y una oportunidad para hablar del día y de los momentos más destacados que tu hijo pueda recordar. Al final del baño, tendrás la oportunidad de abrazar a tu hijo con una toalla mullida.

Ahora ya están preparados para el último acto del día, el telón, y la hora de acostarse.

II

PLAN PARA DISCIPLINAR A LOS NIÑOS SIN CULPA

3
APOSTAR POR LA CRIANZA POSITIVA PUEDE LLEVARTE AL MÉTODO DE DISCIPLINA SIN CULPA

Ser padres positivos y sentirse libres de culpa es algo que todo padre querría cultivar. Hacer crecer a los niños que dan alegría a los padres y se convierten en ciudadanos íntegros de la sociedad es un objetivo por el que merece la pena luchar. La jardinería y el sentimiento de cercanía a la naturaleza tienen algunos paralelismos interesantes con la crianza de los hijos.

He aquí una pequeña rima para hacerte reflexionar sobre la proximidad a la naturaleza y el desarrollo de tus filosofías parentales. Es un consejo para un jardinero.

> Cultiva guisantes de mente,
> Aplastar el egoísmo
> Nabo para ayudar al prójimo
> Y haz tomillo para los seres queridos.

La crianza positiva y la disciplina sin culpa van definitivamente de la mano para ayudar a padres e hijos a crecer en la dirección correcta. ¿Qué recuerdos tienes de la disciplina mientras crecías? ¿Qué significa la disciplina para ti?

Me puse a pensar seriamente en la disciplina que experimenté de niña, y luego en la versión modificada de esa disciplina que utilicé en mi crianza. Supongo que todos somos el resultado de nuestras experiencias infantiles, pero con la investigación y una mayor comprensión de cómo se desarrollan los niños hoy en día los estilos de crianza han cambiado.

A medida que crecíamos, los castigos eran más bien corporales. Unas nalgadas, en lugar de una paliza, parecían aceptables. La expresión favorita de los padres era "ahorra la vara y malcría al niño". Los padres que no aplicaban castigos corporales eran considerados demasiado blandos con sus hijos, demasiado progresistas. Se esperaba que los niños fueran vistos y no escuchados o que se les pusiera en el "rincón de los malos", con la nariz pegada a la pared. Casi se les humilla por lo que han hecho. La crianza anticuada no fomentaba el razonamiento con los niños. No tenía en cuenta que los niños pasaban por diferentes etapas en su desarrollo. Los padres no se daban cuenta del efecto que tenían los castigos corporales en sus hijos, pero realmente no se ofrecían alternativas. Los estilos de disciplina se transmiten de una generación a otra.

Una cosa que tienen en común la jardinería y los niños es que el cuidado de un jardín, y la crianza de los hijos, requiere aprendizaje y capacidad de adaptación.

> *"La jardinería es aprender, aprender y aprender. Eso es lo divertido. Siempre estás aprendiendo"*
>
> — HELEN MIRREN

La crianza de los hijos entra en el mismo ámbito. Los padres siempre están aprendiendo sobre sus hijos y sobre la crianza. Al igual que la jardinería, las estaciones cambian, las malas hierbas se eliminan y hay que podar. El cuidado es importante y el riego también. La jardinería es una ocupación continua. La crianza de los hijos te mantiene ocupado. Sin embargo, con el conocimiento y la comprensión hay muchos momentos de alegría cuando tus hijos florecen, y crecen hasta convertirse en adultos sanos.

¿Qué tipo de semillas quieres sembrar? ¿Semillas de crítica, negatividad, ira y frustración? Eso es lo que puede hacer la crianza negativa. En los estudios actuales sobre el desarrollo infantil y la forma en que los niños responden a diversas formas de disciplina, los psicólogos han descubierto que la disciplina física dura da lugar a niños enfadados y desafiantes cuando crecen. A los niños se les obligaba a seguir ciegamente la línea de la crianza dura. Afortunadamente, los padres de hoy no tienen que criar a sus hijos con estilos de crianza duros y dictatoriales.

La crianza positiva es una de las formas más esclarecedoras de la crianza de los hijos, y se ofrece a los padres a través de los ojos de psicólogos y profesionales que han estudiado el tema y comparten de buen grado sus conocimientos. A través de la crianza positiva se puede disfrutar de una de las partes más satisfactorias y gratificantes del ciclo de la vida. La crianza positiva es la forma de enfocar la crianza de tu hijo en el mundo actual, lleno de más obstáculos que tus padres, o sus padres antes de ellos.

> *"Los niños, los matrimonios y los jardines reflejan el tipo de atención que reciben".*

Una cita de H. Jackson Brown Jr, un autor estadounidense, que escribió un best seller inspirador llamado Pequeño Libro de Instrucciones para la vida.

También escribió: "Vive de manera que cuando tus hijos piensen en la justicia, el cuidado y la integridad, piensen en ti". Esta podría ser la esencia de la crianza positiva. Se trata de un legado que pasas a tus hijos a través de la forma en que los educas. De forma positiva, les ayudas a crecer aprendiendo sobre el respeto, a hacer amigos, a tomar decisiones sabias y a aceptar que sus acciones tienen consecuencias. La resistencia, la honestidad y una buena ética de trabajo son otros subproductos de la crianza positiva.

¿Qué es exactamente la crianza positiva? A continuación, se exponen algunos aspectos básicos del concepto antes de profundizar en la crianza de los hijos de forma positiva.

- La crianza positiva consiste en enseñar, guiar, cuidar, liderar y alimentar.

- Es atender las necesidades de los niños con una buena comunicación.
- La crianza positiva no es violenta y tiene que ver con las relaciones positivas.
- Los padres positivos proporcionan afecto y seguridad emocional.
- Premia los logros y apoya el interés superior de los niños.
- La crianza positiva establece límites que apoyan el respeto mutuo.
- Se esfuerza por enseñar la disciplina de forma que fomente la autoestima y sea coherente.
- La felicidad es el objetivo principal de la crianza positiva y en ella participan todos los cuidadores, los miembros de la familia y los familiares y amigos.
- La crianza positiva es reflexiva, amable y cariñosa, pero no permisiva.

Las investigaciones de las organizaciones dedicadas a la crianza de los hijos y de los psicólogos indican que existen pruebas de los resultados positivos relacionados con la salud emocional y las habilidades sociales a través de la crianza positiva. El éxito académico, la creación de niños seguros de sí mismos y el crecimiento intelectual y social se ven reforzados por la crianza positiva.

El castigo siempre parece la parte negativa de la crianza. La espina en el costado. ¿Quién será el lobo feroz y será el disciplinador?

> *"Podemos quejarnos porque los rosales tienen espinas o alegrarnos porque los arbustos de espinas tienen rosas"*
>
> — ABRAHAM LINCOLN

La mirada de la crianza de los hijos puede hacerte sentir que estás tratando con situaciones espinosas, y que tu disciplina se interpone en la relación con tu hijo porque siempre lo estás castigando. Sin embargo, con la crianza positiva y un cambio de paradigma de cómo funciona el castigo en la crianza positiva, puede ser capaz de mirar ese arbusto espinoso, su hijo, como un objeto de belleza y algo para ser disfrutado en su proverbial jardín de la vida.

El enfoque de crianza positiva de la disciplina significa que se tienen en cuenta las necesidades individuales de los niños. Los niños son tratados con empatía y respeto. La crianza positiva y el desarrollo del niño van de la mano. Los principios se ponen en práctica no sólo durante la infancia, sino como un marco para la vida del niño.

Las habilidades de crianza positiva trabajan para comprender el punto de vista del niño, pero al mismo tiempo comparten la empatía con las demandas de los padres. Establecer límites adecuados es un aspecto importante de este estilo de crianza. Los límites son las pautas de la disciplina positiva. Hay un equilibrio entre las necesidades de los padres y las del niño.

Aquí hay una tabla que muestra **lo que es** y **lo que no es la disciplina con la crianza positiva.**

Disciplina con crianza positiva es....	Disciplina con crianza positiva no es....
Una filosofía de crianza con un método estratégico que fomenta la idea de construir relaciones con tus hijos.	No se trata de una idea vaga y desestructurada de simplemente ser amable con tu hijo.
Establece límites que permiten a los padres mantener la calma y la paciencia.	No es floja y no planificada sin reconocimiento para los padres. No crea padres frustrados.
Pretende establecer conexiones reales entre padres e hijos, con el objetivo de conseguir la cooperación de los niños.	No se encarga de desconectarte de tu hijo mediante castigos duros o inapropiados
Es firme, pero se impone con comprensión y en un tono cariñoso. No avergüenza ni critica a los niños.	No es irracional o negativo. No es físico ni crítico.
Utiliza el concepto de tiempo dentro, no de tiempo fuera. El tiempo dentro consiste en construir y mantener una relación con tu hijo.	No existe el concepto de tiempo fuera como castigo. El tiempo fuera dice que usted, como padre, no es capaz de manejar la situación. El tiempo fuera es un enfoque muy negativo de la disciplina.
Fomenta la autoestima y el respeto.	El estilo de disciplina de los padres positivos no hace que los niños se sientan indignos y negativos sobre sí mismos.
El modelo de disciplina de los padres en positivo fortalece a los niños y fomenta la confianza en sí mismos, la fuerza de carácter y valiosas habilidades para la vida.	No aleja a padres e hijos. No elimina las oportunidades de establecer relaciones positivas para la formación del carácter.

Uno de los factores más importantes en torno a la crianza positiva es ser constructivo y establecer objetivos. Es conocido por formar el carácter y la fuerza.

Rudyard Kipling, el conocido autor del Libro de la Selva, dijo:

"Los jardines no se hacen cantando - ¡Oh, qué hermoso y sentado en la sombra!"

De la misma manera, un padre que se sienta frente a la cuna y contempla a su bebé, expresando lo hermoso que es el niño, sin un plan de crianza serio, no va a "criar" a un niño positivo, con buen comportamiento y responsable. La crianza positiva consiste en centrarse en la disciplina y en criar a un niño que respete a los demás, no por miedo, sino por conocer y seguir las pautas establecidas por sus padres.

Aquí nueve sugerencias a seguir que ofrecen pautas para aplicar la crianza positiva, y desarrollar una disciplina positiva.

1. Establecer límites:

Los límites son muy importantes porque establecen los parámetros con los que se va a trabajar. Saber que hay un límite protege a los padres y nutre a los niños. Los límites deberán ajustarse a medida que los niños alcancen diferentes etapas de su desarrollo, pero si se establecen algunos límites sencillos desde el principio, ya se está en el camino del éxito de la crianza positiva. Los límites harán que la necesidad de disciplina sea más fácil y lógica.

2. Tener consecuencias para los niños:

Los niños deben saber que las acciones tienen consecuencias. Si desobedecen o se niegan a escuchar instrucciones sensatas, habrá consecuencias. Puede ser algo sencillo, como no llevar una chaqueta cuando hace frío, lo que significa que pasarán frío fuera y no podrán jugar con sus amigos. Afrontar las consecuencias está estrechamente relacionado con los límites.

3. Evita las palabras hirientes que hacen que los niños se sientan avergonzados:

Los niños son sensibles a lo que se dice de ellos. Las palabras cortantes y poco amables con sarcasmo pueden ser muy hirientes y dañar la autoestima. Piensa bien lo que dices y cómo lo dices.

4. Fomentar las conexiones mediante el trabajo y el juego en común:

Crear una conexión de confianza entre tú y tu hijo es una parte muy positiva de la crianza. Quieres que tu hijo confíe en ti y respete tus decisiones. Establecer una relación positiva requiere tiempo y esfuerzo. Merece la pena el esfuerzo, ya que tu hijo querrá pedirte consejos más adelante, en su camino hacia la edad adulta.

5. Recuerde que debe ser coherente a la hora de aplicar los principios que valora como importantes:

Debes ser coherente a la hora de mantener las normas o los límites que has establecido. Habla con un tono de voz cariñoso pero firme. No dejes que tu hijo tome el control de la situación. Tú eres el padre.

6. Consolidar el buen comportamiento con comentarios positivos:

Notar y comentar las cosas buenas que hace tu hijo es una parte importante de la crianza positiva. Cuando veas que algo que ha hecho es una buena forma de comportamiento, di algo para mostrar que te has dado cuenta. Esto fomenta la autoestima y pone de relieve el comportamiento positivo que quieres ver.

7. Muestra respeto:

Póngase al nivel de su hijo a medida que va pasando por las distintas etapas de madurez, y reconózcalo demostrando que respeta sus esfuerzos. Muéstrale a tu hijo que tú también respetas a los demás. Si quieres que tu hijo sea bondadoso, tienes que ser amable con los demás, y modelar este tipo de comportamiento.

8. Trabaja en mostrar empatía:

Intenta comprender las razones que hay detrás de los distintos tipos de comportamiento. Si entiendes de dónde viene la acción, podrás empatizar con tu hijo en ese momento. La empatía significa ponerse en los zapatos de la otra persona.

9. Opta por el tiempo dentro y no por el tiempo fuera:

El objetivo de la disciplina positiva no es alejarlo de su hijo y apartarlo. El tiempo fuera aleja a los niños porque los separa de sus padres. No ayuda al niño a enfrentarse a su comportamiento negativo. Por el contrario, el tiempo de espera une a padres e hijos. Reconoce que hubo un comportamiento indeseable, pero juntos, padre e hijo, pueden intentar resolver la situación. El tiempo de reflexión no consiste en sonreír y reír, sino que es un momento serio en el que se examinan los límites cruzados o las normas de seguridad infringidas.

Una vez que empiece a investigar la crianza positiva, empezará a notar algunos de los beneficios de este estilo de crianza. Los padres dicen que experimentan menos problemas de comportamiento. Uno de los resultados más alentadores es la relación que se desarrolla entre padres e hijos. Es una relación más estrecha y un entendimiento entre ambas partes. Se crea una conexión continua dentro de las familias.

La disciplina positiva fomenta una mejor autoestima y una salud mental más positiva. Los niños criados en el molde de la crianza positiva tienen mejores habilidades sociales, y están más adaptados. El apoyo emocional es un componente clave de los niños bien adaptados, que sienten que se satisfacen sus necesidades.

Los niños aprenden del ejemplo de sus padres. Gritar a los niños, insultarles y castigarles físicamente no crea relaciones sanas entre padres e hijos. Los niños que se portan mal frustran constantemente a sus padres. Los padres deberían esforzarse por eliminar el "mal" de la mala conducta.

La mala conducta es, un comportamiento que sale mal. La acción es incorrecta, impropia o inapropiada. La mala conducta es una acción que no es aceptable para otras personas. Puede considerarse como una mala conducta, una travesura o un delito. Todas estas palabras tienen connotaciones negativas.

¿Qué pueden hacer los padres para eliminar el "mal" del "mal" comportamiento? Aquí algunas opciones prácticas para cambiar un comportamiento que se considera inapropiado.

- Tómate un momento para considerar el comportamiento, y aprovecha la oportunidad para enseñarle a tu hijo el comportamiento correcto. En otras palabras, convierta el incidente en una experiencia de aprendizaje. Reconoce el comportamiento que no te ha gustado y habla de cómo debe comportarse tu hijo para obtener su aprobación y portarse bien.

- Dedica tiempo a encontrar formas de fomentar la resolución de problemas. No encuentres siempre las respuestas para todo. Si surge una dificultad, ayuda a tu hijo a encontrar una solución positiva. Esto puede ayudar a superar algunos comportamientos frustrantes que podrían llevar a un mal comportamiento. En lugar de enfadarse porque algo no funciona, la resolución conjunta de problemas ayudará a tu hijo a pensar por sí mismo, o a pedir ayuda.
- Esté siempre dispuesto a reconocer los sentimientos. Si tu hijo está luchando contra la ira, la decepción, el dolor o la falta de autocontrol, tómate el tiempo necesario para reconocer sus sentimientos y comprender el problema subyacente.
- Aleja a tu hijo de la situación que provoca el mal comportamiento. Si se encuentra en una situación que está aumentando el mal comportamiento, saque a su hijo de ese entorno a un espacio más tranquilo. Puede ser apropiado volver a casa antes si está fuera y quiere evitar un conflicto en público. Demuestre que entiende la situación o la etapa de desarrollo en la que se encuentra. Tómate el tiempo necesario para reconocer que tu hijo está creciendo y que todavía está aprendiendo muchas cosas diferentes. Le estás ofreciendo apoyo y orientación, no críticas ni castigos.

El mal comportamiento, especialmente en un lugar público, es muy embarazoso para los padres. Hay razones por las que los niños aprovechan para portarse mal. ¿Sabías que una de las razones por las que los niños se portan mal en público es porque funciona? Es un comportamiento aprendido, y los niños pequeños son lo suficientemente astutos como para reconocer que este comportamiento les consigue efectivamente lo que quieren. Los lloriqueos y las rabietas son los comportamientos favoritos que les llevan a salirse con la suya. Si cedes a esta forma de mal comportamiento, te estarás convirtiendo en una vara para tu propia espalda. Establece los límites antes de ir de compras, por ejemplo, y asegúrate de que tu hijo no va a exigir todo lo que vea. Esta es una oportunidad para que, cuando sea mayor, le enseñes a tu hijo lo que es el dinero de bolsillo y a gastar lo que tiene disponible en ese momento.

El mal comportamiento puede ser el resultado de luchas de poder. Tu hijo quiere tener el control. Las discusiones y el comportamiento difícil son el resultado de que tu hijo no quiera hacer lo que se le dice. Elimina este comportamiento de búsqueda de poder dando a tu hijo dos opciones. Eso simplemente desactiva la situación y hace que tu hijo se decida por un comportamiento preferido. No se está oponiendo a ti porque le has dado una opción, pero sigue cumpliendo con la necesidad de completar una tarea que le has encomendado. Tal vez le hayas pedido que ordene sus juguetes. Dales la opción de recogerlos allí mismo, o antes de su programa de televisión favorito. La tarea se sigue realizando y usted ha evitado el mal comportamiento.

Elimine el mal comportamiento estando en sintonía con las necesidades de su hijo. La mayoría de los niños muy pequeños todavía quieren que se satisfagan sus necesidades primarias. La comida, el sueño y la comodidad son algunas de las más básicas. Es posible que tu hijo sólo quiera un poco de atención, pero que no tenga la capacidad de comunicación necesaria para indicarte sus necesidades básicas. Dedica tiempo a conocer estas necesidades básicas y a satisfacerlas. Esto podría quitarle la miseria al niño inquieto que en realidad sólo echa de menos el sueño, la comida, un pañal limpio o simplemente un abrazo de una mamá o un papá ocupados.

Es posible que malinterpretes los sentimientos de tu hijo, y esto podría provocar un mal comportamiento. Enseñar a los niños sobre los sentimientos y las emociones y cómo expresarlos les ayudará en algunas situaciones de gran carga emocional. Los libros son las herramientas perfectas para aprender sobre las emociones. Hay libros encantadores sobre los sentimientos, con imágenes y palabras que explican la emoción. Leer o mirar libros ilustrados es una forma estupenda de ayudar a tu hijo a entender los sentimientos.

El mal comportamiento puede deberse a que tu hijo está tratando de flexibilizar sus músculos y ser más independiente, pero en realidad aún no tiene las habilidades necesarias para ser una persona independiente. Los niños pequeños se sienten muy frustrados porque no son capaces de realizar algunas tareas sencillas. A menudo se les oye decir "yo lo hago" cuando intentan hacer muchas cosas de forma independiente. Aquí es donde tú, como jefe de filas, tienes que decidir si lo que tu hijo pequeño quiere y puede hacer es apropiado. Si tu hijo quiere llevar su capa de superhéroe al colegio y su máscara de héroe, y no es el día de los disfraces, ¿va a afectar su trayectoria escolar que siga adelante con esta muestra de independencia? No, no es así, así que deja que tu hijo vaya al colegio vestido con su traje de superman favorito. Simplemente ponle una muda y luego podrá cambiarse en el colegio si quiere. Esta es una situación en la que una cierta flexibilidad y el reconocimiento de la independencia no son un problema.

Aquí hay una idea. ¿Podrías ser tú, el padre, el causante del mal comportamiento de tu hijo?

Existe la posibilidad de que usted sea la razón del mal comportamiento. Considera estos escenarios y ponte en el lugar de tu hijo. Quizá sean trampas para padres que podrías evitar.

¡Demasiado ocupado!

No estás pasando suficiente tiempo, tiempo de calidad con tu hijo. Esto no significa horas y horas de tiempo en las que te distraes haciendo otras cosas. Sentarse en el suelo con Lego, pero leer tus correos electrónicos en el teléfono no es tiempo de calidad: estás distraído. Tal vez tu hijo te ha pedido que mires algo que ha hecho, pero tú sigues mirando tu teléfono y tus mensajes de texto. Tu hijo se frustra y atrae tu atención portándose mal.

¿Qué hacer?

Dedica un tiempo de calidad a tu hijo pequeño, especialmente si eres un padre que trabaja. Mantén el contacto visual, escucha atentamente, añade comentarios para interactuar y entabla una conversación. Luego, cuando hayas visto el factor sorpresa del momento, explícale a tu hijo que tienes otra cosa que hacer. Has pasado tiempo de calidad, no de cantidad.

¡Modelo de mal comportamiento!

Gritas en casa y tienes tu propio estilo de rabietas. Utilizas palabras malsonantes y en los días malos estás de muy mal humor, mostrando tu mal comportamiento delante de tu hijo pequeño. Los niños copian tu comportamiento.

¿Qué hacer?

Evita las muestras de mal comportamiento delante de tu hijo. Se trata de practicar lo que se predica cuando se trata del comportamiento que se quiere reforzar.

No satisfacer las necesidades básicas.

Los niños pequeños tienen algunas necesidades básicas sencillas. No las de necesitar juguetes o dulces, sino la necesidad de dormir, comer y estar cómodos. A una edad temprana se sienten enfadados porque esas necesidades no se satisfacen. Reconocer esas necesidades y atenderlas evitará las rabietas de los niños que saben que necesitan algo, pero no están seguros de qué es, ni de cómo decírtelo.

¿Qué hacer?

Ten una rutina a la que atenerte. En esa rutina tendrás en cuenta la hora de la comida, la de la siesta, la del juego, la del baño y la de la cama. Cumple la rutina para evitar el mal comportamiento.

Has puesto la vara muy alta.

Si esperas el estilo de comportamiento de un niño de diez años en el cuerpo de un niño de un año, tus expectativas son demasiado altas.

Los niños pequeños acaban de salir de la etapa infantil y no han crecido del todo, ni mental ni físicamente, ni mucho menos.

¿Que hacer?

Conoce las metas que tu hijo debería haber alcanzado y asegúrate de observar su capacidad en cada etapa de desarrollo.

En este capítulo se trataba de hacerte pensar en la línea de la crianza positiva, y en cómo este enfoque de la disciplina tiene beneficios para toda la familia. Al igual que el cuidado de un jardín, requiere algo de trabajo y diligencia.

Audrey Hepburn dijo una vez:

"Plantar un jardín es creer en el mañana".

La misma filosofía se aplica a la crianza positiva, porque formar una familia significa creer en el futuro, en el tuyo y en el de ellos.

4

DESAFÍOS DE LA CRIANZA POSITIVA CON LOS QUE TE ENCONTRARÁS

Todo el mundo está familiarizado con el dicho "Keep calm and carry on". ¿Sabías que el eslogan se originó en un cartel de la preguerra para levantar el ánimo de los británicos? Keep Calm and Carry On" era uno de los tres carteles que se publicaron en aquella época. 'Tu valor. Tu alegría' era el segundo, y un tercer eslogan era - 'Tu resolución nos traerá la Victoria'. Es el "Keep Calm and Carry On.... seguido de todo tipo de razones para mantener la calma, que ha sobrevivido desde antes de la Segunda Guerra Mundial.

Keep Calm and Carry on Parenting bien podría ser un mantra para los padres preocupados. Mantener la calma durante la tormenta es uno de los retos de la crianza positiva. La idea de mantener la calma mientras se gobierna el barco de los padres conlleva altibajos. Este capítulo trata sobre cómo afrontar los retos y gestionar algunas situaciones que ponen de los nervios a tu hijo.

"No tengo miedo de las tormentas. Estoy aprendiendo a navegar mi barco"

dijo Louisa May Alcott. Conocida autora de Mujercitas.

No hay duda de que los padres pueden esperar tormentas. La crianza de los hijos va a tener sus momentos de tormenta. Habrá momentos en los que te sientas bastante perdido en el mar, pero tener un plan de crianza que seguir y al que referirte siempre te ayudará a navegar en los momentos difíciles. Este plan de crianza positiva te ayudará a disfrutar de los días de calma cuando las cosas vayan bien, y te ayudará a ver el fruto de tu trabajo.

Tomar la decisión de seguir el enfoque de Crianza Positiva para criar a tu familia requerirá planificación y compromiso. Junto con ese compromiso, es necesario tener una actitud tranquila para disminuir el estrés de ser padre. Este método de crianza es una crianza consciente. Se trata de planificar y establecer objetivos. Cuando estés preparado para practicar la crianza positiva, recuerda que hay una teoría detrás de la práctica y que es esta teoría la que te mantiene tranquilo y positivo.

En nuestra analogía, con la navegación y la práctica de la Crianza Positiva, esta cita se ajusta a la teoría que subyace a un estilo positivo de crianza:

> *"Aquel que ama la práctica sin teoría es como un marinero que se sube a un barco sin timón ni brújula y nunca sabe hacia dónde puede tirar".*
>
> — LEONARDO DA VINCI

Aquí un breve resumen de la teoría en la que se basa la Crianza Positiva. Es una teoría basada en el aprendizaje a través de la psicología social y del desarrollo. La crianza positiva se esfuerza por alcanzar sus objetivos a través del respeto mutuo, límites firmes pero justos, y habilidades de comunicación positiva. Se anima a los padres a crear un fuerte vínculo con sus hijos y a asumir un papel de liderazgo. La crianza de los hijos consiste en guiarlos de forma positiva a lo largo de su infancia. Es un estilo proactivo de crianza con disciplina positiva. Estos son los principios que proporcionan el timón y la brújula necesarios para saber en qué dirección navega su barco de padres.

Mantener la calma en medio de la tormenta es una parte vital del manejo de la Crianza Positiva. El desarrollo de un espíritu de calma en uno mismo es una fuerza personal que te llevará a través de los momentos difíciles. Algunas de estas sugerencias pueden parecer obvias, pero a pesar de ser aspectos de la vida que uno debe cuidar, es sorprendente cuántos padres pasan por alto el hecho de que necesitan estar en buena forma para ser un padre positivo.

Los consejos para una crianza positiva incluyen:

Un estilo de vida saludable.

Come bien, duerme lo suficiente y tómate un tiempo para ti.

Respira profundo.

Cuando surja una situación difícil, respira profundamente antes de reaccionar.

Intenta no gritar.

Los gritos sólo aumentan tus niveles de estrés y los de tu hijo.

Sé un guía, no un mariscal de campo.

Recuerda que tu papel en la Crianza Positiva es guiar a tu hijo a través de la empatía y el apoyo durante las diferentes etapas que está viviendo.

Encuentra apoyo.

Recuerda que no estás solo en este momento. Recurre a la ayuda de familiares y amigos. Busca grupos de apoyo con personas afines con las que interactuar y compartir experiencias.

¡Recuerda que no estás solo!

> *"Cuanto antes aprendamos a ser corresponsables, más fácil será la navegación".*

Sabias palabras de Ella Maillart, viajera y aventurera.

Este sentimiento se aplica también a la crianza de los hijos. Es una responsabilidad conjunta y parte de su plan de Crianza Positiva debe incluir el sistema de apoyo. Todos los miembros de tu equipo de apoyo deben estar de acuerdo con los principios de la Crianza Positiva que piensas poner en práctica. Tu equipo de apoyo te ayudará a mantener la calma, y a aliviar parte del estrés que puedas sentir.

El equipo de apoyo del que tienes que depender empieza por tus de padres. Sean cuales sean sus circunstancias y su pareja, el ingrediente esencial de su asociación es seguir las mismas reglas. Si están de acuerdo con la Crianza Positiva, asegúrense de que ambas partes están familiarizadas con lo que significa, y cómo seguir este curso desde el principio. Establezcan juntos sus objetivos y límites para trabajar hacia el mismo resultado final.

Añade a tu familia y amigos a tu grupo de apoyo.

Dodinsky, conocido como escritor y creador de citas inspiradoras, conocía el valor del apoyo y la necesidad de ayuda en los momentos difíciles.

Escribió esta interesante cita sobre el "mar de la vida".

"Somos los capitanes de nuestros propios barcos navegando por el mar de la vida, pero en tiempos de tormenta descubrirás a los verdaderos amigos cuando no duden en ser el faro".

¿Quién será tu faro?

No hay que avergonzarse de buscar ayuda y acudir a personas con ideas afines. Estos son los apoyos que necesitas, porque estarán dispuestos a compartir sus experiencias contigo. Tu grupo de apoyo te ayudará a mantener la calma sabiendo que vas por el buen camino. El apoyo más obvio es tu cónyuge o la pareja que cría a tu hijo. La familia, especialmente los abuelos, ofrece un sistema de apoyo, mientras que los parientes ocupan un segundo lugar en esta lista. Los amigos, especialmente los que están criando a sus hijos al mismo tiempo, son buenas fuentes de apoyo. Los cuidadores y los centros de atención a la infancia ofrecen de buen grado su apoyo a los padres. Las guarderías suelen ofrecer talleres de crianza. Son eventos estupendos para asistir y obtener información sobre temas difíciles.

El apoyo individual puede complementarse con fuentes de información y guías en línea. La ayuda médica siempre está disponible para las situaciones de emergencia, y los grupos de apoyo orientados a áreas problemáticas específicas siempre ofrecen un medio positivo de información y apoyo. En esta aldea global en la que vivimos nunca se está solo o sin apoyo.

Es de vital importancia hablar de tu modelo de crianza antes de ponerte en contacto con otros para estar absolutamente seguro de los principios básicos que sigues. Lo ideal es que esta conversación sobre el tema tenga lugar antes de la llegada del bebé, pero nunca es demasiado tarde para hablar de los objetivos de la crianza. Uno de los valores fundamentales de la crianza de los hijos es ser flexible y revisar tu enfoque a medida que tu hijo crece y se enfrenta a diferentes retos.

Al abordar los problemas en el mar, un marinero descubre que:

"El pesimista se queja del viento, el optimista espera que cambie, el realista ajusta las velas"

— WILLIAM ARTHUR WARD

Tienes que ser realista y discutir tus tácticas con tu pareja. Estos son algunos de los temas de los que querrán hablar juntos antes de que surjan desacuerdos entre ustedes. Una parte vital de la crianza positiva es tener objetivos y reglas básicas comunes.

1. Disciplina

¿Qué estilo de disciplina quieres adoptar? ¿Quieres utilizar a tus propios padres como modelos, o crees que los estilos de crianza han cambiado y estás preparado y abierto a algo como la "Crianza Positiva"? La disciplina es probablemente el tema más controversial de la crianza de los hijos, pero es imposible aplicar la Crianza Positiva sin una estrategia de disciplina en la que ambos padres estén de acuerdo.

2. Crear juntos las reglas de la casa

¿Qué vas a tolerar en la casa? Acuerda horarios y actividades concretas. Una rutina es importante. Habrá momentos en los que tengas que ser flexible, pero en general, en el día a día, ten una rutina. Esto incluirá la hora del baño y la hora de acostarse. La hora de la televisión u otros dispositivos electrónicos, la privacidad de la habitación de los padres y, a medida que los niños crecen, también quieren su privacidad. A medida que los niños crecen, es posible que quieras incluir algunas tareas en tu estrategia de crianza.

3. Consecuencias

Decide las consecuencias a las que se enfrentará en diferentes situaciones y asegúrate de que tu hijo sabe que se enfrentará a esas consecuencias. Las consecuencias son una parte de la crianza de los hijos que hay que revisar a menudo. La crianza positiva significa que hay flexibilidad en su plan, pero cualquier cambio debe ser discutido y puesto en marcha de mutuo acuerdo.

4. Apóyense siempre unos a otros

Es muy importante respetar el plan de paternidad y apoyarse mutuamente. Además, el apoyo a las consecuencias que sufrirá su hijo debe formar parte de su acuerdo mutuo. Las consecuencias deberán revisarse a medida que los niños crezcan y se desarrollen física y emocionalmente. Esto significa que no hay que estar en desacuerdo delante de los niños. Si hay un problema, tómate un tiempo lejos de los niños para discutir el asunto.

5. No seas inflexible

La crianza positiva permite cometer errores y es flexible. Reconoce si algo no funciona y cambia tu punto de vista. Discute el asunto y cambia la estrategia si es necesario. No tengas miedo de dar segundas oportunidades, y ten en cuenta las diferentes personalidades y caracteres de tu familia.

Gritar, pelear y chillar son formas muy negativas de comunicarse. Los gritos no ayudan a los padres a controlar la situación. Es algo que aprendí como madre y como profesora. Gritar, a menos que seas un sargento instructor, no te mantendrá en control de la situación. Con el tiempo, los gritos se convierten en un ruido molesto y los niños tienden a desconectarse del terrible ruido. Se ha descubierto que gritar puede ser tan perjudicial como el maltrato físico. Es un hecho que da mucho miedo. Los niños a los que se les grita son más propensos a desarrollar un comportamiento problemático. En realidad, una voz fuerte que grita constantemente no hace que el mensaje sea más claro.

Los gritos hacen aflorar la agresividad en los niños, mientras que el comportamiento tranquilo les tranquiliza y les hace sentirse queridos y aceptados, aunque hayan hecho algo malo. Los gritos, acompañados de insultos y comentarios negativos, pueden considerarse abuso emocional. Los gritos no consiguen los resultados deseados y los niños no escuchan a alguien que grita. El acto persistente de gritar conduce a mayores niveles de ansiedad, estrés y depresión en los niños pequeños.

Podemos aprender grandes lecciones de los proverbios y refranes de diferentes países.

Hay un proverbio africano que dice:

"Los mares suaves no hacen a un gran marinero".

En términos de crianza, son las veces que nos vemos sacudidos por diferentes problemas como padres las que nos hacen más fuertes. La crianza de los hijos consiste en capear las tormentas y en cabalgar sobre las olas de una montaña rusa. Estas experiencias pueden ser muy estresantes. ¿Cómo pueden los padres gestionar el estrés sin dejar de mantener un estilo de crianza positivo?

¿Cuáles son las principales causas de estrés para los padres? El estrés se debe a las exigencias que se plantean a los padres y que ellos consideran que no pueden satisfacer. Exigencias de tiempo, de influencias externas y de cuestiones familiares. El estrés de mantener un trabajo de alto nivel y el estrés de las escuelas, así como el estrés financiero. El estrés afecta a cualquiera que se sienta ansioso y bajo presión. Las exigencias de criar a un niño desde la infancia hasta las fases de crecimiento de la niñez afectan a los padres en particular en estas áreas.

- Tiempo.
- Finanzas.
- Aumento de responsabilidades.
- Exigencias en las diferentes relaciones.
- Problemas de salud.
- Confianza en uno mismo.
- Espacio personal.

Estas siete áreas son áreas de estrés comunes. Tanto los padres jóvenes como los mayores, en diferentes entornos socioeconómicos o educativos, todos experimentan estas tensiones mientras se inician como padres. Incluso los padres más experimentados, que se están familiarizando con el siguiente hijo que llega a su familia, experimentan estrés.

Cada padre es diferente, y cada niño es diferente, pero se puede encontrar algo de alivio al estrés con estos útiles consejos:

Gestión del tiempo:

- Levántate quince minutos antes para tener en cuenta los imprevistos que puedan surgir.
- Programe las tareas fastidiosas para las primeras horas del día, evite retrasarlas hasta más tarde.
- Dedica tiempo a escuchar música, leer un libro o simplemente hojear una revista. Darse un tiempo de calidad le permitirá tener más energía para el resto del día.
- Mantén reservas de productos esenciales para el hogar, como papel higiénico y tiritas adhesivas, para tener siempre suficiente y no perder tiempo en salir a comprar estos productos básicos.

Alivio del estrés financiero:

- Pide consejos sobre la gestión de las finanzas a un amigo de confianza o a un asesor financiero.
- Cuida los centavos y las libras se cuidan solas, es una frase muy conocida sobre ser ahorrador. Ten un presupuesto y trata de controlar tus gastos.

Cómo hacer frente a las responsabilidades adicionales:

- No dependas de tu memoria para las cosas que tienes que hacer. Haz una lista para el día siguiente con las tareas que tienes que hacer y los horarios de las citas.

- Cuando te sientas abrumado, respira profundamente y piensa en lo que tienes que hacer. Prioriza y haz las cosas de forma lógica.

Relaciones personales:

- No tengas miedo de decir que no a una invitación para la que no tienes tiempo. Protege tus límites personales.
- Pasa tiempo con personas positivas que no van a añadir sus preocupaciones a las tuyas.
- Intenta tener una "noche de cita" con tu pareja.

Preocuparse por los problemas de salud:

- Cuida tu salud. Lleva una dieta saludable, duerme lo suficiente y haz algo de ejercicio. Manténte hidratado con suficiente agua para beber.
- Asegúrate de que todas las vacunas estén al día, ya que te protegerán a ti y a tu familia.
- Lleva a toda la familia, incluido el perro, a dar un paseo rápido. Salir a tomar aire fresco, si puedes, es importante para toda la familia.

Gestión de la autoestima:

- No seas catastrofista, si algo va mal piensa en todo lo que ha ido bien.

- Lleva un diario de sentimientos personales y resultados positivos.
- Elimine las conversaciones negativas y autodestructivas.

Disponer de espacio personal:

- Pon el teléfono en silencio de vez en cuando y tómate un tiempo para ti. Pídele a tu pareja que cuide al bebé por ti durante este tiempo.
- No programe citas consecutivas. Gestiona tu agenda de forma realista, con un poco de espacio entre las citas.
- No tengas miedo de encargar algunas tareas a otros para liberarte y quitarte el estrés de encima.

Éstas son sólo algunas formas de gestionar el estrés en torno a lo que parecen ser las áreas de estrés más comunes. Habla de tus puntos de presión de estrés con alguien de confianza, o busca algún tipo de asesoramiento si esto ayuda a tu vida familiar y te mantiene positivo.

El estrés puede llevar a los padres a tomar decisiones precipitadas y a cometer errores de crianza. Como somos humanos, vamos a cometer errores. El modelo de crianza positiva no es perfecto. Es fácil cometer errores. Todo el mundo comete errores de juicio en circunstancias difíciles. Enfrentarse a ellos y corregirlos es más difícil. El poder de la crianza positiva se basa en la construcción de relaciones. Los padres con buenas relaciones estables están en condiciones de reconocer los errores, discutirlos abiertamente y hacer cambios para rectificar el error.

Los errores típicos suelen encontrarse en los estilos de crianza. El padre que es demasiado controlador y no permite que el niño sea autosuficiente e independiente está cometiendo un error, que conduce a un niño pegajoso con miedo de hacer cosas sin sus padres. El padre que es un mal modelo de conducta comete el error de demostrar un comportamiento negativo. En esta situación el padre no debe sorprenderse si su comportamiento ha llevado a su hijo a comportarse mal.

Ser inconsistente es un gran error. La inconsistencia en la crianza de los hijos es frustrante para ellos. Necesitan un liderazgo fuerte para sentirse seguros. Puedes reconocer este error de crianza por la forma en que tomas las decisiones. ¿Toma usted decisiones inconsistentes y cambia los límites de su hijo? Los padres pueden cometer el error de ser demasiado críticos o hacer comparaciones injustas entre hermanos. Reconocer este error implica un cambio de actitud hacia tu hijo y enmendar las comparaciones injustas.

Es un error que los padres no reconozcan y empaticen con los sentimientos de los niños. Esto puede ocurrir cuando los padres están ocupados y no tienen suficiente tiempo para pasar con sus hijos. Se necesita tiempo para formar el vínculo que permite compartir los sentimientos entre padres e hijos. Es un error ser insensible a los sentimientos de los hijos. Entrar en contacto con la propia sensibilidad y ser capaz de reconocer los sentimientos de los hijos es una parte importante de la crianza positiva.

> *"Si no puedes volar entonces corre, si no puedes correr entonces camina, si no puedes caminar entonces gatea, pero hagas lo que hagas tienes que seguir avanzando".*
>
> — MARTIN LUTHER KING JR.

Esto es muy cierto en cuanto a aprender de nuestros errores. Los errores no tienen por qué retenerte e impedirte avanzar. Sigue estos sencillos pasos cuando cometas errores y sigue avanzando.

- Observa y reconoce tus errores.
- Piensa en por qué cometiste ese error. ¿Se remonta a tu pasado o a un estilo de crianza anterior?
- Comenta el error con tu pareja.
- Aprenda una lección del error y de la razón subyacente para cometerlo.
- Discúlpate por haber cometido ese error y presenta una disculpa adecuada a la edad del niño y a la naturaleza de la ofensa.
- Adopta medidas positivas para cambiar de cara al futuro. Los errores ocurren, lo importante es cómo los afrontas.
- Da los pasos adecuados para avanzar y sigue moviéndote en una dirección positiva.

Aprende de tus errores, mantén la calma y continúa con la crianza positiva. Sepa cuál es su objetivo. Recuerde tener objetivos para su familia y planes de crianza para zarpar en su barco sin importar las tormentas y los mares tempestuosos para llegar a su destino.

5

PRACTICAR LA PACIENCIA

La crianza de los hijos es la personificación de la paciencia. La esencia de ser padre es la paciencia, y es una virtud más allá de todas las virtudes. Sin paciencia, los padres tendrán que esforzarse para cumplir con las muchas facetas de la crianza de un niño. La paciencia va acompañada de otras virtudes, como la bondad. Aporta paz y alegría. La crianza y la paciencia deben ir de la mano.

La colección de filosofías de Khalil Gibran describe la crianza de los hijos con amor de una manera que demuestra el pensamiento. Y con el amor va la paciencia.

"Puedes darles tu amor, pero no tus pensamientos. Porque ellos tienen sus propios pensamientos. Puedes albergar sus cuerpos, pero no sus almas, porque sus almas habitan en la casa del mañana, que no puedes visitar, ni siquiera en tus sueños. Puedes esforzarte por ser como ellos, pero no busques hacerlos

como tú. Porque la vida no retrocede, ni se demora con el ayer".

Aunque el amor conquista muchas cosas, el amor no puede funcionar sin paciencia. Esta cualidad, la paciencia, se describe como muchas cosas. Es conocida por ser la capacidad de soportar diferentes luchas mientras nos esforzamos por alcanzar una meta. En términos de crianza, puede ser algo tan simple como los modales en la mesa, o tan desafiante como el entrenamiento para ir al baño. La paciencia ayuda a los padres a reconocer que el éxito llegará con la paciencia. La paciencia ayuda a mantener la calma mientras se intenta enseñar o entrenar a alguien en diferentes habilidades. La paciencia permite a los padres amar incondicionalmente en los momentos difíciles.

Los padres descubrirán que tienen limitaciones en sus niveles de paciencia. Este nivel de limitaciones será diferente para cada familia. Es una parte de la Crianza Positiva y los padres necesitan reconocer esto dentro de su propia dinámica familiar. Sus hijos tendrán sus propios pensamientos y querrán hacer las cosas de manera diferente, como nos recuerda el Profeta. Nuestros hijos son el futuro y los estilos de crianza cambian para apoyar los objetivos futuros de esta nueva generación. La paciencia de los padres, y el reconocimiento de sus limitaciones, es una parte importante para alcanzar sus objetivos.

Hay varias limitaciones comunes en la crianza de los hijos. La mayoría de ellas se basan en las circunstancias del entorno, y algunas en el temperamento y la personalidad de los padres. Cuando los padres reconocen sus limitaciones, son capaces de controlar su crianza en consecuencia. Esto hace que los resultados emocionales de la crianza sean más fáciles de manejar y comprender. El papel de los padres es definitivamente más fácil para algunas familias que para otras.

Estos son algunos de los factores limitantes que pueden influir en la crianza de los hijos.

Gestión del tiempo.

La crianza de los hijos requiere tiempo. Los niños pequeños pueden ser muy exigentes. Muchos padres se dan cuenta de que no pueden compaginar las exigencias de su presión laboral con el tiempo extra que requiere la crianza positiva. Reconocer que el tiempo es una limitación de la crianza es algo que los padres deben reconocer. Una vez que hayan admitido que el tiempo es un aspecto difícil de la crianza de los hijos, tratarán de encontrar formas de sacar tiempo para pasarlo con ellos. Ser padres con limitaciones de tiempo no es imposible, pero elaborar un horario ajustado disminuirá la culpa y ayudará a los padres a gestionar este factor temporal.

El carácter.

Todo el mundo sabe que forma parte de la naturaleza humana tener diferentes rasgos de carácter y diferentes tipos de temperamento. Puede que seas una persona con una tolerancia muy limitada. Una limitación en cuanto a la cantidad de ruido que eres capaz de tolerar, o la facilidad con la que puedes bajar al nivel de juego de una persona pequeña impondría limitaciones a tu paciencia. Si el temperamento es una limitación para ti, habla con tu pareja o con los miembros de tu familia y pide ayuda para que te den un poco de tiempo libre y espacio que te permita tener un tiempo de crianza de calidad.

Dinámica familiar.

Cada familia tiene una dinámica diferente. Puede que tu familia sea más numerosa que la mayoría o que los niños sean todos pequeños y de edades próximas. Puede que tengas un niño con necesidades especiales en la familia o que seas padre soltero. Hay muchas connotaciones familiares diferentes, y la gestión de estas diferencias puede imponerle limitaciones en la crianza de los hijos. Reconocer la limitación te permite hacer frente a lo que te falta, y buscar ayuda si es necesario. Enfrentarse a las limitaciones que se imponen a la familia de esta manera, te anima a hacer concesiones a tus circunstancias.

Problemas disciplinarios.

La falta de disciplina o el exceso de disciplina ejercen presión sobre las relaciones familiares. Analiza detenidamente tu estilo de disciplina como padre. Puede limitar tu paciencia. Si es demasiado estricto, estará imponiendo la ley constantemente. Demasiado relajado y no tienes control. En ambos casos, tu paciencia se verá limitada.

Problemas personales.

Si eres un padre con tus propios problemas de depresión, ansiedad, control de la ira o incluso estrés financiero personal, todos estos factores pondrán límites a tu paciencia. Es importante que los padres se cuiden y busquen ayuda si tienen problemas personales que puedan contribuir a la falta de paciencia.

Un momento de paciencia puede evitar un gran desastre.

Un momento de impaciencia puede arruinar toda una vida.

— UN ANTIGUO PROVERBIO CHINO DICE

Cuando tengas la tentación de impacientarte, gritar, criticar o ponerte muy irritable con tu hijo, es el momento de revisar tu umbral de paciencia. Los padres deben ser objetivos y centrarse en lo que pueden hacer para interactuar pacientemente con sus hijos.

Cada familia y cada individuo de esa familia es único y diferente. Se necesita una mirada objetiva a tu familia y a ti mismo para ver lo que puedes controlar y lo que puedes hacer con paciencia.

Echa un vistazo a esta tabla de crianza controlada y paciente en contraposición a la crianza impaciente y descontrolada. ¿Dónde encaja tu estilo de crianza con estos diferentes escenarios?

Tengo el control.	He perdido el control.
Cuando estoy enfadado o molesto, puedo hacer una pausa para ordenar mis pensamientos.	Cuando me enfado, reacciono inmediatamente y le grito a mi hijo.
Me esfuerzo en demostrar con pequeñas cosas que la amabilidad es importante.	Estoy demasiado ocupado con los compromisos laborales como para dedicar mucho tiempo a pensar en pequeñas cosas que hacer.
Intento organizar una rutina en casa para que todos puedan seguir las instrucciones fácilmente.	Cada día es diferente. Sólo espero que nos las arreglemos para pasar el día y lo hagamos todo.
Cuando hago una promesa a mi hijo, soy realista y me aseguro de cumplir mis promesas.	Utilizo las promesas como si fueran sobornos, y a veces no consigo cumplir mis promesas.
Ser leal a mi familia es muy importante para mí. Honro los sentimientos de mi familia.	Mi familia siempre está tramando algo, y me resulta útil cotillear sobre ellos y compartir historias negativas.
Cuando me equivoco, no tengo miedo de decir que lo siento y de construir mi relación con mi hijo	Siempre tengo la razón. Yo soy el padre, así que ¿por qué debería decir que lo siento?
Mi objetivo es fomentar en mi familia una situación en la que todos salgan ganando, con una cultura en la que todos cuenten y todos se beneficien.	Yo estoy al mando y todos deben hacer lo que yo diga y seguir mis órdenes. La persona que gana en nuestro hogar es la persona adulta.

Tener el control, pero no ser dictatorial, es la base de la disciplina positiva en la Paternidad Positiva. Hay cuatro cosas sencillas que puedes controlar en cada situación.

1. Tu voz.
2. Tu lenguaje corporal.
3. Tu capacidad para saber escuchar.
4. El tiempo de calidad que tienes disponible.

Estas cuatro cosas te ayudarán a tener más control sobre casi cualquier situación.

1. Tu voz:

Hablar con un tono de voz tranquilo y no gritar marca una gran diferencia en el control que se tiene sobre cualquier situación. Los niños tienden a desconectarse cuando se les grita constantemente. Tómate un momento para controlar tu voz. Piensa en lo que dices y en cómo lo dices. El control de la voz es un factor muy importante para tener el control de una situación en el mundo de la enseñanza, tratar con niños pequeños todo el tiempo requiere paciencia y control de la voz. El profesor con una voz suave, pero firme, es el que impone respeto y hace que los niños escuchen con atención. Los niños que escuchan la mayor parte del tiempo voces fuertes y gritonas tienden a dejar de escuchar.

2. Lenguaje corporal:

El lenguaje corporal tiene un efecto en los niños. Estar de pie sobre un niño con las manos en la cadera, mientras le gritas, es perjudicial para su autoestima. Intenta ponerte a la altura de tu hijo cuando es pequeño. Utiliza acciones suaves y no gestos agresivos que asusten. Tómate un momento para hacer una pausa y respirar profundamente antes de reaccionar con un lenguaje corporal potente y enfadado.

3. Sé un buen oyente:

Tu capacidad de escuchar es algo que puedes controlar. Un buen oyente se compromete con la persona a la que escucha. Escuchar bien es escuchar de forma reflexiva. Esto significa que comentas adecuadamente durante la conversación. Los comentarios no se refieren al yo o al mí, sino a ti. Por ejemplo, si la conversación versa sobre una caída en el jardín, el oyente reflejará su empatía diciendo que te habrás sentido triste en lugar de decir algo sobre su experiencia de caída. De este modo, la habilidad de escuchar da al interlocutor la oportunidad de compartir sus sentimientos. La conversación ha girado en torno a ellos. Sólo hace falta un momento de autocontrol para practicar la habilidad de escuchar.

4. Tiempo de calidad:

Todo el mundo está ocupado. Las limitaciones de tiempo afectan a todo el mundo por diferentes razones. Puede tratarse de un trabajo intenso, o de otros hermanos, o incluso sólo de la ajetreada vida de llevar la casa, pero con un poco de planificación cuidadosa y conciencia de hacer tiempo los padres pueden controlar el tiempo que tienen disponible. El tiempo de calidad es preferible a tratar de dar una gran cantidad de tiempo, pero tratando de hacer demasiadas otras cosas al mismo tiempo. El tiempo de calidad centrará la atención en el niño. Una buena manera de hacerlo es tener un tiempo de cuentos uno a uno, o un tiempo de juegos en el que armen un puzzle juntos o construyan con bloques. Es un momento en el que tu hijo tiene toda tu atención, y tú incluyes ese tiempo en tu rutina diaria.

Cada uno de estos factores controlables está respaldado por la paciencia. La paciencia es la virtud que sustenta los aspectos básicos de la crianza. Ayuda a suavizar las situaciones y a calmar a padres e hijos. ¿Es un enfoque fácil? No, pero es el bloque fundacional de la crianza positiva.

Arnold. H. Glasow, un humorista estadounidense y de negocios, describió la paciencia y la crianza de los hijos de esta manera.

> *"La clave de todo es la paciencia.*
> *La gallina se consigue empollando el huevo, no rompiéndolo".*

También dijo:

> *"Una de las mejores pruebas de liderazgo es la capacidad de reconocer un problema antes de que se convierta en una emergencia".*

¿Qué tan cierto es esto de la crianza y guía de sus hijos? En su papel de líderes de su familia, uno de los grandes retos es reconocer el comportamiento negativo y poner fin al ciclo negativo. Los patrones negativos son perjudiciales para tu hijo. Vuelve a mirar este capítulo para recordar la tabla de comportamientos controlados o incontrolados. El comportamiento incontrolado representa las acciones negativas que impactan de forma dañina hacia tu hijo. Vuelve a mirar el en el comportamiento que pierde el control. Estos son comportamientos negativos, y son estos comportamientos, que con algún aporte de tu pareja, necesitarían ser analizados y recibir una atención positiva para romper el ciclo negativo.

Para acabar con el comportamiento negativo hay que encontrar la filosofía de la disciplina. Esto es algo en lo que usted y su pareja deben trabajar. Tiene que ser un esfuerzo de equipo y tiene que estar planificado y preparado. No es inflexible, sino que pone a tu familia y el ethos que intentas crear en el primer plano de tu crianza. El modelo de disciplina y la forma en que lo sigues como equipo hace que todo lo demás de la crianza positiva encaje.

Hay varios estilos de disciplina con los que hay que familiarizarse y contemplar cuidadosamente. Nunca hay un estilo único y los padres que están abiertos a modificar su enfoque descubrirán que crecen con la disciplina y la familia al mismo tiempo. Los niños crecen y aprenden cada día. Los logros del desarrollo van y vienen y, aunque puede haber un factor subyacente en tu estilo de crianza, la flexibilidad también ayuda a alcanzar los objetivos.

Aquí algunos estilos de crianza a tener en cuenta:

Todos ellos difieren en su filosofía y una combinación puede ser el enfoque adecuado para su familia. Sin embargo, es imprescindible ponerse de acuerdo sobre la filosofía y debatir si complementa a su familia y se ajusta a su estilo de crianza.

1. Basado en los límites:

La disciplina basada en los límites establece los límites del comportamiento que se espera del niño. Es muy consciente de las consecuencias. Este estilo de disciplina establece límites claros y los niños saben lo que pueden hacer. Si traspasan un límite, habrá una consecuencia para sus acciones. Los niños pueden poner a prueba los límites, pero cuando conocen el límite y la consecuencia, es menos probable que desafíen los límites.

La disciplina basada en los límites requiere que los padres comuniquen los límites a los niños. Es una buena idea que todos lleven una lista de los diferentes límites, y que las expectativas queden claras para todos. Cuando se vaya a traspasar un límite, los padres deben avisar y ofrecer opciones. Las opciones llevarán a una consecuencia positiva o negativa. Los padres deben intentar que estas consecuencias sean lógicas.

Hay consecuencias naturales de las acciones de los niños y éstas giran en torno a cometer sus propios errores. Olvidarse de llevar un sombrero para el sol en el colegio puede hacer que tengan que quedarse en casa durante el recreo, por ejemplo.

2. El enfoque gentil:

Esta filosofía se basa en el respeto mutuo, utilizando el aspecto didáctico de la disciplina en lugar de cualquier forma de castigo físico. La disciplina gentil es similar a la crianza positiva. Los niños aprenden las consecuencias negativas respetuosas. Los padres intentan disipar el mal comportamiento con lo que se conoce como condiciones de "cuándo y entonces". Este estilo de crianza hace hincapié en la seguridad. Se enseña a los niños lo que ocurrirá si no respetan las pautas de crianza. Los padres pueden decir:

"Cuando paseamos por el aparcamiento, nos tomamos de la mano, y así no corremos peligro".

Se pretende que los niños entiendan las normas antes de que ocurra algo y se les dice lo que ocurrirá si las incumplen.

3. Disciplina positiva:

A través de esta filosofía, cualquier mal comportamiento se utiliza como una oportunidad para enseñar el comportamiento adecuado esperado. Es una filosofía que pretende desarrollar la autodisciplina. Enseñar el comportamiento correcto en cada oportunidad. La disciplina positiva consiste en asumir la responsabilidad y aprender a resolver problemas. Los niños cooperan con sus padres. Hoy en día se han producido muchos cambios en la sociedad, en particular ambos padres suelen trabajar. La disciplina positiva fomenta la interacción entre padres e hijos con comprensión y cooperación.

4. Entrenamiento emocional:

Este estilo de disciplina hace hincapié en los sentimientos. Los niños necesitan aprender la habilidad de la empatía. Tendrán que tener en cuenta los sentimientos de los demás, y su victoria en cada situación. La filosofía detrás de este método de disciplina es que todo lo que hacemos lo hacemos con sentimientos. Nos mueve emocionalmente la ira, el miedo, la tristeza, la alegría y muchos más sentimientos. Esta filosofía requiere que los padres se involucren en enseñar a los niños sus sentimientos. Los niños establecerán vínculos más estrechos con sus padres y amistades más profundas. Los padres deben encontrar situaciones emocionales que ayuden a sus hijos a entrar en contacto con sus sentimientos.

5. Modificación de la conducta:

En esta filosofía de crianza, los niños aprenden a través de sus errores y modifican su comportamiento en consecuencia. Esta técnica utiliza recompensas para el buen comportamiento y no apoya el mal comportamiento. Las consecuencias del buen comportamiento se recompensan. El niño pequeño debe ser recompensado de inmediato. Hay que tomar medidas para imponer la modificación del comportamiento. Se trata más bien de un caso de disciplina positiva para cambiar el comportamiento de un niño.

Pasos para modificar un comportamiento:

- Evaluar al niño: edad, nivel de madurez, motivaciones a las que responde.
- Evalúa el comportamiento: qué quieres modificar. ¿Se trata de que se acuerde de cepillarse los dientes o de que guarde bien sus juguetes?
- Decida el método: cómo piensa llevar a cabo la modificación.
- Tenga un plan: la forma en que realizará la modificación, un plan de acción.
- El resultado positivo - elogios, recompensas, privilegios otorgados cuando se ve el comportamiento requerido.
- Consecuencias: positivas cuando la modificación funciona. Negativas cuando la modificación no funciona.

¿Qué estilo de disciplina elegirías como padre? Hay que tener en cuenta múltiples factores. Dependerá de tu estilo de vida, del tiempo y la paciencia que tengas que dedicar, y del temperamento del niño al que intentas disciplinar. Hay que ser flexible y poner el objetivo final que tienes en mente como meta última. Sigue avanzando hacia este objetivo. El objetivo es utilizar tu conocimiento de los estilos de crianza y tus limitaciones para practicar más la paciencia. Los padres pueden aprender algunas estrategias para ser más pacientes.

Aquí tienes cinco sugerencias para ayudarte a ser más paciente como padre. El objetivo de estas sugerencias es ayudar a los padres a aplicar el estilo de disciplina que elijan.

La crianza de los hijos es difícil, y tiene puntos de tensión que hay que superar. Es perfectamente normal tener un umbral de paciencia y descubrir que se tiene menos paciencia en algunas circunstancias.

5 formas de ayudarte a ser un padre más paciente.

1. Conoce tu umbral:

Todo el mundo tiene un umbral de dolor o, en este caso, de paciencia. Intenta ser consciente de cuándo ese umbral es más vulnerable. ¿Es después de un largo día de trabajo? Tal vez no seas una persona madrugadora. ¿Te parece que atender las demandas de varios niños al mismo tiempo pone a prueba tu paciencia? Todo el mundo tiene momentos del día o situaciones en las que es más probable que pierda la paciencia. Intenta identificar esos momentos o situaciones.

2. ¿Cuál es tu reacción ante las exigencias de tu tiempo?

Intenta tomarte un momento y pensar en cómo respondes. ¿Empiezas a sentirse acalorado o irritado con tu hijo? Tal vez sientas que se acerca un dolor de cabeza o quieras gritar con impaciencia. Reconocer la forma en que respondes en situaciones que te roban la paciencia es una forma de estar en contacto con tus sentimientos.

3. Tener un plan de gestión.

Una vez que sepas qué es lo que te hace reaccionar con impaciencia y cuándo y cómo empieza la impaciencia, podrás elaborar una estrategia para hacer frente a los sentimientos negativos de impaciencia. Si tu interruptor interno se activa en cuanto llegas a casa después del trabajo, planifica unos minutos para desconectar del trabajo antes de empezar a criar a tus hijos. Unas sencillas estrategias para calmarte, como respirar profundamente y mantener la calma conscientemente, te ayudarán.

4. Compartir es cuidar.

Si sabes que tienes problemas con tu paciencia personal y sus limitaciones, comparte tus sentimientos con tu pareja. Comparta la carga de lidiar con niños exigentes cuando pueda. Discute las estrategias para ayudar en los peores momentos del día en los que tu paciencia es limitada.

5. Cuídate tú también.

Hoy en día los padres tienen que hacer frente a grandes exigencias. Los padres que trabajan, en particular, tratan de compaginar las responsabilidades del hogar con las rutinas del trabajo. Tómate tiempo para mimarte como forma de recargar las pilas. El cuidado de la salud personal es importante y tomarse tiempo para uno mismo es otra forma de desarrollar la paciencia para las exigencias de la crianza.

Establecer tu filosofía de crianza positiva te dará la confianza necesaria para encontrar tus pies como padre paciente. Habrá que hacer adaptaciones y cambios en el modelo de crianza que decidas implementar. De hecho, si no realizas cambios, tu filosofía no crecerá ni se adaptará a las necesidades de tu familia.

Nuestro objetivo como padres es educar a los niños para que se conviertan en miembros activos de la sociedad. El círculo familiar es el punto de partida. La crianza de los hijos es una preparación para el mundo.

"Puede que no podamos preparar el futuro para nuestros hijos, pero al menos podemos preparar a nuestros hijos para el futuro"

— FRANKLIN D ROOSEVELT

Una crianza paciente y positiva ayuda a nuestros hijos a crear fuertes vínculos y relaciones con los padres en los que confían. A su vez, estas relaciones positivas ayudan a preparar a los niños para el futuro y el papel que desempeñarán en la sociedad.

6

ESTRATEGIAS DE CRIANZA SIN ESTRÉS PARA CRIAR A UN NIÑO MÁS FELIZ - ¡SIN CULPA!

Hay muchas filosofías sobre la felicidad. La crianza sin estrés debe ocupar un lugar destacado en la lista de la felicidad de los padres. Cada uno tiene una visión diferente de la imagen perfecta de la felicidad. Cantar es una buena forma de expresar la felicidad.

A los niños de preescolar les encanta cantar la letra de esta canción:

"¡Si eres feliz y lo sabes aplaude!"

La canción repite el sentimiento de ser feliz con las acciones. Ser padres sin estrés sería algo para aplaudir y cantar. Es realmente un momento de triunfo.

Según un proverbio chino, hay grados de felicidad. Se basan en diferentes actividades. Observa cómo respondes a estos grados de felicidad.

Felicidad

Felicidad durante una hora - tomar una siesta.
Felicidad por un día: ir a pescar.
Felicidad por un año - heredar una fortuna.
Felicidad para toda la vida: ¡ayuda a otra persona!
Felicidad para un padre: ¡paternidad positiva!

Conocer las estrategias de crianza sin estrés que te ayudarán a criar a un niño feliz te ayudará a alcanzar ese codiciado estatus de criar al niño más feliz. Los problemas surgirán, pero es posible convertir las distintas situaciones en oportunidades de aprendizaje. La habilidad consiste en observar objetivamente la situación. A continuación, tómate un momento para convertirla en una oportunidad positiva de crianza reactiva y de seguimiento.

La disciplina consiste en enseñar y aprender, no en castigar. ¿Cómo pueden los padres hacer de la disciplina una oportunidad de aprendizaje? Se necesitan una mente y un corazón abiertos.

He aquí algunas ideas y sugerencias para convertir la disciplina en una oportunidad de aprendizaje. El secreto es convertir la oportunidad de aprendizaje en un juego.

Actuar, ganar un Oscar.

Cuando veas un comportamiento no deseado actúalo. Di que no al comportamiento y luego modela el comportamiento correcto. Diviértete con las acciones y muéstrale a tu hijo el comportamiento que te gusta. Enseña a tu hijo a aplaudir el buen comportamiento. Puedes ir un paso más allá y hacer una tabla de premios Oscar. Recompensa a tu hijo con estrellas en la tabla y quizás con algo especial al final de la semana si ha alcanzado un determinado número de estrellas.

Pulgares arriba, pulgares abajo.

Enséñale a tu hijo a hacer un pulgar hacia arriba para el buen comportamiento, o un pulgar hacia abajo para el comportamiento que no quieres que continúe. Diviértete imitando los diferentes comportamientos y deja que tu hijo haga la señal de los pulgares hacia arriba o hacia abajo. Una vez que aprenda esto, utilícelo durante todo el día.

Estatuas.

Juega con una señal de aplausos. Tres palmadas fuertes significan quedarse quieto como una estatua. Esta puede ser una buena forma de recompensar el buen comportamiento. Cuando veas que tu hijo hace algo bueno, como sentarse a leer un libro o construir un rompecabezas, aplaude tres veces. Observa cómo hace la estatua y luego adivina lo que está haciendo, premia el buen comportamiento.

Una imagen perfecta.

Haz algunas tarjetas con fotos de revistas. Las imágenes deben mostrar comportamientos buenos y malos. Escenas como niños siendo amables. Irse a dormir, o jugar con los amigos. Estas imágenes puntúan con un pulgar hacia arriba al darles la vuelta o repartirlas. Ten algunas tarjetas con comportamientos que consideres que no se deben fomentar, como una habitación desordenada o una cara enojada. Estas imágenes obtienen un pulgar hacia abajo.

En Internet hay tarjetas que puedes imprimir con todo tipo de imágenes que muestran el buen y el mal comportamiento. Dibuja un signo de pulgar arriba o pulgar abajo en cada tarjeta

Si tu hijo es lo suficientemente grande, pon las cartas boca abajo sobre la mesa y juega a un juego de memoria. Se trata de hacer coincidir dos cartas con pulgares hacia arriba mientras no se recogen las cartas con pulgares hacia abajo. El ganador es la persona que tenga más tarjetas con pulgares hacia arriba. Es sólo para divertirse, pero al mismo tiempo enseñará buen comportamiento.

Simón dice

Este juego es un gran juego de imitación. Juega a Simón dice con tu hijo y él debe copiar lo bueno, no lo malo que le digas que haga.

Por ejemplo

Simón dice que te cepilles los dientes.... te cepillas los dientes.

Simón dice que te muerdas las uñas.... no te muerdas las uñas.

Esta es una forma divertida de hablar de las cosas que no quieres que haga tu hijo.

Canta con tu hijo

Las canciones de acción son una forma estupenda de divertirte con tu hijo pequeño y aprender a comportarse bien al mismo tiempo. La cantidad de canciones de acción disponibles en YouTube te dará muchas ideas para moverte al ritmo de la música y aprender un buen comportamiento. Hay viejas favoritas como "De Esta Forma" y nuevas rimas: la lista es interminable. Si tu hijo va a una guardería, puede llegar a casa cantando canciones y tú podrás aprender con él. Canta en cualquier momento y en cualquier lugar.

Hora del cuento.

La hora del cuento es el mejor momento del día. Hay muchos libros con historias sobre ser bueno y hacer lo correcto. Cuentos que enseñan sobre la salud y la higiene. Cuentos que enseñan sobre las emociones y el cuidado. Los libros son tu amigo número uno para destacar el buen comportamiento y rebajar el malo.

El aclamado autor infantil Dr. Seuss escribió varias citas sobre los libros y la lectura a los niños:

*"Puedes encontrar magia dondequiera que mires.
Siéntate y relájate todo lo que necesites".*

Y,

*"Nunca se es demasiado viejo, demasiado loco, demasiado salvaje
para tomar un libro y leérselo a un niño".*

Sus libros sobre salud e higiene también son divertidos de leer.

Busca el Libro del sueño del Dr. Seuss y El libro de los dientes. Hay otro libro titulado Las cosas que puedes hacer que son buenas para ti. Todos los libros del Dr. Seuss están ingeniosamente ilustrados con imágenes que los niños disfrutan.

Cada una de estas sugerencias, a su manera, ayuda a los padres a tomar la medida disciplinaria que desean tomar y convertirla en un juego. Son actividades divertidas como éstas las que ayudan a sus hijos a entender en qué consiste el buen comportamiento. El buen comportamiento se elogia por encima del comportamiento malo o indeseable.

¡Encuentra el hueco!

Analiza objetivamente el comportamiento indeseable. Tal vez se deba a un desfase en el desarrollo de tu hijo, o a un retraso en sus hitos de crecimiento. La insuficiencia o el retraso podrían ser la causa principal del comportamiento inadecuado o frustrado. Los logros del desarrollo son partes muy importantes del funcionamiento de tu hijo. Una rabieta, por ejemplo, puede nacer de un desfase o de la falta de algún tipo de habilidad que tu hijo aún no ha adquirido. Cuando tu hijo tenga un momento de rabieta por alguna actividad que no haya realizado, examina tus expectativas. Pregúntate si su hijo podría realmente realizar la tarea que se propuso terminar.

Aquí algunos escenarios que puede experimentar. Pregúntate si su hijo tiene las habilidades, mentales y físicas, para completar la tarea que esperas que realice. Los logros forman parte del desarrollo físico, cognitivo, social y emocional, así como de la comunicación. Alcanzar una meta permite al niño completar ciertas tareas. Los padres que conocen estos logros podrán entender por qué un niño no puede realizar algunas de las actividades. El conocimiento de los objetivos y de lo que un niño debería ser capaz de hacer ayudará a los padres a llenar el vacío, si lo hay, debido a un retraso en el desarrollo.

Las expectativas para los niños son muy altas, ya que empiezan a ir a la escuela antes y se ven obligados a ser independientes antes. Estos son algunos ejemplos de las habilidades que se espera que los niños aprendan:

- Atarse los cordones,
- Guardar los libros y juguetes,
- Usar un cuchillo y tenedor,
- Vestirse,
- Colorear de forma prolija.

Estas pueden ser algunas de las actividades con las que los niños pequeños tienen dificultades cuando empiezan a ser más independientes. Busca otras formas de conseguir el mismo resultado. El velcro, en lugar de los cordones, es una forma estupenda de atar los zapatos antes de que el niño tenga la motricidad fina necesaria para usar los cordones. Usar una cuchara y un tenedor antes de utilizar todos los cubiertos de mesa ayuda a introducir a los niños en la cocina cuando todavía están aprendiendo a comer de forma independiente. La ropa que se pone y se quita para evitar los botones incómodos, y los lápices de colores grandes y gruesos para las primeras etapas del aprendizaje de los colores.

Hay muchas maneras de filtrarse hacia la independencia y ser autosuficiente.

Los niños pequeños, las rabietas y el comportamiento de prueba pueden ser el resultado de la frustración de tu hijo pequeño porque no es capaz de gestionar algunas de las tareas que se le han encomendado, y a su frustración se suma el hecho de que no tiene la comunicación necesaria para decirte por qué está gritando en este momento.

Jerry Seinfeld dijo una vez:

"Tener un niño de dos años es como tener una batidora, ¡pero no tienes tapa para ella!".

Esta etapa del desarrollo suele conocerse como los terribles dos años. Uno de los comportamientos más notables de los terribles dos años es la rabieta que pueden tener cuando pierden la paciencia y el autocontrol. Este comportamiento frenético es difícil de detener y exasperante para los padres. Una de las cosas que hace que el niño de dos años se lance a la senda del comportamiento terrible es tener que esperar algo. Puede tratarse de esperar a que ocurra algo, a que llegue alguien o a la posibilidad de salir a jugar. Los niños pequeños no juegan bien el juego de la espera. No tienen la madurez necesaria para esperar pacientemente.

¿Qué puedes hacer para evitar un resultado negativo por tener que esperar?

Los niños pequeños no tienen paciencia para esperar a que las cosas sucedan. Probablemente puedan sentarse y esperar durante unos dos minutos. No tienen la capacidad de desarrollar la paciencia y retrasar la gratificación en diferentes circunstancias. Esperar no es uno de sus juegos. La mejor manera de esperar un acontecimiento es estar preparado. Hay momentos en los que no se puede evitar la espera. Sin embargo, si eres consciente de que la espera va a ser un problema y de que esperar no es algo que tu hijo pueda hacer fácilmente, puedes estar preparado.

Piensa con antelación.

No concretes citas que coincidan con las necesidades de tu hijo, como la hora de comer o de dormir. Una persona cansada y hambrienta va a ser más difícil.

Prepárate.

Si sabes que el tiempo de espera va a ser largo, prepárate con una bolsa de distracciones. Unos cuantos juguetes y un par de libros marcarán la diferencia. Añade un tentempié y algo de beber y tendrás solucionados los dolores del hambre.

Elogia.

Asegúrate de elogiar el buen comportamiento para que tu hijo sepa lo que le ha gustado y por qué ha sido bueno.

El desarrollo de las habilidades de comunicación, al interactuar con un niño pequeño, es un factor clave para una crianza sin estrés. La comunicación es una parte vital de la crianza positiva y ayuda a comprender a tu hijo, además de aportar otra dimensión a su relación.

Aquí tienes 5 maneras de desarrollar las habilidades comunicativas de tu hijo pequeño.

1. Háblale a tu hijo despacio, con claridad y a menudo. Cuanto más le hables, más te escuchará y te imitará.
2. Mira libros ilustrados y señala la imagen seguida de la palabra que la describe. Utiliza libros temáticos como los de animales, la granja o el mar para ampliar el vocabulario.
3. Habla tus experiencias y de las suyas. *(Por ejemplo, busca la pelota y dámela.)*
4. Juega a juegos de fantasía. Haz una fiesta de té, por ejemplo, o finge que vas de compras.
5. Juega al "veo veo" o a juegos de cartas sencillos. Cuanto más hables de las cosas que te rodean, más vocabulario desarrollará tu hijo.

El desarrollo del lenguaje de los niños avanza a gran velocidad desde los dos hasta los tres años. Fíjate en el enorme salto que se produce de los dos a los tres años.

Dos años:

Los niños pueden seguir algunas instrucciones sencillas y decir unas cincuenta palabras nuevas. Son capaces de combinar algunas palabras en una frase. Pueden seguir una instrucción sencilla de dos pasos. Por ejemplo, "Busca la pelota y dámela".

Tres años:

Su vocabulario ha aumentado a 200 o más palabras. Pueden componer frases de tres o cuatro palabras. Los niños de tres años entienden más y su discurso es más claro. Los padres suelen entender un 75% de lo que dice el niño.

Los problemas de comunicación que puedas notar deben ser revisados. Presta atención a los problemas de audición, el retraso en el habla, la dificultad para seguir instrucciones, el tartamudeo o la falta de claridad en el habla. Cuanto antes se detecten y atiendan los problemas, mejor.

Las habilidades comunicativas positivas son una de las herramientas de crianza más importantes. Dedicar tiempo a animar a tu hijo a que aprenda a hablar, a que desarrolle su vocabulario y a que empiece a expresar sus sentimientos es el comienzo de un avance en su crecimiento.

Hacer y compartir la comida juntos es una de las formas más importantes de desarrollar la conectividad con un niño. Cuando todos estén sentados a la mesa, ofrece a cada miembro de la familia la oportunidad de decir algo sobre su día. Dar y recibir elogios es una forma muy vital de crear un vínculo de comunicación.

Una rutina matutina y otra vespertina son formas estupendas de empezar y terminar el día juntos. No tiene por qué ser una rutina larga, sino algo que hagan juntos. Un paseo por el jardín, jugar con una mascota, lavarse la cara y cepillarse el pelo y los dientes son algunas de las sugerencias de actividades que pueden hacer juntos para empezar el día. Por la noche, ten preparada la rutina del baño y la cena. Incluir un cuento antes de dormir y oraciones nocturnas para bendecir a sus amigos y familiares. Todas estas son buenas habilidades de comunicación y formas de establecer un vínculo con tu hijo.

Haz ejercicio con un programa de paseos o quizás tú y tu hijo disfruten haciendo algo de yoga o nadando o jugando con una pelota. Saca al perro a pasear o ve al parque y haz ejercicio en los aparatos que hay allí. Hacer algo físico es muy positivo y bueno para establecer relaciones.

Pasar un rato juntos en la cocina preparando una comida o haciendo galletas fomenta la comunicación positiva. Intenta hacer algo para compartir con la familia. Puede ser una tanda de galletas o magdalenas. Decorar los pasteles o galletas y compartirlos con la familia es una forma positiva de hacer algo juntos y de compartir el resultado con otro miembro de la familia.

Ponte al nivel de tu hijo y disfruta de estos momentos de calidad juntos.

Este concepto puede ser un poco más difícil si tienes un niño con necesidades especiales en tu familia. Habrá preocupaciones sobre cómo manejar la comunicación y la disciplina. Los padres querrán saber cómo incorporar la crianza positiva y la disciplina familiar a su rutina. Mostrar y compartir el amor con tu hijo con necesidades especiales es la clave para desarrollar su relación especial. Tu hijo con necesidades especiales tendrá diferentes metas que alcanzar y diferentes etapas de desarrollo. Sin embargo, la disciplina, al igual que el entrenamiento y la enseñanza, será importante. Los niños con necesidades especiales necesitan una rutina y límites para sentirse seguros.

Las siguientes pautas no son reglas rígidas de crianza y no tienen en cuenta las diferencias entre los muchos tipos de áreas de necesidades especiales y el mejor enfoque para cada necesidad especial según las necesidades físicas, cognitivas, sociales y emocionales. Son simplemente sugerencias para reconocer las necesidades especiales y ayudar con algunas ideas generales de crianza para alcanzar el objetivo de ser un padre positivo en todas las circunstancias.

Formación, enseñanza y desarrollo de estilos de disciplina para niños con necesidades especiales:

1. Demostrar amor y bondad con un espíritu gentil sobre toda circunstancia.
2. Sé coherente. Los niños con necesidades especiales necesitan saber que vas a reaccionar de forma coherente y que pueden confiar en ti.
3. Aprende todo lo que puedas sobre la discapacidad de tu hijo. Habla con los médicos, especialistas, cuidadores, escuelas especiales, psicólogos y conductistas que puedan estar involucrados en tu apoyo y el de tu hijo.
4. Ten una idea definida del comportamiento aceptable y no aceptable dentro de los límites de la capacidad de tu hijo.
5. Ten consecuencias con recompensas para el comportamiento deseado.
6. Comunícate con mensajes claros y sencillos, y con las expectativas adecuadas.
7. Las rutinas son muy importantes para los niños con necesidades especiales. Ten una rutina establecida que ayude

a tu hijo en momentos estratégicos del día. Por ejemplo, la hora de la comida.

8. Ten paciencia. La paciencia será una de las principales exigencias para crear un vínculo emocional con tu hijo con necesidades especiales.
9. Crea un espacio hogareño seguro para tu hijo con necesidades especiales para que pueda sentirse seguro.
10. Ten confianza en ti mismo y busca ayuda y asesoramiento de especialistas.
11. Estar preparado para realizar cambios siempre que sea necesario.
12. Tómate un tiempo para ti.
13. Sigue creyendo en tu hijo con necesidades especiales y elogia las pequeñas victorias todo el tiempo.
14. Recuerda que la disciplina es una guía, no un castigo.
15. Da instrucciones claras y construye sobre lo que se puede hacer, dando pequeños pasos a la vez basados en tu conocimiento sobre tu hijo.

Al acoger a un niño con necesidades especiales en la familia, recuerda elogiarlo y mostrarle compasión. Tu hijo superará obstáculos mayores que los de un niño normal. Derrochar amor y ser comprensivo con paciencia, con límites seguros, marcará el camino hacia una crianza positiva en un niño con necesidades especiales.

Los niños con limitaciones han superado grandes obstáculos en la vida. Su capacidad para brillar en el campo deportivo y en la sociedad da a todos esperanza y ánimo.

Helen Keller dio a todos estas palabras de sabiduría y una clave para la felicidad.

"Tu éxito y tu felicidad están en ti. Resuelve mantenerte feliz y formarás una coraza invencible contra las dificultades".

Helen Keller, que perdió la vista a los dieciocho meses, se convirtió en autora, defensora de los derechos de los discapacitados, activista política y conferenciante.

El poder de la crianza positiva también reside en estas palabras. Mantener la paciencia y la positividad y alimentar el éxito y la felicidad ayudará a los padres a disfrutar de una crianza sin estrés y con una gran dosis de felicidad.

7

BUSCAR AYUDA PROFESIONAL.

La crianza de los hijos conlleva diferentes retos y problemas. ¿En qué momento, como padre, debes buscar ayuda profesional? ¿Es prudente buscar la opinión de un profesional o debes limitarte a lo que sabes? ¿Podrías esperar encontrar una solución a través de tu propia experiencia y conocimientos?

Abraham Maslow, psicólogo estadounidense y creador de la jerarquía de necesidades de Maslow, dijo lo siguiente:

"Si la única herramienta que tienes es un martillo, tiendes a ver cada problema como un clavo".

Los padres no están limitados en absoluto al tipo de ayuda que pueden solicitar. No hay necesidad de limitarse a una forma de terapia o una fuente de ayuda. En realidad, encontrar la ayuda adecuada puede resultar abrumador. Hay muchas herramientas en la caja de herramientas de la crianza de los hijos, y diferentes maneras de encontrar el tipo de ayuda adecuado. La crianza de los hijos y la resolución de los problemas no se limitan a un solo método o a un solo recurso.

¿Por dónde empezar si te preocupa?

Empieza por mirar hacia dentro. Prueba algunos métodos de buena limpieza mientras miras hacia adentro los problemas a los que te enfrentas.

Aquí tienes algunas ideas de indicadores de que puedes tener un problema...

- ¿Qué dificultades está experimentando? ¿Están empeorando?
- ¿Algunas de estas dificultades se califican como simples dolores de crecimiento normales, o podrían ser más graves?
- ¿Consideras que las dificultades son cada vez más frecuentes?
- ¿Los comportamientos no deseados se producen en diferentes lugares y en diferentes momentos?
- ¿Haz probado todas tus formas particulares de llegar a resolver el problema, pero nada funciona?
- ¿Te sientes fuera de control y preocupado por los comportamientos?

Antes de correr al especialista más cercano, puede ser útil leer algunos de los problemas comunes que afectan a la mayoría de los niños en algún momento. Cuando estos problemas se te escapan de las manos, o sientes que son problemáticos, una evaluación con un pediatra podría ayudarte a encontrar el especialista adecuado para el tratamiento y el asesoramiento, o la modificación del comportamiento.

Aquí 10 problemas de comportamiento comunes que pueden afectar a muchos niños:

1. Tener una actitud desafiante: ¿Sientes que esta actitud desafiante es más de lo normal?

Es normal que los niños digan "no" a veces e intenten sobrepasar sus límites. ¿Sientes que esta actitud desafiante es más de lo normal?

2. Problemas con la alimentación:

Intenta ser proactivo en el desarrollo de buenos hábitos alimenticios. Asegúrate de que tu hijo no toma la comida a destiempo y luego no estará contento a la hora de la cena.

3. Pasar demasiado tiempo viendo la televisión o utilizando dispositivos electrónicos.

Estos dispositivos pueden convertirse en una adicción. Saber cuándo dejar de verlos es importante, y controlar los canales forma parte de la vigilancia de un posible problema con los dispositivos electrónicos.

4. Mentiras:

Entender por qué los niños mienten es un factor importante. Los niños mienten para librarse de los problemas percibidos, para conseguir más atención o para empezar a sentirse mejor con ellos mismos.

5. Mostrar falta de respeto a los demás.

Insultar a las personas o lanzarles cosas no es respetuoso. Intenta ignorar el comportamiento irrespetuoso.

6. Comportamiento impulsivo:

Los niños pequeños son muy propensos a mostrar un comportamiento impulsivo. Pueden pegarse o gritar cosas sin pensar. El comportamiento impulsivo puede corregirse fomentando la capacidad de pensar y los cambios pueden producirse con la madurez.

7. Hábitos de sueño inadecuados:

La hora de acostarse puede ser muy difícil, y una rutina para acostarse es una de las mejores maneras de establecer unos buenos hábitos de sueño. La constancia es una parte vital para establecer una rutina a la hora de dormir.

8. Agresión:

La frustración suele ser la causa principal de la agresividad. Puede ser que tu hijo no tenga todavía las palabras para decir lo que siente o la destreza para conseguir lo que quiere. Los niños pequeños pueden tener ataques de agresividad nacidos de la frustración. Asegúrate de enseñar a tu hijo a reparar cualquier agresión que haya podido herir a alguien.

9. Comportamiento impulsivo:

Actuar sin pensar es un problema para los niños más pequeños. Es posible que tengas que enseñarles a controlar sus impulsos. Cuando veas que esto no ayuda al problema de comportamiento, elogia el buen comportamiento de ejercer el autocontrol.

10. Rabietas:

Las rabietas se asocian a los "Dos Terribles", la difícil etapa de los niños pequeños. Pueden formar parte del comportamiento de los niños mayores. La mayoría de las rabietas deben ser ignoradas, a menos que puedan causar daño.

Estos son parte de los problemas normales de comportamiento, y normalmente pueden ser tratados en casa o como parte de las intervenciones preescolares, o nuevas rutinas. Sin embargo, si te sientes incómodo o preocupado por alguno de estos problemas, busca consejo o pide una cita para ver a un especialista.

Dificultades preescolares.

Cuando tu hijo entre en el entorno preescolar, tendrá la oportunidad de hablar de las áreas problemáticas con un profesor de preescolar cualificado. Sé siempre sincero con el profesor de tu hijo sobre los problemas que pueda tener. Es muy probable que tu hijo manifieste las mismas dificultades en la escuela, y el profesor de tu hijo lo ayudará a buscar asesoramiento profesional.

El entorno preescolar puede dar señales tempranas de un problema de aprendizaje. Atender a cualquier dificultad lo antes posible es clave para descubrir retrasos en el desarrollo o problemas de aprendizaje. Los niños se desarrollan a ritmos diferentes e incluso en la misma familia las diferencias pueden ser notables. Lo importante es recordar que una intervención temprana puede marcar la diferencia en el desarrollo social y académico.

Las siguientes áreas son las que hay que vigilar e investigar en caso de que sientas que hay un problema en la conversación con el profesor de tu hijo. Hay metas que ayudarán a los padres a decidir si buscan ayuda profesional.

Examina a fondo las siguientes áreas de desarrollo:

Desarrollo del lenguaje.

¿Sientes que su hijo está adquiriendo vocabulario, haciendo preguntas e interactuando contigo? Un niño de tres años debería tener un vocabulario estimado de 200 palabras y ser capaz de nombrar algunas partes del cuerpo y objetos cotidianos. Si te preocupa el área del lenguaje, puede ser que haya una pérdida de audición o un trastorno del procesamiento auditivo. Las infecciones crónicas del oído pueden provocar retrasos en el lenguaje.

Inmadurez.

¿Tu hijo se comporta de forma muy infantil o muestra signos de inmadurez? La inmadurez social puede deberse a varias razones. A los niños les costará hacer la transición a una educación más formal si no tienen el nivel adecuado de madurez social. Los profesores de preescolar tienen mucha experiencia en determinar el nivel de madurez de los niños.

Retrasos en la motricidad gruesa y fina.

Su profesor de preescolar le informará pronto de cualquier dificultad motriz. La motricidad gruesa se refiere a los grandes movimientos y a los juegos al aire libre. La motricidad fina está asociada a la sujeción de un lápiz, o a la manipulación de objetos más pequeños, como los bloques de construcción.

Comportamiento inadecuado con otros niños.

El comportamiento agresivo, el comportamiento antisocial y la falta de cooperación son señales de alguna forma de habilidades sociales deficiente y la escuela puede sugerir que se busque el asesoramiento de un especialista.

Comportamiento destructivo.

La escuela te llamará pronto para hablar del comportamiento destructivo. Los niños pueden ser bruscos con los juguetes, pero hay una diferencia entre ser brusco y ser destructivo. Los niños con problemas de ira, y comportamiento compulsivo pueden necesitar ser vistos por un conductista.

Los padres deben buscar en la caja de herramientas formas de superar los problemas. Hay muchas "herramientas" disponibles y buscar la ayuda de un especialista es sólo una de las formas de obtener ayuda para tus problemas de crianza. No hay que avergonzarse de buscar ayuda y orientación profesional.

L R. Knost, autora galardonada, fundadora y directora de Children's Rights Advocacy, tiene muchas frases alentadoras sobre la crianza amable.

Al considerar la infancia como una época preciosa de la vida del niño, dice:

> "En lugar de criar a los niños que crezcan bien,
> **a pesar de su infancia,**
> Criemos niños que resulten extra ordinarios
> **gracias a su infancia**".

Buscar el consejo de un profesional puede marcar la diferencia en las experiencias infantiles de tu hijo. Los problemas no tienen por qué impedir que los niños tengan una infancia feliz y exitosa.

Hay muchos especialistas disponibles y un buen punto de partida son los médicos y especialistas con los que entrarás en contacto para la mayoría de las necesidades básicas de su hijo. El médico de familia o el pediatra pueden ser el punto de partida para la intervención de un especialista, por lo que es conveniente tener un médico de familia o un pediatra de confianza y establecer una relación con ellos.

Aquí una lista de los médicos básicos a los que acuden la mayoría de las familias.

Médico de cabecera o pediatra:

Elegir un médico de familia o un pediatra es una decisión personal. Estos dos profesionales de la medicina realizarán el examen médico anual de tu hijo, tratarán las enfermedades comunes y gestionarán las vacunas para las enfermedades infantiles. Mientras los niños son muy pequeños, la mayoría de las familias optan por un pediatra para gestionar los problemas de salud. Más adelante en el desarrollo de su hijo, se cambiará a un médico de familia. El médico de familia o el pediatra es el mejor punto de partida si crees que hay un problema médico que debes resolver.

Dentista, o dentista pediátrico.

La higiene dental es muy importante y contar con un dentista desde una edad temprana te ayudará con los retos de cualquier problema dental. El dentista hará radiografías para asegurarse de que los dientes de tu hijo están sanos y te remitirá a un ortodoncista si es necesario. Acostumbrar a tu hijo a visitar al dentista y a cooperar en el sillón es un buen hábito de salud.

Optometrista u oftalmólogo.

El primer examen ocular de tu hijo tendrá lugar al nacer. El médico que atiende el parto inspeccionará los ojos del niño y cómo responden a la luz. A medida que tu hijo crezca y puedas observar más sus necesidades visuales, si sospechas que hay un problema, consultarás a un optometrista o a un oftalmólogo. Ambos especialistas se denominan oftalmólogos, pero el oftalmólogo es el especialista que puede realizar operaciones, mientras que el optometrista prescribe gafas correctoras. Tu hijo puede ser remitido por el colegio o por el profesor de su clase por problemas oculares. Los niños deben someterse a revisiones oculares periódicas, porque unas gafas correctoras marcarán la diferencia en su rendimiento escolar.

Es posible que se necesiten otros especialistas para problemas físicos que ayuden con cuestiones como las alergias, las hormonas y los problemas metabólicos, los problemas de piel y los trastornos de oído, nariz y garganta. El pediatra de su hijo le remitirá a cualquiera de estos especialistas en función del problema.

Alergista:

Las reacciones alérgicas pueden ser muy molestas, especialmente si son la causa subyacente de enfermedades como el asma. El alergólogo comprobará si tu hijo tiene reacciones alérgicas a diferentes sustancias o elementos naturales a los que pueda ser alérgico. Averiguar a qué es sensible tu hijo le ayudará a expresar cualquier cosa que le provoque una reacción alérgica. La intervención posterior puede llevarle a un otorrinolaringólogo, especialista en oídos, nariz y garganta.

Endocrinólogo:

El endocrinólogo es un especialista que examina la producción de hormonas y el metabolismo del cuerpo. Si tu hijo tiene diabetes o un desequilibrio hormonal o problemas con su tiroides o sistema suprarrenal, el endocrinólogo es el especialista al que debe acudir. Es poco probable que los problemas de tiroides y suprarrenales aparezcan hasta que los niños se acerquen a la pubertad.

Dermatólogo:

Tu médico de familia o tu pediatra te remitirán a un dermatólogo por cualquier problema cutáneo. Entre ellos estarían los trastornos cutáneos hereditarios y las marcas de nacimiento. Las erupciones e irritaciones cutáneas graves también pueden incluirse en las alergias.

La salud mental y el estado de comportamiento de tu hijo llevan a los padres a otra forma de atención sanitaria con otra serie de especialistas. La salud mental es una parte muy importante de la atención sanitaria y, mediante la intervención de especialistas, los padres pueden encontrar respuestas y ayuda para diversos problemas de salud mental. La salud mental puede ser mucho más difícil de tratar porque no es visible. Los problemas de salud mental se ven a través de patrones de comportamiento y se necesitan diferentes especialistas para intervenir en las diferentes discapacidades mentales.

Algunas discapacidades son de comportamiento, mientras que otras son cognitivas o genéticas. Todos los niños merecen tener un diagnóstico preciso y el apoyo e intervención correctos para estos trastornos.

Los profesores y el personal asistencial serán los primeros en alertar a los padres de un mal rendimiento escolar o de no poder alcanzar las metas aceptables. La atención a la salud mental abarca muchos especialistas diferentes y distintos métodos de tratamiento. Este es un resumen de algunos de los especialistas y formas de tratamiento. Todo dependerá del problema de salud, la edad del niño y otras circunstancias. Es reconfortante saber que hay especialistas disponibles para hacer que tus problemas y los de tu hijo sean más fáciles de manejar.

Psiquiatra y psicólogos pediátricos:

Estos especialistas colaboran estrechamente en las necesidades emocionales de los niños. El proceso de ayuda a los niños que necesitan asistencia en cuestiones de salud mental comenzará con una evaluación y algunas pruebas psicológicas. Puede ser necesaria la asistencia médica y la psicoterapia. La decisión sobre la terapia y el programa de apoyo adecuados comienza con esta entrevista y examen.

Los problemas de salud mental abarcan una gran variedad de preocupaciones. La ansiedad, la depresión, el afrontamiento del estrés. Los trastornos alimenticios, la gestión del comportamiento, el estrés postraumático y los trastornos obsesivo-compulsivos pueden formar parte de una enfermedad mental. Los niños pueden necesitar pruebas si están posiblemente en el espectro del autismo o tienen problemas de TDA y TDAH. Todos estos problemas mentales pueden detectarse mediante una evaluación, y entonces el niño recibirá ayuda profesional. Probablemente, suena muy atemorizante enfrentarse a problemas de salud mental, pero con la intervención de un especialista hay al menos apoyo y dirección a seguir.

Los consejeros y los diferentes terapeutas en terapia de conversación o terapia de juego ayudan a superar muchos de los problemas de salud mental. Los grupos de apoyo son grandes unidades de terapia para ayudar con cada condición especialmente con el afrontamiento de algunos de los síndromes y trastornos más específicos.

La colaboración con un terapeuta o un grupo de apoyo da a los padres la confianza que necesitan para afrontar los problemas de salud física y mental. Encontrar el equilibrio es un factor realmente importante a la hora de tratar estos temas. No tienes que sentirte el martillo de la caja de herramientas de Abraham Maslow. Únete a otras personas para obtener apoyo en el camino de tu crianza.

Educar a un niño sano y feliz es quizás un acto de equilibrio. Quizá quieras verte a ti mismo como un facilitador. Aquí algunas sugerencias para ayudar a criar a un niño sano y feliz. Se trata de aspectos mentales, físicos y sociales del crecimiento.

Junto con la crianza positiva, deberías encontrar algunas respuestas al ideal de tener un niño sano y feliz.

12 CONSEJOS PARA FOMENTAR NIÑOS SANOS Y FELICES.

1. Sé un buen oyente.

Escuchar es una habilidad parental realmente vital. Los niños necesitan sentir que les prestas toda tu atención. Cuando escuchas a los niños prestándoles toda tu atención, puedes leer su lenguaje corporal y escuchar lo que dicen.

2. Incentiva estar al aire libre.

Pasar tiempo apreciando el aire fresco y disfrutando de la belleza de la naturaleza es otro aspecto del crecimiento que ayuda a crear felicidad

3. Dedica tiempo a las oportunidades de juego.

Los niños aprenden jugando. Jugar a juegos imaginativos o construir con bloques y juguetes de construcción forman parte de los momentos felices del crecimiento.

4. No hagas comparaciones injustas.

Respeta que cada uno de tus hijos es único y tiene sus propios puntos fuertes. Nunca hagas comparaciones injustas.

5. Ayudar a los niños a estar en contacto con sus sentimientos.

Reconocer los sentimientos ayuda a los niños a adaptarse a sus emociones y a manejar la ira y los sentimientos negativos, así como los sentimientos felices.

6. Hagan recuerdos felices juntos.

Los recuerdos conforman las tradiciones familiares y, a medida que los niños crecen, sus memorias familiares les ayudarán a superar los momentos difíciles y a consolidar sus sentimientos de felicidad.

7. Fomentar todo tipo de esfuerzos.

Motiva siempre a los niños con tus palabras de ánimo. Las palabras de afirmación son importantes para fomentar la autoestima y la confianza.

8. Dales algunas responsabilidades.

Hay que dar responsabilidades a los niños, empezando por pequeñas tareas en la casa o por mantener sus propias cosas en buen estado. La responsabilidad y el cuidado de las posesiones hacen que se tengan sentimientos positivos sobre las cosas buenas que se tienen.

9. Tener hábitos saludables de alimentación y ejercicio.

Hábitos alimenticios correctos y asegurarse de que el niño hace ejercicio ayudan a mantener el cuerpo y la mente positivos y felices.

10. Controla el tiempo de pantalla.

Dicen que todo con moderación, y esto es cierto para el tiempo que se pasa viendo la televisión. Es conveniente controlar lo que ve tu hijo y bloquear los programas violentos y agresivos. No favorecen la felicidad.

11. Elogia los esfuerzos sinceros.

A los niños les encantan los elogios. Haz que sea un elogio sincero por algo bien hecho y muestra aprecio por los actos de bondad.

12. Sé feliz tú mismo.

Parte del fomento de la felicidad es ser feliz dentro de uno mismo. Dedica tiempo a tu vida personal y a hacer algo que te haga sentir bien para fomentar tu propio estado de felicidad.

Sobre todo, agradece lo que tienes y muestra gratitud a los demás por lo que aportan a tu vida a diario. Una actitud de gratitud contribuye en gran medida a la felicidad.

III

HABLEMOS DEL ENTRENAMIENTO PARA IR AL BAÑO

Vamos a empezar esta sección del libro con una rápida visión general del entrenamiento para ir al baño.

Cuando llega el momento, ¿estás preparado para ello y tu hijo está listo para ser entrenado?

Nuestra guía de aprendizaje del orinal abarca un programa basado en -

¡HORA de enseñarle a tu hijo a usar el INODORO!

1. **T** tiempo .... ¿cuándo es el mejor momento?
2. **I** interesantes... datos para conocer esta fase
3. **M** mentalmente.... preparado para este evento
4. **E** equiparse... para un mejor resultado

……... para empezar a entrenar a tu hijo a usar el orinal.

Así que, vamos a lanzarnos a esta sección del libro……

¿CUÁNDO ES EL MEJOR MOMENTO PARA EMPEZAR A ENTRENAR A IR AL BAÑO?

TIEMPO: El tiempo es una de las claves del éxito. Encontrar el momento adecuado no sólo depende del tiempo, sino también de la preparación. Tu hijo tiene que haber alcanzado un nivel de preparación en varias áreas de desarrollo. En función del crecimiento y la madurez de cada niño, este tiempo puede variar. Encontrar el mejor momento o el más adecuado depende de varios factores. Los expertos en desarrollo infantil coinciden en que un buen momento para empezar es entre los 18 meses y los 3 años. Durante ese tiempo, observa a tu hijo y controla estas áreas de desarrollo que indican que está preparado para empezar a usar el orinal.

Preparación emocional:

¿tu hijo muestra un deseo de ser más independiente? ¿Tu hijo quiere hacer cosas por sí mismo? La preparación emocional contribuye a que esté preparado para el aprendizaje del orinal. Es un momento en el que tu hijo es más consciente de que te escucha y te responde.

Preparación física:

¿Tu hijo puede sentarse solo y mantener el equilibrio en el orinal o en el asiento del inodoro, si elige un asiento de entrenamiento para el inodoro para niños? Utilizar el orinal con éxito forma parte del aprendizaje de diferentes habilidades. Es la continuación de sentarse, gatear, ponerse de pie y caminar. El éxito del aprendizaje del orinal está relacionado con la capacidad de tu hijo de apoyarse en el orinal y de llegar a él. Al principio, los padres le ayudarán, pero al final el niño debe llegar al orinal por sí mismo.

La preparación social:

¿Tu hijo responderá a algunas instrucciones sencillas y será capaz de sentarse durante un rato? ¿Tu hijo puede mirar libros o participar contigo mientras lo entrenas para la rutina del entrenamiento para ir al baño? ¿Muestra tu hijo interés por lo que ocurre en el baño? Es posible que tengas que renunciar a parte de tu intimidad porque tu hijo tiene curiosidad por lo que ocurre en el baño. Fomenta pequeños juegos con juguetes simulando que va al baño. Todas estas actividades ayudan a los niños a concienciarse de que van al baño y a cooperar con el entrenamiento para ir al baño.

"Siempre es el momento de hacer lo correcto".

— MARTIN LUTHER KING

Sin embargo, en el caso del aprendizaje para ir al baño, si se empieza demasiado pronto o cuando no se dan las señales adecuadas, el programa de aprendizaje puede salir mal. Empezar demasiado pronto, antes de que tu hijo esté preparado, puede tener repercusiones y acabar provocando retrasos.

Sería mejor, con el entrenamiento para ir al baño, tener la mentalidad que te dice...

Puedes hacer lo correcto cuando sea el momento adecuado.

Sentir que es el momento adecuado para empezar el aprendizaje para ir al baño es más fácil si se comprueban estos logros o etapas de desarrollo. Hazte estas preguntas para decidir si es el momento adecuado o si necesitas algo más de tiempo antes de que tú y tu hijo estén preparados para el aprendizaje para ir al baño y todo lo que conlleva este gran paso.

¿Empiezas a ver signos de independencia?

Tu hijo quiere intentar vestirse solo. Ponerse los zapatos al revés y decir "yo lo hago" son indicios de que quiere ser independiente. Intentar alimentarse por sí mismo y sentarse en sillas de adulto son indicios de que tu hijo está deseando crecer y ser independiente. El inevitable NO, y la actitud desafiante durante la fase de los dos años, te muestran esa actitud de querer mandar. Estas son las señales que buscas.

¿Su hijo muestra interés por ir al baño?

Cada vez que vas al baño, una personita te sigue y quiere saber qué estás haciendo. Se lavará alegremente las manos mientras tú lo haces y puede fingir que va al orinal. Algunos niños pequeños se deleitan desenredando el rollo de papel higiénico y arrastrándolo por la habitación. Tu hijo está interesado en el baño.

¿Notas que tu hijo está seco durante más tiempo?

Es útil observar el tiempo que transcurre entre los pañales secos y los mojados. Puede que te sientas aventurero y dejes el pañal fuera mientras tu hijo juega en el jardín. Fíjate en cuándo defeca y si hay un patrón en los momentos del día en que lo hace. Estos son indicadores de que hay un mayor control de estas funciones corporales.

¿Tu hijo podrá ponerse y quitarse los pantalones de aprendizaje?

Parte del entrenamiento consiste en ponerle los pantalones de entrenamiento. Cuando tu hijo empiece a vestirse solo, empezará a ponerse su propia ropa interior. Es mucho más fácil entrenar al niño para ir al baño cuando puede manejar esta habilidad. Le ayudará a llegar al orinal a tiempo y a organizarse. Cuando tu hijo sea capaz de quitarse la ropa interior, es posible que también esté preparado para tener una mejor percepción de la necesidad de ir al orinal. Llegará un momento en que tu hijo pueda ir al baño y utilizar el orinal de forma independiente.

¿Puede tu hijo empezar a seguir instrucciones sencillas?

¿Tu hijo es capaz de escuchar instrucciones sencillas como levantarse o sentarse? ¿Recuerda tu hijo las palabras "pipí" y "caca" que tú has elegido? ¿Te llama si necesita ayuda? Todos estos son signos de una mayor comunicación y madurez.

¿Ha alcanzado tu hijo los logros físicos de sentarse, levantarse y caminar?

¿Tu hijo se mueve bien y se mantiene sentado? ¿Puede caminar hasta el orinal y sentarse en él durante unos minutos? Si tu hijo aún está aprendiendo estos pasos de crecimiento físico, no sería conveniente introducir otra habilidad para que se las arregle con el aprendizaje de sentarse en el orinal.

¿Tu hijo puede permanecer sentado durante un breve periodo de tiempo?

Sentarse en el orinal y conseguir orinar o defecar requiere cierto tiempo. Tu hijo tiene que ser capaz de sentarse en la posición correcta en el orinal o en el asiento del inodoro para niños. Si tu hijo no es capaz de permanecer sentado durante un rato, sentarse en el orinal va a resultar difícil. Sería mejor tener algunas sesiones de práctica sin expectativas durante un tiempo. Los niños pequeños son capaces de convertir el momento del orinal en momentos de manipulación y lucha de poder. Hay que tener cuidado con esto si se empieza el entrenamiento antes de que el niño esté preparado. Pueden decidir utilizar esta actividad como una forma de ganar poder psicológico sobre ti.

¿Tu hijo puede comunicarse con algunas palabras sencillas?

Tiene que haber un elemento de comunicación entre tú y tu hijo. Debes preguntarte si eres capaz de atraer la atención de tu hijo y conseguir que se siente en el orinal durante un rato. ¿Puedes distraer a tu hijo de lo que está haciendo para que se siente en el orinal? Eso es un indicio de que puedes iniciar una rutina de ir al baño.

¿Tu hijo está contento de cumplir con la rutina del orinal?

Parte del entrenamiento para ir al baño implica lavarse las manos y mantenerse limpio después de usar el orinal. Tu hijo tendrá que seguir instrucciones para completar la rutina del orinal. ¿Crees que tu hijo está preparado para escuchar tus sencillas instrucciones y empezar a seguir una rutina en el baño?

¿Notas que las deposiciones son más regulares?

Una vez que tu hijo haya empezado a comer comidas sólidas de forma más rutinaria, y que se haya adaptado a un patrón diario de comidas y horas de sueño, debería haber pruebas de que las deposiciones son cada vez más regulares. Esto es un indicio para ti de que tu hijo podría ir al orinal a horas regulares durante el día. Es más probable que sea capaz de actuar en el orinal. Llegar a esta etapa de regularidad ayuda a tu hijo a conocer las señales que indican la necesidad de ir y sentarse en el orinal.

¿Ves señales de que a tu hijo no le gusta llevar el pañal sucio?

Cuando los niños empiezan a decir a sus padres que han ensuciado el pañal o se sienten incómodos e indican que no les gusta esta sensación, están listos para empezar a usar el orinal. Los calzoncillos de entrenamiento suelen ayudar a sentir la sensación de ensuciar porque, a diferencia del pañal, el proceso de defecación se puede sentir. En esta etapa, muchos niños pequeños dejarán de hacer lo que están haciendo para informar de que se han ensuciado los pantalones.

Estar atento a todas estas señales es importante y un factor que contribuye a la preparación para empezar a usar el orinal. Sin embargo, muchos padres se preguntan si hay una edad recomendada. ¿Qué edad debe tener un niño pequeño para empezar a usar el orinal? Aunque existen pautas, no hay una regla rígida como una fecha límite o una fórmula de "Pronto, listo, ya". La razón es que cada niño es un individuo en todos los sentidos. No es posible poner un nombre y una fecha a cualquier función corporal o logro del desarrollo.

Existen fechas de preparación sugeridas y posibles normas, pero como padre es realmente difícil fijar el reloj para el "Día del Orinal". Lo más importante a la hora de elegir una fecha son las señales que da tu hijo de estar preparado para empezar a ir al baño.

Estos son algunos intervalos de 6 meses que puedes considerar para empezar a entrenar. Mira el posible escenario en cada nivel de edad y procesa la teoría en ese nivel. ¿Se adaptaría a tu hijo y a su estilo de vida empezar a entrenar en alguno de estos intervalos?

De 0 a 12 meses. Conocido como el entrenamiento de los bebés para ir al baño.

Esto suena muy extraño para muchos padres. En lugares como la India, China y África oriental, los padres aprenden a reconocer la señal de su hijo de que está listo para hacer sus necesidades. El padre o la madre sostiene al bebé en el lugar designado y, cuando el niño orina o defeca, el padre o la madre emite un sonido que, con el tiempo, se asociará con ir al baño. Obviamente, el bebé y el padre deben estar juntos todo el tiempo para que esto funcione inicialmente.

Edad de 12 a 18 meses. Bebés mayores y niños pequeños.

Esta fue una fase muy popular que se inició durante los años 20 y 30, cuando los bebés llevaban pañales de tela y las madres eran muy cuidadosas con sus hijos. La tendencia actual es esperar más tiempo. Los niños pequeños son muy activos a esta edad. Están aprendiendo a caminar y a explorar. Están demasiado ocupados descubriendo su mundo como para querer sentarse en un orinal. Puedes intentarlo en esta etapa, pero guíate por los pasos del desarrollo de tu hijo.

De 18 a 24 meses. Estar atento a los signos de preparación para ir al baño.

Esta parece ser una edad popular para empezar si crees que tu hijo está preparado. Busca las señales de preparación y decide si tu hijo está preparado. Una de las señales más importantes es el deseo de ser más independiente y una mayor conciencia de los signos físicos de ir al baño. Si tu hijo no coopera en esta fase, es mejor no forzar la situación y acabar con una lucha de poder entre vosotros.

Más de 24 meses.

Alrededor de los 24 meses parece ser un momento muy popular para empezar el entrenamiento para ir al baño. Los estudios han demostrado que los niños aprenden más rápido a esta edad. Empezar el entrenamiento para ir al baño mucho más tarde puede dar lugar a problemas de incontinencia. Los niños que no han aprendido a controlar el flujo de orina mediante el entrenamiento para usar el orinal pueden tener dificultades para controlar la orina.

Otro factor a tener en cuenta a la hora de empezar a usar el orinal es la salud del niño. Un niño que no tenga problemas intestinales, como diarrea o estreñimiento, tendrá una mejor experiencia al empezar a usar el orinal. Un niño relajado y sin estrés emocional también encontrará más fácil la transición al orinal. Por último, un niño que esté dispuesto a cooperar tendrá una experiencia mejor y más positiva.

No hay una regla fija sobre el momento de empezar. A la mayoría de las familias les gusta empezar alrededor de los dos años. Tarde o temprano, los padres decidirán cuándo empezar, basándose en su conocimiento del proceso y en las señales de que su hijo está preparado.

Si decides empezar antes y probar el método de preparación de bebés, tendrás que estar cerca de tu hijo todo el tiempo para trabajar con sus necesidades. El método de preparación de bebés no es adecuado para las madres que trabajan, ya que requiere mucho tiempo. Tiene la ventaja de que no se necesitan pañales y se evitan los sarpullidos. El método de preparación de bebés crea un vínculo muy fuerte entre madre e hijo.

Empezar mucho más tarde tiene otras consideraciones porque hay una preocupación médica por la incontinencia y la falta de motivación para ser más independiente. Un niño que empieza tarde puede ser objeto de burlas por parte de sus compañeros y sentirse ansioso por ser diferente. Muchas escuelas infantiles o preescolares prefieren que los niños acudan al colegio sin pañales.

Hay un tiempo para todo. Un tiempo y una estación. Cada niño estará preparado en diferentes momentos y en diferentes estaciones. El mejor momento es aquel en el que tanto tú como tu hijo pequeño se sientan preparados para empezar. El uso de libros de aprendizaje para ir al baño con pautas y estímulos te ayudará a encontrar el momento adecuado para ti y tu hijo. Estar preparado y tener confianza como padre es igual de importante en la parte del entrenamiento para ir al baño.

Revisa estas ideas sobre el tiempo de preparación y tómate un tiempo para sentirte preparado.

- Tómate el tiempo necesario para llegar al orinal con una charla sobre el mismo.
- Haz tiempo para leer algunos libros con historias divertidas sobre el orinal.
- Disipar el mito de que el entrenamiento para ir al baño es un gran problema difícil de superar.
- Dedica un tiempo a preparar la zona del orinal en el baño. Esto le indica a tu hijo que se acerca el momento de usar el orinal.
- Encuentra momento para preguntarle a tu hijo sobre el orinal. A continuación, juzga por las reacciones de tu hijo a tus conversaciones si está lo suficientemente interesado como para empezar a usar el orinal.
- Es importante calcular el tiempo y dedicar el tiempo suficiente al aprendizaje. No es aconsejable empezar el aprendizaje para ir al baño antes de un acontecimiento familiar importante, una mudanza, la llegada de otro bebé o un cambio de colegio. Los acontecimientos importantes son inquietantes y no son un buen momento para empezar.

Piensa en la dirección que tomas y en el objetivo final. Se ha dicho que:

"La gente suele quejarse de la falta de tiempo cuando el verdadero problema es la falta de dirección".

Según Zig Ziglar, autor y orador motivacional estadounidense.

Los capítulos que siguen a éste te darán la dirección y la motivación para encontrar el momento adecuado y tener éxito en el entrenamiento para ir al baño.

DESCIFRANDO LOS HECHOS Y ACLARANDO LOS CONCEPTOS ERRÓNEOS DEL ENTRENAMIENTO PARA IR AL BAÑO

INTERESANTE:

Sí, como padre que empieza a entrenar a su hijo para ir al baño, descubrirás que hay mitos y conceptos erróneos interesantes. Tal vez hayas escuchado algunos de ellos antes, pero ahora que estás entrenando a tu hijo para ir al baño, te preguntas si hay algo de verdad en los mitos.

"El enemigo de la verdad no es muy a menudo la mentira, deliberadamente artificiosa y deshonesta, sino el mito, persistente, persuasivo e irreal".

— JOHN F. KENNEDY

Los mitos y las leyendas pueden llegar a formar parte de nuestro sistema de creencias, transmitidas a lo largo de los años, que pronto se convierten en lo que consideramos una verdad. ¿Cuántos de estos mitos has escuchado y cuántos te parecen verdaderos?

Desmintamos los mitos.

#1. Mito - Empezar el entrenamiento para ir al baño demasiado pronto puede causar retención de orina y estreñimiento.

Realidad - No se trata de lo pronto que se inicie el proceso. El aprendizaje para ir al baño depende de una serie de factores, entre los que se encuentra la disposición para empezar a utilizar el orinal o el asiento del inodoro. El momento adecuado depende de cada niño. Sin embargo, existen objetivos físicos y, una vez alcanzados, sentarse en el orinal y saber que es manejable. Esto no tiene nada que ver con posibles problemas de orina o estreñimiento.

#2. Mito - Tu hijo decidirá cuándo es el momento adecuado para empezar.

Realidad - Tu hijo te lo hará saber a través de su interés por el orinal y el uso del baño. Los padres deben fomentar el interés por el orinal y ayudar a enseñar a su hijo las habilidades necesarias. Mostrar interés es sólo una parte del proceso de preparación. Los padres también deben estar preparados para iniciar el proceso de entrenamiento. Se trata de un entrenamiento, porque vas a enseñar a tu hijo a hacer algo que no sabe hacer. Puede que tu hijo muestre interés, pero eso no significa que te esté diciendo que ese es el día en que van a empezar el entrenamiento para ir al baño.

#3 Mito - La guardería infantil hará la formación.

Realidad - Es necesario que haya un trabajo en equipo con aportaciones tanto de tu parte como de la guardería. Algunas guarderías prefieren que los niños estén entrenados para ir al baño antes de ser aceptados. Ponte en contacto con tus cuidadores y adáptate a su rutina para que juntos consigan un niño pequeño entrenado para ir al baño. El factor positivo del aprendizaje en la guardería es que los niños aprenden de los demás. Todos los pequeños del grupo de tu hijo irán al baño durante la hora de ir al baño. Los aseos y las instalaciones están adaptados a los niños, lo cual es un factor añadido que hay que tener en cuenta cuando los niños están en una guardería. La guardería ayuda sin duda al proceso, pero los padres también deben participar en él.

#4 Mito - Los niños son más difíciles de entrenar que las niñas.

Realidad - La preparación para usar el orinal o para empezar el entrenamiento es un logro individual. No está relacionado con el sexo. Los niños pueden parecer menos interesados en mantenerse limpios, pero pueden hacerse a la idea de cómo funcionan las cosas más rápidamente. Las niñas pueden querer estar limpias y ordenadas y encontrar el uso del baño como una parte deseable de su rutina. No es posible generalizar y atribuir un comienzo lento al sexo del niño.

#5 Mito - Empezar demasiado pronto altera la vejiga.

Realidad - La vejiga es un músculo que no se ve afectado por el uso temprano. Lo que sí es cierto es que a los 2 o 3 años el niño tiene más control sobre los músculos que rodean la vejiga. Los músculos del esfínter y del suelo pélvico son más fuertes y pueden retener la orina. La vejiga es capaz de retener más orina a los 2 o 3 años.

#6 Mito - Los accidentes después del entrenamiento para ir al baño significan que has fracasado.

Realidad - Seguro que hay accidentes o signos de regresión. Tu hijo puede estar emocionado por algo y tener un accidente. Tal vez tu hijo esté absorto en una actividad y se olvide de ir a usar el orinal. Esto no significa que hayas fracasado. Sé paciente y comprensivo y sigue con la rutina si es posible.

#7 Mito - Los pañales no ayudan en el proceso de entrenamiento para ir al baño.

Realidad - Los pull ups tienen su lugar, pero como son similares en cierto modo a un pañal con materiales absorbentes, tu hijo pequeño puede no sentir la sensación de hacer sus necesidades. No asociará lo que ocurre cuando necesita ir al orinal y lo que ocurre si tiene un accidente. Los pull ups pueden utilizarse como medida provisional, pero al ser muy similares en cuanto a los materiales que utilizan para ser absorbentes, tienen una sensación más parecida a la de un pañal. El entrenamiento con calzoncillos o pantalones de entrenamiento suele ser más eficaz que los pull ups.

#8 Mito - El entrenamiento para ir al baño es un momento maravilloso para establecer vínculos y relaciones.

Realidad - El entrenamiento para ir al baño es un trabajo duro y los accidentes ocurrirán. El entrenamiento para ir al baño requiere paciencia y comprensión, así como perseverancia. Es un momento de motivación constante y puede que todos los días no se produzca un momento de unión feliz. La experiencia depende de muchos factores, por lo que no tiene por qué ser un momento de unión perfecto.

#9 Mito - Los aplausos emocionados y las grandes recompensas son esenciales para conseguir un buen entrenamiento para ir al baño.

Realidad - Aunque algunas recompensas son buenas, es importante evitar recompensar en exceso o aplaudir y animar en exceso. Esto presiona a tu hijo para que actúe ante ti cada vez que se sienta en el orinal. Los elogios son mejores cuando se trata de un hecho bien hecho y no de todo un coro de vítores y aplausos. Las tablas de recompensas funcionan bien cuando tu hijo es lo suficientemente mayor para entenderlas.

Hacer y responder preguntas es una parte importante de la comprensión de cómo los niños aprenden a usar el orinal y la mayoría de las veces los padres se hacen las mismas preguntas.

Preguntas frecuentes para ayudar a aclarar mitos y malentendidos sobre el aprendizaje del uso del orinal.

Aquí tienes 10 de las preguntas más frecuentes explicadas para ti.

#1. ¿Hay diferencias en la forma de entrenar a un niño o a una niña?

A. Las introducciones al entrenamiento para ir al baño y la aplicación de la preparación son más o menos las mismas, excepto que la anatomía es diferente. El entrenamiento para ir al baño es un poco más complicado para los niños. La diferencia se debe obviamente a las diferencias naturales entre niños y niñas. Es una buena idea empezar de la misma manera con los niños sentados inicialmente para orinar. Cuando los niños están preparados para ponerse de pie y orinar como un hermano mayor o un padre, el proceso cambia y es un poco más complicado. Los niños tienen que aprender a orientar el pene en la dirección correcta y, si necesitan defecar, deben pasar de la posición de pie a la de sentado. Sigue los pasos para pasar de la posición sentada a la de pie y a la de apuntar en el orinal, al igual que papá. Asegúrate de proporcionar un escalón para que todo sea fácil y cómodo para tu hijo. Haz que su papá se involucre para proporcionar el apoyo masculino adicional.

#2. ¿Cuál es la edad en la que la mayoría de los niños aprenden a usar el orinal?

A. En general, los niños aprenden a usar el orinal alrededor de los dos años. Sin embargo, no hay un momento determinado ni una fecha específica para el aprendizaje del uso del orinal, sino que depende de la preparación individual de cada niño para esta actividad. El control y la disposición para ir al orinal durante el día suele producirse entre los dos y los tres años de edad. El control durante la noche sólo puede alcanzarse entre los 3 y 4 años y medio de edad.

3. ¿Debo preocuparme si mi hijo ha estado seco durante un tiempo y luego empieza a tener accidentes?

A. Pueden ocurrir accidentes o alguna regresión. Puede ser una reacción a algún tipo de estrés. Cosas como una mudanza, el comienzo de un nuevo colegio, la llegada de otro bebé o un acontecimiento inusual en la familia. Hay muchos tipos de incidentes que pueden desencadenar un accidente. Intenta averiguar de qué se trata y ofrécele cariño, paciencia y tranquilidad para que se recupere.

4. ¿Pueden los niños ir directamente al baño y no usar el orinal?

A. La elección de usar el orinal o el inodoro depende totalmente de ti y de tu hijo. Algunos niños se sienten más seguros en el orinal con los pies en el suelo. Otros niños están contentos de usar un asiento de inodoro en el inodoro principal. Hay asientos de inodoro para niños pequeños muy fáciles de usar. Escoge uno que se adapte a tus necesidades y pon un escalón para ayudar a tu hijo a alcanzar el asiento.

5. ¿A qué edad del programa de control de esfínteres debe preocuparse un padre de que su hijo no consiga ir al orinal y deshacerse de los pañales?

A. Por lo general, a los cuatro años la mayoría de los niños consiguen utilizar el orinal con éxito. Puede haber un problema si tu hijo no llega a usar el orinal a los cuatro años. Una visita a su médico de cabecera podría ayudarle a entender si hay un problema del que preocuparse.

6. ¿Qué hacer si ves que tu hijo no está contento con el inicio del aprendizaje para ir al baño?

A. No tiene sentido insistir con un niño que se resiste. Dejar el proceso en suspenso durante un tiempo no le hará daño y, a la larga, es mejor empezar el entrenamiento cuando se haya alcanzado la preparación emocional, así como las etapas física y social.

#7. ¿Por qué los niños tardan más en aprender a hacer caca en el orinal?

Los niños pueden tener miedo a la sensación de defecar. Este aspecto del aseo puede tardar más en controlarse. Es muy importante no crear problemas con las deposiciones. Reconoce que se producen y anima a usar el orinal o el inodoro. Cuando se produzcan accidentes, vacíe la caca en el orinal y luego en el váter para enseñarle a tu hijo dónde va la caca y cómo tirarla. Sigue la rutina de lavarse las manos.

8. ¿Cuáles son las palabras más usadas en el entrenamiento para ir al baño?

A. Los padres deben elegir estas palabras con cuidado y tratar de utilizar las palabras populares en la escuela de juegos o entre las familias. Nunca se sabe cuándo tu hijo pequeño dirá que tiene necesidad de ir al baño. Utilizar palabras de uso común para estas funciones hace que sea menos embarazoso y más fácil de entender para otras personas relacionadas con tu hijo. La tendencia actual es criar a los niños conociendo los nombres correctos de las partes del cuerpo. Sin embargo, la función real de orinar o defecar a una edad temprana tiene su nombre de "bebé" hasta que los niños no hablan realmente de lo que tienen que hacer. Orinar suele llamarse "pipí" o "pipí". Los niños suelen decir pipí y las niñas pis o algunos niños dicen pichí para referirse a la necesidad de orinar. La caca o popó o doo doo, son las opciones más habituales para una evacuación intestinal. La acción general para ir al baño puede ser "ir al baño". Por lo general, los niños superan estos términos, pero mientras están aprendiendo es más fácil utilizar los términos que usan la mayoría de los niños y cuidadores para estas funciones.

9. ¿Cuánto tiempo se tarda en enseñar a un niño pequeño a usar el orinal?

A. No hay un momento fijo para marcar el comienzo y el final del aprendizaje para ir al baño. Lo que hay que recordar es que tu hijo está aprendiendo una nueva habilidad. Es un proceso y requiere práctica. No se trata de una carrera para llegar a la meta, sino que la habilidad puede llevar más tiempo a diferentes niños. Puede haber altibajos en el camino, pero con paciencia y tiempo tu hijo aprenderá a usar el orinal o el inodoro.

10. ¿Es muy difícil entrenar a tu hijo con necesidades especiales para ir al baño?

A. Dependiendo de la medida de la discapacidad puede necesitar ayuda profesional. Aquí algunos consejos generales para ayudar en esta área de experiencia.

Cómo enseñar a ir al baño a un niño con necesidades especiales.

Enseñar a ir al baño a un niño con necesidades especiales siempre será una experiencia diferente. Afortunadamente, existen organizaciones, especialistas y grupos de apoyo para ayudar a los padres con sus hijos con necesidades especiales. Tu rutina de entrenamiento para ir al baño dependerá en gran medida de la naturaleza de la discapacidad de tu hijo. Es muy importante que cuando empieces a entrenar a un niño con necesidades especiales para usar el inodoro o el orinal tengas en cuenta los logros del desarrollo y no su edad cronológica. Muchos de los signos de preparación se aplican a un niño con necesidades especiales, pero la diferencia es que un niño con necesidades especiales tendrá retrasos físicos y mentales.

Los niños con discapacidades físicas tendrán problemas para aprender a ir al orinal o al baño. Es posible que no puedan vestirse y desvestirse solos o lavarse las manos después de ir al baño. Existen asientos de inodoro e inodoros de entrenamiento muy fáciles de usar para niños con necesidades especiales. Hay que tener tiempo y paciencia para saber qué es lo mejor y más adecuado para tu hijo con necesidades especiales.

Los niños con necesidades especiales que acuden a un centro de acogida o a una guardería pueden aprender a utilizar el orinal o un inodoro modificado para su uso. Entrar en una nueva rutina puede ser difícil para los niños con retrasos en el desarrollo. La comunicación es un factor importante. Los niños con necesidades especiales no verbales pueden aprender signos que les ayuden a comunicarse.

Este proceso con niños con necesidades especiales necesitará una cuota extra de paciencia y una reacción tranquila ante los accidentes durante las primeras etapas del entrenamiento. Las recompensas ayudarán a comunicar el éxito. Intenta observar la rutina de tu hijo y descubrir si hay un patrón con el que puedas trabajar. Si tienes algún problema, no temas buscar ayuda profesional. Hay muchas maneras de que alguien con experiencia en ayudar a niños con necesidades especiales pueda ayudarte a encontrar el camino del éxito en el entrenamiento para ir al baño.

¿ESTÁS MENTALMENTE PREPARADO?

PREPARACIÓN MENTAL:

La preparación mental puede parecer una parte bastante intensa del entrenamiento para ir al baño.

Muchos hemos oído hablar de la expresión "la mente sobre la materia". Es una expresión vinculada a diferentes filosofías y que se encuentra en diferentes contextos. La mente sobre la materia está centrada en la mente y está vinculada a la doctrina espiritual y a la psicología. Es la capacidad de poner la mente por encima de una condición física y seguir adelante. La teoría ha sido clonada en una frase muy conocida:

"¡A los que les importa no importa y a los que importa no les importa!"

Esto podría ser un factor muy consolador cuando, como padre, te encuentres luchando en la fase de aprendizaje del orinal con tu hijo pequeño. La preparación mental para esta fase te ayudará a saber qué es lo que importa y lo que no. ¿Quién importa en el proceso? Prepararse mentalmente es muy importante.

Puede que haya momentos en los que te sientas cerca de los juegos de guerra, pero si te pones en el estado de ánimo adecuado tu entrenamiento para ir al baño podría ir mucho mejor. Ten tu estrategia a punto y decide cómo va a funcionar este tiempo de entrenamiento para ti y tu hijo.

No tiene por qué ser un juego de guerra, ni un thriller psicológico, mientras tu hijo entra en una lucha de poder contigo. El entrenamiento para ir al baño bien hecho es algo valioso y es, de hecho, el primer paso hacia la independencia de tu hijo.

George. S. Patton, general estadounidense de la Segunda Guerra Mundial, y talentoso comandante de tanques, dijo:

*"Es mejor luchar por algo
que vivir por nada".*

Qué cierto es esto para los padres que quieren superar las dificultades del aprendizaje del orinal. Todos los padres quieren salir ganando con un niño bien entrenado y un logro de la crianza cumplido.

<u>Prepárate en este capítulo para algunos movimientos mentales y la preparación para el desafío mental del entrenamiento para ir al baño.</u>

Y oh, querido, ¡hay una caca accidental!

¿Cómo vas a reaccionar ante un accidente? Esta es una pregunta crucial. Si quieres tener una experiencia pacífica y productiva, prepárate para los accidentes ¿Vas a enfadarte cuando acabas de sacar a tu hijo del baño y ponerle el pijama y se hace caca por accidente? ¿Querrás castigar a tu hijo inmediatamente? ¿Te sentirás totalmente angustiado porque tu entrenamiento para ir al baño no está funcionando?

La respuesta es "NO, más bien hay que estar preparado" para los accidentes, que seguro que ocurren.

Si sabes que las cosas no van a salir a la perfección la primera vez, o quizás ni siquiera la segunda o la décima, entonces mentalmente estás preparado y estar preparado es una gran parte de la batalla. Afírmate a ti mismo que un pequeño desliz en el camino no es el final del viaje. A veces hay que dar un paso adelante y dos atrás antes de ponerse en marcha.

<u>Aquí algunos consejos para que te sientas proactivo y preparado en caso de accidente.</u>

- Ten el orinal en un lugar conveniente, fácil de alcanzar y listo para su uso.
- Prepara un kit de limpieza para esos pequeños accidentes. Puede ser una cesta con papel de cocina y un producto de limpieza a mano. Unos guantes de goma para protegerte y las toallitas de limpieza necesarias para el bebé con un par de pull ups o calzoncillos de emergencia. Guarda todos estos

artículos en un lugar práctico y listo para usarlos si los necesitas con urgencia.

- Lleva siempre una bolsa de pañales a las salidas con todos los elementos necesarios para el bebé en caso de accidente. Esas prácticas bolsas en las que puedes meter los pañales sucios o los calzoncillos de aprendizaje en caso de accidente para eliminarlos más tarde. Esto hace que una situación de emergencia sea menos estresante.
- Ten a mano algunos libros o juguetes como distracción si necesitas un tiempo de limpieza tranquilo.

Dicen que es mejor prevenir que curar. ¿Cómo puedes evitar que se produzca un accidente? Hay señales a las que puedes prestar atención y palabras que puedes decirle a tu hijo para indicarle que necesita ir al baño rápidamente.

- Conoce bien a tu hijo y busca las señales de que puede necesitar el orinal. Señales como moverse o juguetear en la zona genital indican la necesidad de ir al orinal.
- Enseña a tu hijo una canción para ir al baño como forma de decirte que necesita ir al baño
- Cuando estés en casa, asegúrate de que la puerta del baño esté siempre abierta para que tu hijo pueda acceder fácilmente al orinal.
- Dile a tu hijo que se dirija al cuarto de baño si tiene un accidente y que te pida ayuda. Es más fácil limpiar en el baño que en la nueva alfombra del salón.

¿Qué tipo de accidentes puedes esperar?

- Una vez que empieces a dejar a tus hijos sin pañales, hay muchas posibilidades de que no lleguen al orinal a tiempo y mojen el suelo o se hagan caca en los pantalones del entrenador. Es un asunto sucio, pero también el comienzo de la concienciación, ya que tu hijo experimenta la expulsión de la orina o la defecación.
- Los pequeños accidentes en la cuna a la hora de la siesta pueden dar lugar a grandes limpiezas cuando tu hijo pequeño decide experimentar con el desorden creado.
- Los accidentes cuando estás fuera de casa o visitas a la abuela pueden ser realmente molestos. Estas son las ocasiones en las que necesitas la bolsa de viaje de golosinas para la emergencia accidental.
- Los accidentes en la bañera pueden ser un drama si tu hijo comparte el baño con otro hermano o si han decidido darse un baño rápido juntos. Recoger las cacas y dirigirse al baño no es muy divertido, pero te alegrarás de que tu hijo pueda salir de la bañera secado y espolvoreado con polvos sin que se produzca ningún daño.

Conoce tu carácter.

Mientras te preparas para el entrenamiento para ir al baño, puede ser útil pensar en tu temperamento. Conocer el tipo de carácter que tienes puede ayudarte a entender cómo y por qué reaccionas de determinadas maneras. ¿Eres tranquilo y controlado por naturaleza? Tal vez seas volátil y te descontroles con facilidad. Piensa en tu tipo de personalidad y en tu temperamento. Hay cuatro tipos básicos de temperamento y a veces una persona puede caer en dos de las cuatro categorías. Merece la pena conocer estos tipos de temperamento y ver cómo encajas en sus áreas.

Los cuatro tipos de temperamento son:

1. **Sanguíneo**
2. **Flemático**
3. **Melancólico**
4. **Colérico**

Comprueba si encajas en alguna de estas descripciones. Conocer tu temperamento puede ayudarte a entender cómo podrías reaccionar ante el momento de enseñar a tu hijo a ir al baño. Es posible tener dos tipos de temperamento que se superponen y que se conocerían como tipos de temperamento primario y secundario. Una vez que conozcas el tipo de carácter que tienes podrás anticipar tu reacción ante los accidentes.

Sanguíneos:

Este es el tipo de temperamento más común. Este tipo de temperamento disfruta con los demás. Son extrovertidos, habladores y les gusta ser sociables. A los Sanguíneos no les importa trabajar con otras personas. Son optimistas y divertidas. Establecen relaciones con otras personas con facilidad. Pueden ser francos e hiperactivos. A veces están tan ocupados disfrutando que se olvidan de lo que están haciendo. Les gustan los deportes y las actividades al aire libre. Por lo general, es divertido estar con ellos, pero no les gusta ser rechazados y quieren ser aceptados.

Flemáticos:

Este temperamento es el otro tipo más común, pero es el opuesto al sanguíneo. Tienden a ser introvertidos. Trabajan con otros para alcanzar un objetivo común. Son fáciles de llevar y pacientes, pero les gusta ceñirse a una rutina y no son muy partidarios de hacer cambios en ella. A los flemáticos les gusta llevar una vida tranquila. Son miembros leales de la familia. No toman decisiones rápidamente y rara vez son ambiciosos.

Melancólicos:

Este grupo suena como si fuera un grupo deprimido con el uso de la palabra melancolía. Sin embargo, la palabra melancolía utilizada aquí describe a un grupo de personas precavidas. Son concienzudos y les gusta encontrar lo que es correcto. Los melancólicos pueden ser perfeccionistas. Tienden a ser lógicas y analíticas. Este temperamento es generalmente bien organizado, pero puede ser ansioso. Necesitan toda la información disponible antes de tomar una decisión.

Coléricos:

Este tipo de temperamento se encuentra con menos frecuencia en la mayoría de las personas. Las personas coléricas son extrovertidas y llenas de confianza. Son asertivas y contundentes en su estilo de comunicación. Son personas que asumen riesgos, son independientes y tienen una voluntad fuerte. Este grupo de personas son creativas y siempre tienen buenas ideas, pero no tienen muchos amigos ya que carecen de empatía con los demás.

Observar estos diferentes tipos de carácter puede darte una idea de cómo te enfrentarías a los accidentes en el entrenamiento para ir al baño. De hecho, conocer tu carácter te ayudará en todo el proceso de aprendizaje para ir al baño. Tú puedes ser una combinación de dos de estos rasgos. Uno que es el carácter primario con el otro que es el secundario. Ningunos de estos rasgos son perfectos y cada uno de ellos tiene elementos de lo que podría ser visto como carácter negativo de cara al entrenamiento para ir al baño.

Sanguíneo:

Extrovertidos, pero tan ocupados en su propio mundo que se olvidan de las necesidades de los demás.

Flemático:

Introvertido, le gusta la rutina, pero no le gustan los cambios.

Melancólico:

Consiente, pero cauteloso. Organizado, pero ansioso.

Colérico:

Extrovertido lleno de confianza, pero carente de empatía.

Identifica el temperamento que mejor se adapta a su tipo de personalidad, y, a través del conocimiento de sus obstáculos personales puedes ayudarle a superar cualquier obstáculo emocional que pueda percibir como parte de su rutina de entrenamiento para ir al baño.

Ahora que tienes tu propia mente pensando correctamente, es conveniente recordar que tu bebé también tiene una mente propia. El cerebro de tu bebé empezó a desarrollarse cuando aún estaba envuelto en tu vientre. El cerebro del bebé duplica su tamaño en el primer año, y a los tres años ha alcanzado el 80% de su capacidad adulta. Tratar con un niño pequeño hasta los tres años significa que ya estás tratando con un ser pensante, casi completamente conectado. Los niños pequeños son perfectamente capaces de hacer juegos mentales.

Empezar a tener una mente propia es una importante etapa cognitiva del desarrollo. Esto forma parte de la exploración del mundo que les rodea y seguro que ponen a prueba tus límites. El aprendizaje para ir al baño es una de las áreas clave para estas luchas de poder, y tu hijo pronto reconoce que es el momento perfecto para superar tus límites. La clave para superar las luchas de poder asociadas al entrenamiento para ir al baño es no reaccionar de forma exagerada y recordar que se trata de un programa de entrenamiento. Reconoce que llevará tiempo y que estás enseñando una habilidad. No se trata de poder, sino de aprender lecciones de vida.

Aquí tres consejos sencillos, pero eficaces, que le ayudarán a mantener la calma durante estos momentos.

Consejo 1.

<u>Ser súper organizado</u> con todo lo que se necesita y parte de una rutina que planeas tener. Estar organizado y tener todo te da una sensación

de poder sobre la situación. Estás preparado. Puede haber algunos fallos, pero en general, lo tienes organizado.

Consejo 2.

Hazlo divertido para quitarte la presión tanto a ti como a tu hijo. Los libros, los juguetes, las canciones, la tabla de recompensas, la elección del orinal adecuado y la ropa interior limpia contribuyen a que el aprendizaje del orinal sea positivo. Prueba a utilizar un temporizador para avisar de la próxima hora del orinal. De este modo, tu hijo tendrá una sensación de control, ya que podrá gritar: ¡la hora del orinal! Esto puede ocurrir cuando el temporizador se apaga. Así tendrá un pequeño momento de control.

Consejo 3.

Sé amable contigo mismo. Tú eres parte de este equipo y durante el tiempo que tu hijo esté aprendiendo a ir al baño no olvides recompensarte de alguna manera. Cuando te sientes fuerte y positivo es más fácil ser paciente y constante. Sentirás que el programa está funcionando.

Nuestras palabras son poderosas. Tenemos ventaja sobre nuestros hijos pequeños porque llevamos hablando mucho más tiempo que ellos. Las palabras pueden hacer o deshacer el carácter de una persona. Una parte crucial del aprendizaje para ir al baño es utilizar las palabras con cuidado. Construye relaciones positivas mientras tu hijo aprende la habilidad de ir al baño.

El éxito del entrenamiento para ir al baño es un buen momento para animar a tu hijo y decirle frases positivas como:

'Estoy muy orgullosa de ti'.
Sé que has dado lo mejor de ti".
'Me haces sentir feliz'
'Me encanta ser tu padre/madre'.
'"Puedes volver a intentarlo mañana'.
'Lo has hecho muy bien'.

Y así sucesivamente, siempre animando y nunca enojándose o criticando.

Evitar algunos de los errores más comunes que cometen los padres y cuidadores en este momento te ayudará a tener la tranquilidad que necesitas mientras tú y tu hijo pequeño intentan dominar esta habilidad. Algunas de estas sugerencias pueden parecer muy obvias y otras pueden hacerte reflexionar un poco más sobre cómo entrenar al niño para ir al baño con éxito.

1. Nunca empieces a enseñar a tu hijo a ir al baño cuando haya otros problemas estresantes. Las mudanzas, los cambios de colegio, la llegada de un nuevo bebé a casa, los problemas familiares o las enfermedades son factores estresantes que dificultan el aprendizaje de algo nuevo.
2. No hagas un gran drama de un accidente. Los accidentes ocurren. Hay que ocuparse de ellos en el momento y luego pasar a otra cosa.
3. No fuerces a tu hijo a usar el orinal. No servirá de nada si tu hijo no está preparado para ello. Comprueba que todos sus signos de desarrollo son perceptibles y luego empieza a intentarlo.

4. No dejes que tu hijo luche con la ropa difícil, organízate con ropa cómoda para tu hijo que pueda ponerse o quitarse. Cuando estés en casa, deja que tu hijo corra sin pañal.
5. No descartes las preocupaciones o dudas que pueda tener tu hijo con respecto al uso del orinal. Sé sensible a todas las preocupaciones que pueda tener por si se resbala del asiento, en el caso de que utilices un asiento de váter, o por el sonido de la cisterna del váter. Puede que a tu hijo le preocupe el estrés de que la caca que ha hecho sea tirada por el váter.

¡Lo mejor de estar preparado mentalmente se dice mejor en las tres P's!

P paciencia, **P** perseverancia y **P** planificación
... Tres P y perdona el juego de palabras.

P de paciencia, es absolutamente un factor clave. Tendrás accidentes, tendrás días en los que te retrasarás o en los que tu plan no irá como es debido. Necesitará paciencia para superar este periodo. La paciencia te llevará muy cerca del éxito y es una parte importante del proceso mental.

P de perseverancia, sigue adelante, al final lo conseguirás. Al final, algo se quedará en la mente de tu hijo y tu paciencia dará sus frutos. Sin duda, lleva tiempo y hay que perseverar.

P de planificación, porque es importante planificar y tener un propósito, respaldado por la estrategia que crees que funcionará mejor para tu familia y tu hijo.

La preparación mental es tan importante como la organización física, así que ponte a tono. Haz que tu hijo también se suba al carro y juntos conquistarán el proceso de aprendizaje para ir al baño.

PREPARAR EL EQUIPAMIENTO

EQUIPAMIENTO:

La preparación es la columna vertebral de cualquier evento que requiera cierta planificación y organización. Como bien saben los padres, planificar cualquier cosa que implique a los niños pequeños, es garantía de que se necesita preparación. El primer indicio de ello fue la preparación para el nacimiento del bebé. De repente, se trataba de un caso de "y el bebé hace que sean tres". La vida cambia con la responsabilidad de un miembro más en la familia, sobre todo porque el nuevo miembro no es capaz de decidir o hacer mucho por sí mismo.

"Si no te preparas, te preparas para fracasar".

— BENJAMIN FRANKLIN

El aprendizaje para ir al baño, uno de los logros más importantes de la primera infancia, requiere preparación. Se trata de un acontecimiento en la vida de tu hijo en el que quieres tener éxito. Todos los padres esperan que llegue el día en que se dejen los pañales y su hijo esté seco durante el día. Después de la sequedad diurna, llega el final de las dichosas noches secas. Inevitablemente, existen numerosos dispositivos comerciales y productos recomendados.

¿Qué elegir como padre? La primera vez quieres hacerlo bien. Después, ya tienes un poco más de experiencia, pero es posible que quieras ampliar tu unidad de entrenamiento para ir al baño a medida que vayan apareciendo nuevos aparatos en el mercado.

Estos son algunos de los elementos básicos y otros que no están de más en el departamento de orinales.

Orinal, o silla de orinal, o asiento de inodoro.

La elección depende realmente de ti y del espacio que tengas en el baño y de tu hijo. A la mayoría de los padres les gusta empezar con un orinal pequeño. Es fácil de guardar y se puede trasladar de una habitación a otra si es necesario. Los orinales son más elaborados, y algunos pueden incluso tirar de la cadena. Date una vuelta por el departamento de bebés de la tienda local o por una tienda de bebés y mira lo que hay disponible. Elijas lo que elijas, necesitarás algo para que tu hijo se siente mientras aprende a ir al baño.

Taburete para el baño.

Necesitarás un escalón para que tu hijo pueda alcanzar los grifos y el lavabo. El taburete también será necesario para subir al asiento del inodoro si te has decidido por uno. Es importante que el niño en formación se sienta seguro y protegido. Si tu hijo utiliza diferentes baños, ten un peldaño para cada uno de ellos, para que se sienta seguro con el mismo equipamiento en cada baño.

Un extensor de grifo.

El extensor es otro complemento útil de la pila. El extensor permite que el niño se relacione más fácilmente con el agua, ya que ésta entra en la palangana a través de un extensor. El extensor puede ayudar a mezclar el agua caliente y el agua fría. Si la temperatura del agua del grifo es muy caliente, considera la posibilidad de bajarla a una temperatura más moderada mientras tu hijo aprende a usar el lavabo.

Ropa interior.

Salir a elegir los pantalones de niña o niño grande es un momento muy emocionante para tu hijo pequeño. Disfrutarán buscando un superhéroe o unas bonitas bragas favoritas para niñas. Es posible que prefiera empezar con unos pantalones de entrenamiento con un tacto más absorbente antes de aventurarse a usar sólo calzoncillos. El aspecto importante de pasar del pañal a los calzoncillos es que tu hijo pequeño puede empezar a sentir lo que es tener la ropa interior mojada o sucia. Los calzoncillos de aprendizaje son reutilizables y más respetuosos con el planeta.

Pull-ups

Los pull ups pueden ayudar a tu hijo a empezar a usar el pañal, pero como siguen absorbiendo la orina, no ofrecen la experiencia de orinar o defecar. Los chupetes son una gran ayuda para las horas de la siesta y la noche, o para las salidas y los viajes.

Hay más sugerencias, por otros motivos, para aumentar tu repertorio de artilugios. El entrenamiento de tu hijo pequeño puede ser más fácil con un orinal y un protector contra salpicaduras. La transición de estar sentado a estar de pie para los niños pequeños se hace más fácil con algunas especialidades para niños. Los mini orinales para niños facilitan el aprendizaje del uso de un orinal a los niños que necesitarán saberlo para el colegio, y para ir a los baños públicos con papá.

Además, si eres un viajero, hay una gama de asientos de inodoro y orinales portátiles que puedes plegar y salir. Prepárate con tu kit de viaje y una esterilla para cambiarlo, toallitas húmedas, una muda y el tipo de calzoncillos o pull ups que hayas decidido utilizar.

Hay muchos estilos diferentes y tipos de equipamiento para el entrenamiento del orinal. Toma un cierto tiempo para mirar qué está disponible en el Internet, y éste te dará una idea de los diversos tipos de artículos de la ayuda del entrenamiento y de sus precios. Cuando estés familiarizado con lo que hay en el mercado y tengas tiempo para ir a comprar el orinal con tu hijo pequeño, tendrás una idea de lo que crees que es adecuado y puedes permitirte.

Para que el aprendizaje del orinal tenga éxito, es necesario contar con algún material de apoyo. Uno de los retos iniciales es convencer a tu hijo de que se siente en el orinal durante un breve espacio de tiempo para adquirir el hábito. Sentarse y esperar a que ocurra algo puede que no esté todavía en el entendimiento de tu hijo. Los libros son una gran distracción.

Selecciona algunos libros interesantes que tu hijo disfrute mirando mientras esperas el inapreciable sonido de algo que encuentra su camino hacia el orinal. Hay libros encantadores sobre el orinal para niños y cuentos sobre el orinal que les ayudarán a ponerse en situación. Añade otros libros interesantes sobre temas que sepas que les interesan. Los libros con figuras y rompecabezas ayudan a involucrar a tu hijo en algo que va a mantener su atención. Los libros ayudarán a tu hijo a sentarse en la posición correcta para ayudarle a señalar físicamente al cerebro que es hora de hacer algo en el orinal. La repetición de este hábito de sentarse, esperar y mirar los libros podría ser el desencadenante que le indique a tu hijo que es el momento de ir al orinal.

Si tienes espacio en el cuarto de baño, prepara una zona de orinal con el orinal o el asiento del váter listos para la acción. Incluye una cesta con libros y algunos juguetes con los que tu hijo disfrute jugando. Elige el tipo de juguetes que mantengan a tu hijo felizmente ocupado haciendo algo mientras está sentado. Por ejemplo, los juguetes para apilar o los juguetes para colocar formas. Poner música en un xilófono o incluso escuchar canciones sobre el orinal será entretenido, y mantendrá a tu hijo convenientemente inmovilizado mientras tú le ayudas con las demás rutinas de aprendizaje para ir al baño.

Al principio, cuando introduzcas el orinal en tu cuarto de baño, lleva algunos juguetes y haz algunos juegos de rol con los juguetes mientras usan el orinal. Un muñeco para mojar, y hay una versión para niños, es una gran ayuda, ya que tu hijo puede alimentar al muñeco y luego ver cómo se moja en el orinal. Vale la pena dedicar tiempo a los juegos de rol en el baño. Aprender a lavarse las manos, a tirar de la cadena y familiarizarse con las palabras para ir al baño será de gran ayuda en los próximos tiempos.

Cuanto más tiempo dediques a la preparación, más podrás evaluar si tu hijo está llegando a la fase de preparación para ir al baño. Si a tu hijo no le interesa nada de lo que le cuentes sobre el baño y la rutina, puedes estar seguro de que aún no está preparado para el aprendizaje para ir al baño. Prueba otras tácticas para despertar su interés.

Aquí tienes algunas sugerencias:

- A los niños les puede gustar que papá o un hermano mayor pase tiempo con ellos hablando de la rutina del niño y de lo estupendo que será ir al baño como papá.
- Las niñas disfrutarán de todo un escenario de muñecas bebé, con un cambiador y un rincón de mimos para su muñeca que moja.
- Prueba a practicar el tiro al blanco para los niños, con los artilugios de tiro al blanco que puedes poner en el inodoro
- Inventa una canción para ir al baño que aprendan a cantar juntos. La rima infantil 'De Esta Forma' es muy adaptable y se añade fácilmente a la lista de cosas que hay que hacer alrededor de la morera. La rima ya tiene un verso para

lavarse las manos. Tómate la libertad de añadir otras actividades que formen parte de tu rutina de aseo.

Recompensas.

El debate sobre las recompensas en el entrenamiento para ir al baño es constante.

Realmente no hay una respuesta correcta o incorrecta sobre las recompensas. Piensa en el motivo por el que va a dar una recompensa y en cómo piensa celebrarlo con el incentivo de la recompensa. A veces, un pequeño incentivo contribuye en gran medida a fomentar el éxito. El peligro es exagerar las recompensas y acabar con un niño temeroso que no es capaz de rendir y complacerte. El otro peligro es que se produzca una lucha de poder cuando tu hijo se dé cuenta de que ir al orinal es REALMENTE importante para ti. Éstas son algunas de las preguntas discutibles que se hacen los padres sobre las recompensas.

¿Debes recompensar a tu hijo por una habilidad básica para la vida?

Los padres responsables no quieren caer en la trampa de premiar cada pequeña cosa que hace su hijo. Desarrollar una rutina en casa para las actividades cotidianas, como lavarse los dientes y cepillarse el pelo, les permite saber que hay algunas cosas que todos hacemos simplemente porque forman parte de nuestra vida. Cuando nos levantamos de la cama por la mañana no se nos recompensa. Un pequeño incentivo para empezar a aprender una nueva habilidad no es una mala idea. Usar el orinal correctamente y leer las señales del cuerpo es una nueva habilidad. La dificultad estriba en mantener las recompensas y la vara de los logros alcanzados en un nivel realista. Todo con moderación para que las recompensas no se vayan de las manos.

¿Puede que el exceso de premios provoque luchas de poder entre tú y tu hijo?

Sí, tu hijo es inteligente y capta rápidamente las cosas que te alegran y entristecen. La manipulación es una gran arma, y un niño pequeño inteligente pronto captará el lenguaje corporal y las reacciones que tienes hacia el entrenamiento para ir al baño. Aquí es donde se pondrá a prueba tu paciencia. En el momento en que veas las señales de que tu hijo está tratando de ejercer su poder sobre ti, detente y revisa tu entrenamiento para ir al baño. Pronto sabrás si el intento de obtener resultados positivos en el entrenamiento para ir al baño se está convirtiendo en una lucha de poder. Entonces es el momento de dar marcha atrás y dejar la historia del orinal para más adelante.

¿Un sistema de recompensas causa demasiado estrés si tu hijo no puede rendir y, por lo tanto, no puede obtener una recompensa?

Sí, el estrés de intentar actuar a demanda alterará a tu hijo, especialmente si no está preparado para el aprendizaje del orinal. Fíjate en las señales que indican que tu hijo está preparado. Vigila atentamente las deposiciones rutinarias de tu hijo y cuándo tiene ganas de orinar. Estas señales te ayudarán a entender si hay un momento rutinario que puedes aprovechar. Pero ve paso a paso y día a día, porque es posible que tu hijo aún no esté preparado.

¿Cuáles son las mejores recompensas, algo tangible o intangible?

Las recompensas tangibles, como los premios o las golosinas, deben ser supervisadas cuidadosamente. Hay diferentes ideas para estas recompensas. Las recompensas tangibles pueden acercarse a los sobornos. Hay que tener un plan o una tabla de recompensas, para ayudar a que se den y no sean sólo una recompensa esperada.

Las recompensas intangibles como palabras de afirmación, aplausos, chocar los cinco o aplaudir a lo grande son grandes maneras de recompensar sin la expectativa de un regalo o un dulce. También existe el peligro de exagerar el entusiasmo físico de la recompensa y presionar demasiado a tu hijo para que rinda. Se sentirán preocupados de que, sin algo en el orinal, tú te sentirás decepcionado, y la canción y el baile no se producirán.

¿Premiar por cada cosa o modificar las recompensas?

Lo mejor es mantener la sencillez y tener en cuenta la edad de tu hijo. Si están preparados para una tabla de recompensas, ésta es una buena manera de llegar a un nivel de éxito y ofrecer una recompensa por alcanzar un objetivo. De este modo, se evidencia la fijación de objetivos y se incentiva el esfuerzo por alcanzarlos. Juntos pueden calcular al final de la semana cuántas pegatinas se han ganado. Lo que quieres es animar a tu hijo a que se sienta orgulloso de lo que hace y a que no tenga que pedir una recompensa por todo lo que hace en casa.

Ahora ya tienes todo preparado. Dedica tiempo a los juegos de rol en el cuarto de baño para mostrar a tu hijo cómo funciona todo. Si tiene hermanos mayores, estarán encantados de enseñarle a su hermano pequeño cómo funciona el baño. Dedica mucho tiempo a hablar de esta nueva habilidad. Es un gran acontecimiento, lo mires como lo mires. Es un gran paso hacia la independencia y el control de una función corporal para tu hijo. Es un gran paso para ti a medida que tu hijo avanza hacia la independencia.

Intenta no dar por sentado el aprendizaje del uso del orinal. No es como aprender a sentarse o a caminar. Dales tiempo y espacio y algunas recompensas para animarles.

El Dr. Seuss tiene una forma estupenda de situar las filosofías de los adultos en un contexto infantil. La próxima vez que te sientas frustrado por el aprendizaje del uso del orinal, presta atención a estas palabras.

> "Me alegro de que hayamos pasado momentos juntos sólo para reír y cantar una canción,
> Parece que acabamos de empezar y luego, antes de que te des cuenta,
> Los tiempos que tuvimos juntos se fueron".

El entrenamiento para ir al baño, y la preparación para el evento, es sólo un corto tiempo en la vida de tu hijo. Es una parte importante del tiempo que compartirá con su hijo.

12

EL PLAN DE 7 PASOS PARA ENSEÑARLE A TU HIJO A IR AL BAÑO EN POCOS DÍAS

Bien hecho. Estás listo para el plan de 7 pasos.

Has completado la sección del TIEMPO.

Echemos un vistazo a la parte del Orinal y entremos en la parte práctica.

El espectáculo debe continuar. ¿No es así? Estás preparado, equipado y listo para empezar.

En los días de la arena del circo el maestro de ceremonias siempre decía...

"¡El espectáculo debe continuar!"

Independientemente de que faltara un elefante o de que un trapecista no tuviera trapecio, el espectáculo continuaría y continuó.

Ahora ha llegado el momento de que tu espectáculo de orinales continúe. Has ensayado, conoces tus líneas y el escenario está preparado. La estrella está esperando entre bastidores. El vestuario y el atrezzo están listos. El programa está listo para seguir. Es el momento de comprobar que el plan de siete pasos se ha cumplido y que el espectáculo está listo para rodar, es el momento de abrir el orinal.

¡Que empiece el espectáculo!

Sigue los siete pasos para estar preparado para correr el telón y dejar que la estrella entre en escena.

Paso 1. Ensayos.

¿Has hecho algunos ensayos para preparar el evento? Dedicar tiempo a practicar el uso del orinal es una parte muy estratégica de los siete pasos. Podrías haber hecho algunos juegos de rol con juguetes o contigo mismo mientras pasas tiempo en el baño preparando todo en la zona del orinal. Leer libros sobre el orinal es otra forma de ensayar el acto.

Paso # 2. Conoce tus líneas.

Este es el paso en el que has enseñado a tu hijo las palabras que piensas utilizar para ir al baño y para lo que se hace allí. Si tu hijo va a un centro de preescolar, intenta elegir las palabras que utiliza su centro de enseñanza. Asegúrate de que tu hijo puede seguir instrucciones sencillas como lavarse las manos o tirar de la cadena. ¿Sabe tu hijo cómo pedirte que vayas al baño o cómo ayudar en el proceso de limpieza? Todo esto forma parte de las líneas que puedes enseñar. Comprueba que conoce las palabras para el aseo, cómo llamar tu atención y evitar un accidente.

Paso 3. Prepara el escenario.

En este paso tienes que comprobar que has preparado la zona del baño con todo el material de aseo que necesitarás. Has elegido sabiamente entre la gama de orinales, sillas de orinal o asientos de inodoro. Incluye los extras que creas que tu hijo disfrutará para que este evento sea manejable. Tu hijo tiene que saber cómo hacer la entrada al escenario y cómo salir.

Paso # 4 La estrella está lista.

Has comprobado que la estrella está preparada para esta experiencia. La estrella conoce las líneas, la forma de usar el escenario y lo que significa empezar a usar el orinal. La estrella está bien ensayada y lista para actuar.

Paso # 5 El programa.

El programa del espectáculo está planificado y todos conocen su parte. Hay una hora de apertura y otra de cierre. Tiempo para los descansos y tiempo para que cada acto tenga lugar. El escenario está preparado. Cuando se abra el telón y comience el espectáculo, todos estarán preparados para este gran momento.

Paso # 6 Vestuario y Accesorios

La ropa adecuada está lista. Ya te has decidido por los calzoncillos o braguitas de entrenamiento. Los chupetes están disponibles si los necesitas para una emergencia, o para tus primeras sesiones nocturnas. Has añadido algunos libros y un aparato para el grifo, si crees que uno marcará la diferencia. Has planeado algunas distracciones y juegos para jugar si necesitas que tu hijo se concentre y pase más tiempo en el baño.

Paso # 7 Aplausos, aplausos y Oscars para ser premiados.

Hurra, tu estrella del orinal ha actuado con éxito y todos reciben una ovación de pie por su actuación. Este es el momento de sacar las recompensas y felicitar a tu hijo por el papel que ha hecho. Esperas que haya repeticiones y que se reitere la actuación.

Estos son los siete pasos para el éxito. Repásalos y márcalos en tu cabeza y decide si tu hijo es bueno y está preparado para el espectáculo. Si tienes dudas, quizá necesites más tiempo de ensayo antes de lanzarte al espectáculo.

Cuando estés listo para el espectáculo, puede que sólo necesites un fin de semana para terminar el entrenamiento que has estado haciendo.

El método de fin de semana de tres días está disponible para que lo pruebes cuando estés seguro de que has cubierto el plan de siete pasos para estar preparado. El plan de tres días requiere todo su tiempo y atención durante los tres días. Se recomienda, especialmente si eres un padre que trabaja o la vida durante la semana es demasiado agitada con otros hermanos, que te tomes un día libre del trabajo o de la familia y estés preparado para pasar tres días de tiempo de entrenamiento intenso con tu hijo pequeño. Este plan va a consistir en comprometerse a usar el orinal durante todo el día. Los padres o el entrenador designado para los tres días deben estar 100% concentrados en la tarea.

Parte de la preparación consistirá en explicarle a tu hijo lo que le espera durante los tres días de extravagancia con el orinal. Retira el último pañal en la mañana en que comienzas el entrenamiento para ir al baño en el enfoque de tres días de entrenamiento para ir al baño. Dile a tu hijo que se acabaron los pañales.

Prepárate para los accidentes. El método de los tres días de entrenamiento para ir al baño recomienda que, para tener éxito, tu hijo vaya sin pantalones. Utiliza unas camisetas viejas extra largas para cubrir la zona privada del niño, pero sin pañal ni zapatillas debajo. Quieres que tu hijo sienta lo que ocurre cuando orina o defeca. Algunos padres optan por utilizar calzoncillos o ropa interior, pero recuerda que el objetivo de este ejercicio es que tu hijo aprenda a conocer sus funciones corporales. Estarás a su lado para explicarle lo que ocurre o para ayudarle a ir al orinal.

Debe haber un horario riguroso y mucho aporte de líquido porque quieres que su vejiga funcione. A lo largo del día, llevarás a tu hijo al baño para que use el orinal. Cada 30 minutos es un buen intervalo para ello, pero estate atento a las señales de tu hijo e intenta no crear resistencia antes de haber empezado. A veces tendrás suerte y otras no. Los intervalos de 30 minutos son sólo para la sesión de entrenamiento de 3 días, después los niños deben ir en momentos estratégicos como al despertarse, antes y después del desayuno, antes y después de la hora de la merienda, de la comida, antes y después de la siesta y lo último antes de acostarse. Esta rutina ayudará a que las funciones corporales de tu hijo se adapten también a un ritmo.

Al final de los tres días, tú serás el juez en función del rendimiento de tu hijo. ¿Cómo le fue al final? Pregúntate si tu hijo ha sido consciente a la hora de decirte o mostrarte sus esfuerzos. ¿Sentiste que era realmente consciente de lo que significa usar el orinal y el baño? Si es así, estás en el buen camino y deberías ver una diferencia en la capacidad de tu hijo para ir al baño o pedirte ayuda. Si no has notado ninguna diferencia, entonces tu hijo no estaba preparado para este paso. Lo mejor para todos sería volver a los pañales y quizás usar pantalones de entrenamiento cuando tu hijo esté en el jardín. No pasa nada si vuelves al principio y vuelves a empezar los pasos en otra ocasión.

Deja toda la preparación en su sitio. Puede que un día tu hijo diga de repente que quiere usar el orinal. Vuelve a intentarlo cuando esté preparado, pero no fuerces la cuestión del uso del orinal. La táctica de entrenamiento que elijas es realmente la que mejor se adapte a tu vida familiar y al temperamento de tu hijo. Infórmate sobre los distintos métodos y luego prueba el que creas que puede funcionar.

Aquí tienes otros tres métodos que puedes probar

El método orientado al niño (CO) o el enfoque Brazelton

Este método depende enteramente de que el niño esté interesado mientras los padres lo llevan a través de cuatro pasos diferentes.

- Primer paso: Conocer el orinal y sentarse en él completamente vestido. El mensaje es: sí, el orinal es divertido.
- Segundo paso: Sentarse en el orinal sin pantalones ni pañal, con algunos elogios, pero no demasiado. Sigue siendo divertido.
- Tercer paso: Sentarse en el orinal después de ensuciar un

pañal. El contenido del pañal se pone en el orinal. Se le dice al niño que aquí es donde va la caca y el pis. Se meten en el orinal y luego en el váter.

- Cuarto paso: El niño se queda sin pañal durante un rato y se le anima a sentarse en el orinal. Puede usar el orinal y eso se celebra como un éxito. Si no utiliza el orinal, el sistema queda en suspenso y el proceso de CO puede volver a iniciarse más adelante. Es un proceso lento, pero al final el niño llega al punto en que el uso del orinal es algo natural.

- BRICOLAJE: Todo el proceso se deja en manos del niño para que lo resuelva física y mentalmente. Se le proporciona todo el equipo adecuado y el niño lo descubre pasando un rato al aire libre sin ropa interior y sabiendo que el orinal está ahí para que lo use cuando sea el momento adecuado. Este método se basa en la presión de los compañeros y en la imitación de los miembros de la familia. No hay ninguna presión, pero puede llevar mucho tiempo.

- Orinal dirigido por los padres: Los padres elaboran un calendario de visitas al orinal y llevan a su hijo al orinal en esos momentos concretos. Los horarios coinciden con las comidas, las siestas, la hora de acostarse y los momentos intermedios. El horario tiene en cuenta las observaciones de los momentos en los que el niño ha hecho pipí o caca y trata de incluir esos momentos entre ellos. Este método depende de que los padres o el cuidador estén allí todo el tiempo para ayudar al niño que está aprendiendo.

A esto se añade el método de los tres días. El método de los tres días es más exigente para los padres y tiene el componente añadido de la suciedad. Puede que no se adapte a todo el mundo. Sin embargo, de todos los métodos existentes, el de los tres días es el que tiene la mayor tasa de éxito en proporción al menor tiempo. Depende en gran medida de que tu hijo esté preparado para este método y para el aprendizaje del orinal en general.

Tomar un descanso.

La idea de tomarse un descanso es algo que hay que tener en cuenta. Ayuda a interponer algo de tiempo y espacio entre la presión de conseguir un buen entrenamiento y tener una buena relación con tu hijo. Tomarse un descanso no es una señal de fracaso. Es simplemente un respiro para ti y para tu hijo y un tiempo para reagruparse. Lo harás bien, sólo te estás tomando un respiro, una pausa o un tiempo de descanso. Un intervalo.

¿Cuáles son algunas de las razones por las que te tomarías un descanso?

¿Has oído la expresión

"Puedes llevar un caballo al agua, pero no puedes hacer que beba".

Si el entrenamiento para ir al baño te hace sentir así, es hora de tomarse un descanso. Cuanto más intentes forzar el tema, más obstinado y difícil se pondrá tu hijo.

Estas son otras razones comunes para tomarse un descanso:

- Rechazo a sentarse en el orinal. No lo fuerces, tu hijo no está preparado.
- No es capaz de ponerse y quitarse los pantalones. Esto puede causar frustración y una mala actitud para ir al orinal.
- Tu hijo no está preparado para seguir instrucciones sencillas. No está preparado para ir al baño, todavía depende demasiado de ti.
- Todavía está tratando de encontrar un patrón para las deposiciones de tu hijo.
- Tu hijo no es capaz de permanecer sentado el tiempo suficiente para permanecer en el orinal.
- Sensación de miedo por parte de tu hijo pequeño a sentarse en el orinal o en el asiento del váter.
- Algo que ocurre en casa y que supone una alteración de la rutina o un trastorno de la vida familiar. Como una mudanza o la espera de otro bebé.

Sean cuales sean las razones que se te presenten, tómate un descanso y regrésate. Vuelve al entrenamiento para ir al baño y te alegrarás de haberte tomado un tiempo.

Cuando vuelvas a intentarlo, puede que tu hijo haya madurado y esté listo para volver a intentarlo. En esta ocasión, es posible que consigas llevar a cabo el proceso en un tiempo récord y que la transición del pañal a los pantalones de niño/niña grande sea muy fácil. El aprendizaje para ir al baño nunca se producirá en menos de una semana si tu hijo no está preparado. Puede que hayas hecho todo lo posible para conseguirlo, pero nunca será posible si tu hijo no está preparado.

La preparación se define como una etapa en la que el niño es capaz de aprender fácilmente sin limitaciones emocionales. La preparación emocional puede no ser algo que los padres vean fácilmente, pero está ahí, y los arrebatos emocionales son muy típicos de los niños de dos y tres años. Para que un niño alcance la preparación emocional, otras experiencias contribuirán a este estado de preparación. Las experiencias con el orinal, los cuentos y los juegos, los juegos de rol y los juguetes para el orinal y las recompensas y el estímulo. Después de una pausa, verás que el niño está preparado y puedes volver a empezar.

El objetivo final es dejar el pañal. Será la mayor sensación de libertad.

Esto es lo que significa dejar el pañal para ti, para tu familia y para el planeta. Dejar los pañales significa:

- Se acabaron las alergias y los sarpullidos para tu hijo pequeño.
- Ahorrarás dinero al dejar de comprar productos tan caros.
- El entrenamiento para ir al baño y el uso del mismo se hace más fácil.
- Salir de excursión es más rápido y puedes organizarte con menos equipaje.
- Las escuelas infantiles prefieren que los niños vayan al baño sin pañales.
- Abandonar los pañales significa libertad para tu hijo. Libertad para correr, trepar, explorar y moverse sin un incómodo pañal entre las piernas.
- Dejar el pañal es el primer gran paso en el camino de tu hijo hacia la independencia.

- Es la primera señal de que están adquiriendo el control de sus propias funciones corporales.
- Deshacerse de los pañales tiene un impacto positivo en nuestro planeta, ya que el número de desechables que se vierten en los vertederos cada día es astronómico. Se calcula que 3.500 millones de pañales sucios se tiran a los vertederos cada año.
- Abandonar los pañales antes supondrá una pequeña contribución para cambiar estas horribles estadísticas.

Cuando estés seguro de haber seguido los pasos y de haber elegido tu método o estilo de entrenamiento. Cuando hayas encontrado la calma y el espíritu de paciencia dentro de ti para dominar el proceso de entrenamiento de tu hijo, estarás listo para experimentar el éxito y para marcar la casilla que dice que lo hiciste, que lograste entrenar a tu hijo pequeño y verlo seco durante el día.

Disfruta del sol de este logro antes de abordar la rutina nocturna.

QUÉ HACER POR LA NOCHE CUANDO LLEGA LA HORA DE IR AL BAÑO.

DURANTE LA NOCHE, Y SIN EQUIPAJE INNECESARIO:

La noche debería ser, y puede ser, el momento de la rutina de tu hijo que más esperas. El final del día en el que se relajan juntos y realizan la rutina de la hora de acostarse, terminando con un niño dormido y angelical envuelto en la cama. Esta es la situación ideal, y puede que te estés acercando a ella, pero ahora hay otro objetivo del orinal por delante y es el entrenamiento nocturno.

Estas son las buenas noticias. El entrenamiento nocturno para ir al baño no es lo mismo que el entrenamiento diurno. La capacidad de permanecer seco por la noche depende en gran medida del desarrollo fisiológico de tu hijo y de la preparación de las vías neuronales del cerebro y la vejiga, que conectan las neuronas adecuadas para enviar señales de una parte del cerebro a otra. Hay señales a las que hay que prestar atención y cosas que hay que hacer para preparar el entrenamiento nocturno, pero toda la experiencia será diferente en comparación con el entrenamiento diurno. En otras palabras, es como el día y la noche: diferente en muchos sentidos. Si tienes en cuenta los hitos del desarrollo, te resultará más fácil sentir menos estrés a medida que te acercas al aprendizaje nocturno del orinal.

La preparación para la noche llega mucho más tarde en los logros de desarrollo de tu hijo. Recuerda que cada niño es diferente y que su preparación para el adiestramiento nocturno será diferente a la de otros niños.

Estos son los signos de desarrollo de la edad media a los que debes prestar atención cuando observes la preparación de tu hijo para el entrenamiento nocturno.

- **1 año** - notarás que hay menos caca por la noche.
- **2 años** - en esta primera etapa su hijo puede estar seco durante el día.
- **3 años** – 9 de cada 10 niños están secos durante el día.
- **4 años** - La mayoría de los niños están secos durante el día.
- **5 años** - Entre el 85% y el 90% de los niños son capaces de permanecer secos por la noche.

Las excepciones pueden tener razones médicas para su retraso.

No se recomienda el entrenamiento nocturno hasta que se haya completado el entrenamiento diurno.

Aquí están las otras señales que hay que buscar para decidir el momento del entrenamiento nocturno. Tómate un tiempo para reflexionar sobre tu visión de este entrenamiento nocturno. El entrenamiento nocturno no tiene por qué ser una carga. Puede que te resulte más fácil que el entrenamiento diurno.

Carl Jung, un conocido psicoanalista, dijo lo siguiente sobre la visión

> "Tu visión se aclarará cuando mires dentro de tu propio corazón.
> El que mira fuera sueña, el que mira dentro despierta".

No tienes que tener esa profunda sensación de temor de que vas a tener que pasar noches sin dormir mientras intentas entrenar a tu hijo a todas horas de la noche. Hay señales que hay que buscar y preparar, luego dejas que la naturaleza siga su curso y sin demasiado estrés el monstruo del orinal nocturno habrá sido tratado.

Señales y consejos para recordar:

Seco durante el día.

Esto es lo más importante. Si no has conseguido controlar la rutina diurna, teniendo en cuenta algún que otro accidente, entonces tu hijo no está preparado para el aprendizaje nocturno del orinal. Comprueba los antecedentes familiares.

¿Hubo algún mojador de camas en la familia?

Esta es una información valiosa. La enuresis o la incontinencia nocturna en la infancia puede seguir en la historia familiar. Desde el punto de vista médico, esto se conoce como enuresis nocturna. Se trata de la emisión involuntaria de orina durante la noche.

¿Tu hijo puede usar un pañal si quiere usar el orinal por la noche?

Es posible que quieras quitar el orinal nocturno y explicarle a tu hijo que hay un orinal que puede utilizar en su habitación si quiere ir durante la noche. Será de gran ayuda que tu hijo consiga bajarse los pañales nocturnos a los que ha hecho la transición.

¿Tu hijo pequeño ya está en una cama sin bordes de cuna?

Tu hijo necesita poder salir de la cama para ir al orinal. La mayoría de los niños pequeños ya se han levantado de la cuna en esta etapa.

¿Encuentras pañales secos por la mañana?

En cuanto tu hijo se despierte y se levante de la cama, intenta llegar y comprobar si el pañal o los chupetes han estado secos durante la noche. A continuación, vete corriendo al orinal para que su vejiga funcione bien temprano.

¿Tu hijo puede ir corriendo al baño al despertarse?

Enseñar a tu hijo a ir solo al orinal a primera hora cuando se despierta es un hábito muy bueno. Así podrás comprobar si el pañal está seco desde la noche anterior.

¿Puede tu hijo prescindir de demasiado líquido por la noche?

Una menor cantidad de líquidos después de la cena influye en la cantidad de agua que la vejiga puede retener durante la noche.

¿Estás preparado para la rutina nocturna?

Puede que tengas la rutina para ir a dormir resuelta, pero debes estar preparado para cualquier cosa que pueda ir mal durante la noche. No hay nada peor que andar por la noche con un bebé llorando y mojado. Mejor prepárate para la noche. Es el tiempo que transcurre entre que te acuestas después de tu ritual para dormir y te despiertas temprano por la mañana.

Preparación para el aprendizaje nocturno del orinal.

Primera parte: la rutina para dormir.

Lo primero que hay que comprobar es si has organizado tu rutina para ir a dormir y si tu hijo está acostumbrado a ella. Debería incluir los siguientes componentes. Ajústala según las necesidades de tu familia.

La rutina para ir a la cama comienza en realidad un rato antes de la hora de acostarse con el fin de las actividades de la tarde. Un momento de orden y luego un buen baño caliente. Sumergirse en el agua caliente y jugar con algunos juguetes de baño es una forma perfecta de relajar a tu hijo. Dependiendo de la edad de tu hijo, organiza una cena familiar o dale de comer antes. Las cenas familiares son un buen momento para crear vínculos, así que aprovéchalo. Empieza a avisar a tu hijo de que se acerca la hora de acostarse. Mantén la calma de todos, ya que cualquier alboroto hará saltar el interruptor de la calma de tu hijo y conseguirás que el pequeño se ponga nervioso y no esté preparado para irse a la cama.

Limita las bebidas a esta hora. Si tu hijo sigue tomando un biberón reconfortante a la hora de acostarse, es que no está preparado para ir al baño. La vejiga inmadura no es capaz de retener demasiada agua en esta etapa. Es posible que tu hijo tenga un sueño profundo y no sienta las señales de advertencia de la vejiga para decir que está llena. Lleva a tu hijo a hacer sus necesidades rápidamente unos treinta minutos antes de acostarse, y luego vuelve a hacerlo justo antes de acostarse. Esto es como una dosis doble de probar el orinal.

El último elemento de la rutina para irse a la cama, pero no por ello menos importante, es el cuento para dormir. Uno, dos o más cuentos, ¡tú decides! Tiene que haber una hora de finalización, o un límite en el número de cuentos, o te vas a exponer a cierta manipulación.

La hora del cuento ayuda a calmar a tu hijo al final del día. Es un buen momento para el desarrollo del lenguaje y el aprendizaje incidental del mundo. Aprovecha el tiempo al máximo. Cuando termine la hora del cuento, guarda los libros y visita el orinal por última vez antes de apagar las luces principales. Una luz nocturna será reconfortante si tu hijo necesita levantarse para usar el orinal.

Entonces, ya es de noche,

No dejes que los bichos te piquen,

Nos vemos a la luz de la mañana.

El tiempo que tarde tu hijo en dormirse dependerá de su nivel de actividad durante el día y de su propia personalidad, que le ayudará a relajarse y a conciliar el sueño. Durante la noche pueden tener un sueño pesado o ligero, pero querrás estar preparado para la carrera nocturna. La preparación para la noche es la segunda parte de la preparación para el entrenamiento nocturno.

Segunda parte: preparación para la noche

Hay algunas cosas que comprar para facilitar su entrenamiento nocturno.

- Un colchón impermeable o una funda impermeable para proteger el colchón de tu hijo.
- Pijama o ropa de noche fácil de poner y quitar.
- Ropa de cama de repuesto y una manta de repuesto.
- Acceso fácil al orinal o a la silla de orinal por la noche.
- Una luz nocturna.
- Los pull ups en lugar de los pañales porque son más fáciles de subir o bajar por la noche.

Esta es una sugerencia útil para la emergencia nocturna. Intenta dejar de tantear y frustrarte en medio de la noche. Inicialmente, prepara un doble juego de sábanas. Coloca un juego de sábanas y un protector de plástico encima de otro en la cama de tu hijo. Si tiene un accidente nocturno, simplemente retira el juego de sábanas superior mojado y voilá hay un juego inferior listo y esperando.

Prepárate para tener paciencia.

Una vez más, será necesario tener paciencia para conquistar el aprendizaje nocturno del orinal. Recuerda que estás esperando que tu hijo pequeño adquiera un nuevo hábito. El nuevo comportamiento de salir de la cama cuando la naturaleza le llama para ir al baño o al orinal. Toda esta actividad mental y de convencimiento del cerebro sólo puede tener lugar cuando el cerebro ha alcanzado ese estado de desarrollo fisiológico. Es común la creencia de que se necesitan 21 días para formar un nuevo hábito, pero podrían ser 66 días. Los neurocientíficos afirman que es más rápido empezar un nuevo hábito que dejar uno antiguo. Esto es alentador para los padres de niños pequeños, porque están abriendo nuevos caminos todo el tiempo. La cuestión es que aprender a ir al orinal por la noche es intentar formar un nuevo hábito, y requiere tiempo y paciencia.

Ser capaz de usar el orinal o el inodoro por la noche es una habilidad vital y, dado que depende de la preparación y la voluntad, cada niño tardará un tiempo diferente en adquirir el hábito. Se trata de un paso en el desarrollo que no está relacionado con la edad, sino que se vincula directamente con los logros del desarrollo. Además, el proceso puede verse ralentizado si el niño duerme mucho y no se despierta fácilmente para ir al orinal. A algunos padres les gusta despertar a su hijo pequeño y sentarlo en el orinal mientras duerme para ver si puede hacerlo antes de que los padres se vayan a la cama. Esto es una opción personal y quizás debas probarlo y ver si tu niño de sueño muy pesado se vuelve a dormir y permanece seco durante la noche. O corres el riesgo de despertar a tu hijo pequeño que ahora piensa que es hora de levantarse e ir mientras tú estás listo para ir a la cama.

Un viejo proverbio irlandés dice:

'Una buena risa y un largo sueño son las mejores curas en el libro del médico'.

Esperamos que recuerdes el entrenamiento para ir al baño con unas cuantas risas y que, en general, también duermas bien por la noche.

Descubrir que tu hijo ha retrocedido nunca es una cuestión de risa. Pero ocurre. La regresión puede deberse a varias razones.

El estrés suele ser uno de los principales motivos de los retrocesos en el aprendizaje para ir al baño. Si ves que tu hijo, que se mantenía bastante seco durante el día, está teniendo algunos momentos de regresión, no te preocupes. Esto es bastante normal y suele ser temporal. Puede ser algo tan sencillo como estar absorto en una actividad lúdica y dejar de ir al baño demasiado tarde. Si experimenta un retroceso, analiza las circunstancias de su familia en ese momento. Tal vez haya una causa de fondo para un retroceso o una regresión a menudo causada por el estrés.

Estos son algunos de los factores de estrés más comunes.

- Mudanzas.
- Esperar otro hermano.
- Cambiar de escuela.
- Un accidente en casa o en la escuela.
- Un trauma o pérdida familiar.
- Enfermedad.

De hecho, cualquier acontecimiento fuera de lo normal puede desencadenar un factor de estrés. Los padres deben ser comprensivos y reconocer que unos días de regresión no van a impedir que su hijo avance de nuevo cuando llegue el momento. Es más fácil aceptar que se trata de un retroceso momentáneo. Cuando se acabe el estrés, las cosas volverán a su cauce.

Hay otros factores más graves que pueden provocar una regresión y que pueden requerir atención médica o algún apoyo adicional en ese momento por parte de la familia o los cuidadores.

Lleva a tu hijo a una revisión médica si sospechas que hay un problema subyacente como el estreñimiento o una infección urinaria. La negativa a usar el orinal podría estar relacionada con el hecho de sentirse demasiado cansado o fuera de la rutina normal.

Los padres podrían estar en la raíz del problema si se presiona demasiado al niño para que haga sus necesidades cuando no está realmente preparado. A la presión emocional para usar el orinal podría añadirse la incapacidad de tu hijo para decirte lo que necesita en ese momento. Estos actos de regresión percibidos probablemente se remontan a la cuestión de la preparación.

El mejor consejo es no ver esto como una regresión. Es sólo un receso temporal.

¿Qué debes hacer en este momento?

- Apoyar.
- No castigues a tu hijo, sino intenta encontrar la causa principal.

- Habla del problema en la escuela o con un médico.
- Vuelve a lo básico.
- Añade algunos incentivos y una tabla de recompensas para recuperar el rumbo.
- Saca los libros de orinales favoritos o compra uno nuevo y divertido para reírse juntos.
- Pasa más tiempo con tu hijo, especialmente si hay un nuevo hermano en la familia. Trata de tranquilizar a tu hijo y de resolver la ansiedad que pueda sentir hacia esta nueva persona en la familia.
- Aumentar la confianza y la autoestima. Hagan algo divertido juntos y expliquen que esto es para niños y niñas grandes, que ya no son bebés en pañales.

El factor más importante es no desesperarse, esto es bastante común durante el entrenamiento para ir al baño. Puede que sientas que se trata de una regresión, pero recuperarás el terreno que crees haber perdido y el pequeño retraso no importará cuando veas el panorama general.

La visión más amplia hacia adelante de un niño pequeño libre de pañales y listo para correr hacia adelante conquistando otros objetivos en sus primeros años.

14

OBTENER AYUDA DE LAS GUARDERÍAS Y LOS CUIDADORES.

CUIDADORES:

s el momento de trabajar en equipo.

"El compromiso individual con el esfuerzo de un grupo es lo que hace que un equipo funcione".

— VINCE LOMBARD

Aunque Vince Lombard era un aclamado entrenador de fútbol americano, sus palabras son pertinentes para elegir una organización de guardería o un cuidador de éxito. Ustedes quieren trabajar juntos por el objetivo común de la salud y el bienestar de su hijo.

Antes de elegir su equipo, debes investigar un poco y comprender exactamente qué es lo que buscas. Aquí tienes algunos puntos sobre los que reflexionar.

- ¿Cuáles son tus necesidades y, sobre todo, cuáles son las de tu hijo?
- ¿Qué tipos de instalaciones hay en tu zona?
- ¿Quieres que tu hijo se quede en casa o en un entorno familiar?
- ¿Preferirías una institución asistencial registrada con todas las facilidades adicionales que ofrece una organización?
- ¿Necesitas una guardería a tiempo completo o a tiempo parcial?
- ¿En qué fase del desarrollo de tu hijo deseas que le cuiden? ¿Bebé, niño pequeño o preescolar?
- ¿Puedes encontrar el centro adecuado cerca de tu casa o camino al trabajo?
- ¿Buscas un poco de estimulación mental y socialización para tu hijo?

Todas estas son consideraciones que hay que tener en cuenta a la hora de buscar el centro adecuado. Las instalaciones pueden tener nombres diferentes, pero los servicios que ofrecen son similares. Una guardería, un jardín de infancia, una escuela infantil y una creche (cuna en francés), son todos el mismo tipo de instalación. Ofrecen grados de atención a los niños pequeños, desde bebés o niños pequeños hasta preescolares. Buscar una de estas instalaciones significa que te estás preparando para inscribir a tu hijo en un centro fuera de casa.

Tal vez prefieras que tu hijo permanezca cómodamente en su propia casa o en un entorno doméstico. En este caso, estarías buscando un cuidador. Una persona cualificada que vaya a su casa y cuide de tu hijo mientras tú estás trabajando. Es posible que conozcas a alguien que tenga un centro de atención en su propia casa con un número limitado de niños. Es posible que prefieras que sea un familiar, quizás un abuelo, quien se encargue de los cuidados.

Todas estas opciones tienen sus propios criterios a tener en cuenta. Pueden ser de propiedad privada o estar vinculadas a su lugar de trabajo, pero en interés de los niños existen reglamentos y normas que deben cumplirse. La necesidad de instalaciones para los niños mientras las mujeres vuelven al trabajo se ha hecho más frecuente en este siglo. En 2001 se registró que el 64% de las madres con hijos menores de 6 años volvían a trabajar, y el 78% de las madres con hijos de entre 6 y 17 años estaban empleadas en su totalidad en el lugar de trabajo.

¿Qué ofrece una guardería que los padres puedan confiar? Estas son las preguntas que hay que hacerse para saber si este tipo de centro apoyará tu mantra general de:

'Compromiso individual con un esfuerzo de grupo para que un equipo funcione'.

¿Qué ofrecen los centros de cuidado?

- Son instalaciones que ofrecen atención a grupos de niños.
- Pueden estar adscritos o patrocinados por una institución

- educativa, una iglesia, una organización de asistencia social, o ser de propiedad privada.
- Deben seguir las normas establecidas por las comunidades y las organizaciones de bienestar infantil.
- Deben cumplir las normas relativas a la proporción entre el personal y los niños, los niños y el espacio que se les asigna, las instalaciones de aseo, y seguir cualquier otra norma de salud y seguridad.
- El centro debe contar con personal calificado, con experiencia en el grupo de edad de tu hijo y en las áreas de desarrollo del aprendizaje.
- Una guardería siempre podrá dar servicios porque no depende de una sola persona, hay un equipo de personas, el personal.
- Habrá interacción con otros niños en el centro de cuidado, y oportunidades para desarrollar habilidades sociales.
- El desarrollo cognitivo y creativo está incluido en el programa.
- Una guardería registrada debería tener más equipamiento exterior e interior para los niños. Debe haber un espacio interior y exterior adecuado para interactuar.

Puede haber algunas desventajas de una guardería para considerar en tu decisión.

- Una guardería puede ser costosa. Evalúa las ventajas de formar parte de un centro organizado en cuanto a costos en comparación con las demás opciones.

- La rotación del personal puede ser mayor e inquietante para los niños que forman un vínculo con un cuidador concreto del centro.
- Los grupos más grandes de niños significarán menos atención individual. La atención individual podría ser algo que los padres quisieran para niños muy pequeños.
- En una guardería hay una mayor exposición a infecciones y enfermedades contagiosas. Los niños pequeños tienen que desarrollar su inmunidad a estas infecciones.

Cuidador familiar.

Un cuidador familiar no tiene por qué ser un miembro de tu familia. Esta forma de cuidado es una persona formada, que ofrece un servicio de cuidado en su casa, con un pequeño grupo de niños. Este tipo de centro tiene una normativa que cumplir y debe estar registrado ante las autoridades locales. Existen reglas para la protección y seguridad de los niños. El centro debe ser inspeccionado para comprobar el cumplimiento de las normas, y el cuidador debe tener un certificado de antecedentes penales.

Esta facilidad tiene sus ventajas.

- Sería especialmente adecuado para los niños muy pequeños que no pueden enfrentarse a un centro de atención grande.
- La proporción de niños por cuidador es mucho menor y los niños recibirán más atención individual.
- A los grupos más pequeños les puede resultar más fácil socializar inicialmente.

- El cuidador a domicilio conocerá bien a tu hijo y podrá establecer un vínculo estrecho.

Hay algunas desventajas que hay que tener en cuenta si estás pensando en utilizar un centro a domicilio.

- Un cuidador familiar en su propia casa puede no tener tanto equipamiento como una guardería registrada.
- Es posible que el cuidador familiar no esté registrado y que haya que comprobarlo.
- Existe el riesgo de que, si una sola persona se encarga de las instalaciones, no haya respaldo en caso de que esa persona se enferme.
- El centro depende de una persona para las actividades y la estimulación que se ofrece con un cuidador a domicilio.

Por último, existe la ayuda personal con un cuidador que vaya a tu domicilio.

Es posible que quieras que tu hijo se quede en casa con un cuidador o una niñera titulada durante las primeras etapas de su desarrollo si tienes que volver a trabajar. Es posible que necesites la ayuda de un cuidador si trabajas desde casa. Tu tipo de trabajo necesita que tengas un tiempo y una estructura que te permita seguir con tu horario de trabajo. Una niñera te convendría con un niño muy pequeño.

¿Cómo funciona este tipo de servicio de cuidado y cuáles son las ventajas?

- Lo mejor es acudir a una agencia, ya que ésta habrá realizado todas las comprobaciones de seguridad y de antecedentes penales necesarias.
- Puedes entrevistar a la niñera entrante para ver si es una buena opción para tu familia.
- Tendrás el control de lo que ocurre con el cuidado de tu hijo.
- Su hijo se sentirá seguro en la comodidad de su propia casa.
- El cuidado estará disponible incluso si tu hijo no se siente bien.
- Puedes tener un cuidador en casa y tener la ventaja de contar con ayuda adicional siempre que la necesites.

Hay que tener en cuenta algunas desventajas.

- Se trata de una opción cara por el costo de un cuidador individual.
- Cuando tu hijo esté preparado para desarrollar sus habilidades sociales, no habrá otros niños en la mezcla, a menos que organices citas para jugar e interactuar con otros niños.
- El equipamiento que ofrece depende de las instalaciones que tengas en casa.

<u>Puedes considerar el cuidado de un familiar, pariente o amigo cercano.</u>

Esta suele ser una opción muy conveniente y puede no costar demasiado. Realmente depende de tu relación con la familia y los amigos. ¿Ofrecerá esto el trabajo en equipo que buscas? Considera la comodidad frente a las facilidades añadidas de un lugar organizado para el cuidado de los niños.

El Cuidado de familiares y amigos tiene sus ventajas:

- Un cuidado más cariñoso y personal al tratarse de un miembro de la familia.
- Compartirán valores y creencias comunes porque la persona forma parte de tu familia extendida.
- Puede haber más flexibilidad si se recurres a un pariente o familiar.
- El costo es escaso o nulo.

Las desventajas serán las que tengas en cuenta al valorar tu relación personal con el cuidador familiar y lo que es capaz de ofrecer.

¿Cómo encaja el mantra del trabajo en equipo en todas estas opciones?

Pregúntate si el centro o servicio que eliges ofrece ese compromiso individual especial con tu hijo. ¿El tipo de atención que organice dará ese compromiso especial con tu hijo y formará parte del equipo que tiene el objetivo unificado de dar la mejor atención a los niños pequeños?

Si estás contemplando centros de atención para tu hijo, aquí van algunas pautas que debes tener en cuenta o preguntas que debes hacerte antes de iniciar tu búsqueda.

- Conveniencia y disponibilidad.
- Horario de apertura.

- Horario adicional de atención al público en caso de que lo necesites.
- Tiempo parcial o flexibilidad horaria.
- Costo, ¿es asequible para tu presupuesto?
- Calidad del personal, sus calificaciones.
- Ratio personal-niño.
- Currículum.
- Equipos de interior y exterior.
- Entrenamiento para ir al baño.
- Normas de seguridad.
- Política para niños enfermos.
- Estilo de crianza del centro.
- Horario.
- Horario para las horas de sueño y de alimentación.
- Suministro de alimentos.
- Política de disciplina.
- Comunicación con los padres.
- Política a puertas abiertas.
- ¿Se invita a los padres a visitarlos?

¿Cómo se chequean las instalaciones?

La mejor manera es concertar una cita para visitar las instalaciones. Reserva una hora para reunirte con el supervisor o el director del centro de atención y solicita una visita a todas las aulas, no sólo a la que formará parte tu hijo. Así podrás ver cómo progresa tu hijo en el centro, y si existe un programa de creatividad y crecimiento cognitivo. Fíjate en las instalaciones exteriores. ¿Ofrecen el tipo de actividades físicas y de escalada que buscas para tu hijo? Pregunta por las actividades creativas y cómo se atiende a la creatividad y el desarrollo sensorial de los niños. Pregunta por la rutina y por cualquier otra cuestión que consideres oportuno conocer en el día a día.

El boca a boca es otra buena forma de comprobar si es bueno o no un centro. Escucha lo que otros padres tienen que decir sobre la instalación en tu área. No obstante, haz siempre tu propia comprobación física. Puede que tengas suerte y tengas una guardería anexa a la escuela primaria o a tu lugar de trabajo.

Sean cuales sean nuestras opciones, comprueba siempre por ti mismo si es la que mejor se adapta a las necesidades de tu hijo y a los cuidados que buscas.

¿Qué debes buscar en los cuidadores?

- Conocimiento del desarrollo infantil.
- Calificaciones en el ámbito de la educación infantil.
- La forma física.
- La creatividad.
- Capacidades interpersonales.
- Dominio del idioma para poder comunicarse, y enviar informes de los progresos del niño.
- Certificado de primeros auxilios.

Trabajo en equipo en el entrenamiento para ir al baño.

Los tres objetivos más importantes.

- **Uno:** Sigan una rutina común al principio.

- **Dos:** Utilicen las mismas palabras de entrenamiento para el orinal y el baño, para facilitar el proceso de pedir y usar el orinal o el baño.
- **Tres:** Dar recompensas y elogios de estímulo vinculando lo que se logra en la escuela con lo que sucede en casa, para elevar la moral y reconocer el éxito.

Expectativas de la guardería y de los cuidadores del niño.

Las expectativas de la guardería que elijas deben ser mayores porque habrá más personal formado y equipos disponibles. El plan de estudios y la estructura deberían ofrecer más clases y, por tanto, más facilidades para tu hijo a medida que avanza en el programa de la guardería. El programa de la guardería debe abarcar toda la gama de edades que anuncian que atienden. Algunas guarderías pueden ofrecer sólo un rango de edad específico, mientras que otras pueden abarcar desde los bebés hasta la etapa de preparación para la escuela. Todo depende de lo que busques en cuanto a la edad de admisión de tu hijo.

Cada guardería debería tratar de cubrir las siguientes áreas de desarrollo en el nivel de comprensión adecuado. Debe haber un plan de estudios basado en estas áreas, y en los objetivos de desarrollo adecuados a la edad.

- Desarrollo cognitivo.
- Desarrollo físico.
- Habilidades motoras gruesas y finas.
- Habilidades sociales.
- Lenguaje y comunicación.

- La creatividad.
- Desarrollo emocional.
- Habilidades para la vida.

¿Cuándo consultar a un especialista?

La ventaja de tener a tu hijo en una guardería o con un cuidador calificado es que podrás conocer su desarrollo desde una edad temprana. Cuanto antes consigas ayuda para cualquier problema de tu hijo, mejor será para su crecimiento saludable y su felicidad. Mientras tu hijo esté en un centro de atención, será observado. Deberás recibir informes periódicos y el cuidador o la guardería estarán atentos a los logros que debería alcanzar un niño medio.

Estas son las áreas que sus cuidadores y guarderías deberían vigilar.

- Logros de desarrollo físico adecuados a la edad.
- Desarrollo emocional.
- Habilidades sociales.
- Desarrollo del lenguaje.
- Desarrollo cognitivo.
- Habilidades interpersonales con los profesores y otros niños.
- Madurez.
- Habilidades motoras gruesas y finas.
- Capacidad de escucha y concentración.

Todas estas áreas se pueden medir en función de normas estandarizadas. Los niños se desarrollan a ritmos diferentes y tienen puntos fuertes y débiles distintos. Sin embargo, cuando hay una norma con la que comparar y el cuidador o el centro están preocupados, es una buena oportunidad para pedir consejo y acudir a un especialista.

Los retrasos pueden ser simplemente un patrón normal de desarrollo y tu hijo se pondrá al día. El retraso o las dificultades pueden deberse a otros motivos y un pediatra o un psicólogo infantil pueden ayudar a descubrir el problema, y remitir a tu hijo para que reciba alguna intervención más. Hay una gran variedad de intervenciones posibles, desde un problema de procesamiento auditivo hasta algo más grave. Encontrar la causa de cualquier retraso o dificultad que pueda tener tu hijo antes de que llegue a la escuela primaria marcará la diferencia en la autoestima, la confianza y el progreso académico de su hijo.

Si tenemos en cuenta toda la ayuda y los consejos disponibles para criar niños sanos y felices, es fácil ver por qué un enfoque de equipo es un camino positivo.

Henry Ford, el creador de la cadena de montaje original para la fabricación de coches, dijo

"Si todo el mundo avanza, el éxito se encarga de sí mismo".

Intenta ver la contratación de un cuidador o la inscripción de tu hijo en una guardería como una forma de avanzar con tu hijo. Ellos son los profesionales y tú los has elegido cuidadosamente. Este momento de la vida de tu hijo debería contribuir a su experiencia de avance, al igual que tú y todos los que participan en el progreso de tu hijo.

CRIAR AL NIÑO MÁS FELIZ.

TOTALMENTE COMPRENSIVO.

Cómo criar al niño más feliz.

Puede que te sorprenda, o no, leer que las cosas materiales no hacen que los niños sean los más felices. Se experimentan momentos fugaces de felicidad quizás por un dulce o un mimo mayor como un juguete o un juego, pero estas muestras de felicidad no son duraderas, y no hacen que los niños sean duraderos o genuinamente felices.

La verdadera felicidad viene de dentro. Se trata de ser alimentado y amado. Los niños necesitan una sensación de seguridad, un sentimiento de pertenencia a algo más grande que ellos mismos. Necesitan comida y refugio y sentimientos positivos y optimistas a su alrededor.

Aquí una lista de cosas que hay que recordar para animar y motivar a ser un niño feliz y equilibrado.

Proporcionar cuidados:

Piensa en lo que significa nutrir. No se trata sólo de alimentar y vestir. La crianza abarca el concepto de cuidar en todos los sentidos para ayudar a una persona a desarrollarse, crecer y tener éxito. La crianza ayuda a un niño a llegar al punto en que utiliza sus talentos de la mejor manera posible.

Nútrete tú también:

Recuerda que debes cuidarte a ti mismo durante este tiempo. Si te sientes roto y débil no podrás nutrir, criar y cuidar a tus hijos.

Cree en el mantra del trabajo duro y la práctica:

Esta es la forma de alcanzar los objetivos. Hay mucha verdad en esta pequeña afirmación. Guárdala cerca de tu corazón.

Observa el éxito y el fracaso:

Ayuda a tu hijo a darse cuenta que si ha fracasado no es un fracaso. Habla abiertamente sobre el fracaso para tener éxito y cómo tu hijo puede ver el éxito y el fracaso como logros. Aprendemos de nuestros errores.

Los elogios son importantes:

Los elogios son una forma maravillosa de animar y apoyar a los niños por su contribución. Intenta elogiar con comentarios alentadores los diferentes logros, no solo los académicos o los deportivos.

Elogia el esfuerzo realizado, no sólo el éxito:

A veces el esfuerzo y la concentración son el resultado de un esfuerzo. Los padres que pueden elogiar el esfuerzo realizado están ayudando a sus hijos a sentirse apreciados.

Enséñale a tu hijo a ser optimista:

Ser optimista contribuye en gran medida a ser feliz. Mira el vaso medio lleno y no el medio vacío. Animar a los niños a "ver el lado bueno de la vida" les ayuda a ser positivos y a ser más felices.

No hagas demasiado por tus hijos:

Ten un equilibrio entre las cosas de las que tienen que responsabilizarse y las que tú harás por ellos. Elogia a tu hijo por querer ser independiente y responsable.

Fomentar más actividades lúdicas:

Los niños aprenden jugando y darles oportunidades reales de juego desarrollará sus habilidades y les hará sentirse felices. Los juegos al aire libre, lejos de actividades sedentarias como ver la televisión, son buenos para su crecimiento físico y mental.

Compartan la cena juntos:

Es una forma maravillosa de conectar con la familia. Todos pueden compartir su día y simplemente disfrutar juntos de la familia. Hablar de gratitud desarrolla el aprecio de los niños por sus cosas, incluso las más pequeñas. Mamá y papá pueden ser buenos modelos de conducta en este momento.

Practica la gratitud:

Saber agradecer incluso las pequeñas cosas que tienes contribuye enormemente a tu propia felicidad. Compartir estos comentarios de gratitud con la familia hace que todos sean conscientes de la gratitud y de cómo valorar las cosas y las personas que te rodean.

Establece límites y utiliza habilidades de crianza positiva:

Las habilidades de crianza positiva están relacionadas con la disciplina. El tipo de disciplina que forma parte del entrenamiento que le estás dando a tu hijo para mejorar su felicidad, darle oportunidades de desarrollarse y alcanzar sus capacidades físicas, cognitivas, emocionales y sociales.

La disciplina, en un estilo de crianza positiva de los hijos, es la columna vertebral de un hijo exitoso y feliz. La disciplina no consiste en castigar, sino en entrenar. Pensar en la disciplina como entrenamiento, hace que su comprensión de la disciplina sea diferente. La disciplina forma parte de los pasos que tú das para criar a tus hijos como adultos responsables. A veces puedes sentirte frustrado porque tu estilo de disciplina no funciona. Recuerda que cada niño es diferente. Lo que funcionó para un niño puede no funcionar para otros. Lo que funcionaba a una edad puede no funcionar con niños mayores. De vez en cuando puede ser necesario revisar las medidas disciplinarias.

Qué hacer cuando la disciplina no funciona.

Puede que te sientas frustrado, molesto o simplemente derrotado si tu disciplina no funciona. ¿Qué puedes hacer para arreglar la situación sin limitarse a lanzar los brazos al aire y decir: "Me rindo, hazlo a tu manera"?

Mira tres sencillas sugerencias que te ayudarán a superar los momentos difíciles y a superar la sensación de que tu disciplina no es efectiva.

1. **No te rindas demasiado pronto.**

Es importante que intentes ceñirte a lo que has establecido con respecto a tus límites disciplinarios. Si los niños se salen con la suya demasiado pronto, consideran que están ganando la batalla. Enseguida ven un escape en tu formación. El niño inteligente utilizará esa misma táctica para salirse con la suya siempre. Puede ser quejándose, llorando, rodando por el suelo o enfadándose. Intenta distraer a tu hijo y seguir adelante. A veces sólo se trata de una lucha de poder que surge y una distracción funciona. Te ayuda a evitar más enfrentamientos. Puedes volver al problema original más tarde.

2. **Las consecuencias que ha establecido no están funcionando.**

¿De qué tratan realmente las consecuencias? ¿Están más orientadas a un castigo? Revisa tus consecuencias, y si se está formando un patrón de las mismas cosas que ocurren a pesar de las consecuencias, tal vez haya lugar para aprender una lección o para que te muestren cómo poner las cosas en orden.

3. **No tomes como algo personal tu malestar por la disciplina.**

Tu hijo no se está vengando específicamente de ti cada vez que hay un problema. La racha de terquedad podría formar parte de un panorama más amplio y de una curva de aprendizaje por la que está pasando tu hijo. Intenta relacionarte con la situación y tener empatía. Ponte al nivel de tu hijo y solucionen las cosas juntos. Puede ser tan simple como respetar que estaban en medio de un juego, y si te identificas con el hecho de que estaban jugando, o que habían dejado algo para más tarde, entonces juntos pueden elaborar una estrategia de orden.

Un elemento necesario para el aprendizaje de lecciones en las primeras etapas del proceso de crecimiento de tu hijo es el deseo de aprender cosas nuevas. Los niños son curiosos por naturaleza y, si se les orienta en la dirección correcta y se fomenta su curiosidad natural, deberían desarrollar el amor por el aprendizaje.

Por qué es importante enseñar el amor por el aprendizaje.

Enseñar a los niños a amar el aprendizaje despierta el sentido de la curiosidad a una edad temprana. Es uno de los ingredientes que contribuyen a hacer crecer a un niño feliz. Gracias al amor por el aprendizaje, los niños empiezan a interesarse más por los cambios y por descubrir cosas nuevas. El amor por el aprendizaje puede comenzar en una etapa temprana de la vida de tu hijo y aprovechar la curiosidad natural del niño. El amor por el aprendizaje forma parte del deseo de explorar y descubrir cosas nuevas.

Estas son algunas de las condiciones que fomentan el amor por el aprendizaje.

- Hay una razón significativa para querer hacer algo. Por ejemplo, a tu hijo le puede encantar jugar con bloques y construir una torre porque está aprendiendo el tamaño y la forma de los bloques y cómo equilibrarlos.
- Las condiciones de aprendizaje varían a veces y se vuelven más atrevidas o emocionantes. El aprendizaje adquiere una dimensión adicional. Utilizar un ejemplo de los bloques, y añadir un juego de trenes o coches de juguete para pasar por debajo de los puentes de bloques añade una diferencia al aprendizaje con bloques.
- El proceso de aprendizaje es sociable y forma parte de un juego. Tú te unes para ayudar a aprender con los bloques. Tu presencia lo hace sociable y fomenta el amor por el aprendizaje.

De este modo, el simple hecho de jugar con bloques, y observando tres sugerencias para fomentar el amor por el aprendizaje, la actividad se ha vuelto más significativa y divertida.

Los dolores del crecimiento parecen ser una parte real del crecimiento. A los dos años se pueden esperar las rabietas de la adolescencia. Forman parte del crecimiento. La pregunta que los padres se hacen a menudo es cómo sobrevivir a estos años desde las rabietas hasta el resultado que desean ver y alimentar del "niño extremadamente feliz".

¿Es una tarea imposible? Los padres quieren saber si pueden aspirar a dejar atrás las rabietas y darse cuenta de que han criado a un niño extremadamente feliz.

En primer lugar, es importante reconocer que las rabietas forman parte del crecimiento y que los niños pequeños las tienen. Los terribles dos años son una fase real de la vida de tu hijo. La intensidad de las rabietas y su duración son diferentes en cada niño. Son más frecuentes entre 1 y 3 años de edad.

La intensidad de la rabieta de tu hijo puede ser cualquier cosa, desde llorar, gritar, dar patadas, tirar los brazos o caerse al suelo. Las rabietas más intensas pueden provocar vómitos, contener la respiración y volverse agresivas y romper cosas. Cualquiera que sea la forma en que tu hijo manifieste su rabieta, supone un shock para los padres y es molesto para todos.

Las rabietas son el resultado de inseguridades y frustraciones debidas a la inmadurez de sus habilidades sociales y emocionales. Los niños pequeños están tratando de gestionar sus sentimientos y de experimentar una vida independiente. Están descubriendo que pueden tener un efecto, a través de su comportamiento, en otras personas.

Hay ciertos desencadenantes y conocerlos puede ayudar a evitar la posibilidad de una rabieta.

- Los factores de estrés, como el hambre, el exceso de cansancio o la sobre estimulación, pueden provocar una rabieta. Estar fuera de la rutina puede hacer que los niños pequeños sientan estrés.

- El temperamento juega un papel importante, sobre todo en el caso de los niños que tienen un temperamento volátil. La influencia del temperamento forma parte de tu hijo. Es posible que tu hijo tenga más explosiones de temperamento que otros niños. Aprender a gestionar estos arrebatos y los factores que los desencadenan forma parte de conocer y comprender a tu hijo.
- Las emociones fuertes, que no son capaces de controlar, pueden desencadenar una rabieta. Estas emociones serían la preocupación, la ira, el miedo y la vergüenza.
- La frustración aparece cuando hay algo que quieren o si otro niño ha tomado algo valioso para ellos. Esto provoca una rabieta y se enfadan cuando no pueden recuperar sus cosas. Suele ser porque no tienen palabras para decir lo que quieren.

Si pudieras escribir una receta para crear el niño más feliz, ¿cuáles serían sus ingredientes?

Mucho tiempo de juego.

Los niños aprenden jugando. Este es el ingrediente más positivo e importante para el crecimiento de un niño feliz y equilibrado. El juego físico, el juego creativo, el juego imaginativo y las actividades cognitivas, junto con las oportunidades de juego social, contribuyen al desarrollo del niño.

Rutina y sueño.

Los niños prosperan con una rutina de actividades diarias, como la hora de la comida, el baño y el sueño. Estos momentos rutinarios contribuyen a su sensación de seguridad.

Comidas saludables.

Una dieta equilibrada es un ingrediente muy importante. Una dieta sana con frutas y verduras, mucha agua y no demasiados dulces o bebidas gaseosas, mantendrá a tu hijo bien alimentado y con un cuerpo y una mente sanos.

Libertad para expresar sus emociones.

Ser capaz de decir cómo se siente y recibir empatía hacia sus sentimientos ayuda a los niños a ser capaces de enfrentarse a situaciones difíciles con mayor profundidad de entendimiento. También les permite compartir los sentimientos de los demás.

Valores familiares.

Crear valores para la familia y ponerlos en práctica ayuda a los niños a sentirse arraigados en algo más grande que ellos mismos. Los padres deben compartir estos valores y mostrar a sus hijos cómo defienden los valores familiares.

Gratificación

Este es uno de los ingredientes más importantes para crear una vida feliz. Saber por qué estás agradecido y expresarlo cada día es lo que construye el factor moral y de felicidad en la vida de tu hijo. La gratitud puede expresarse todos los días. La mesa o cualquier comida familiar es un buen momento y lugar para expresar la gratitud.

Voces que se escuchan.

No son las voces que escuchas en tu cabeza. Las voces de tu hijo cuando trata de contarte una emoción o un acontecimiento de su vida son las voces que hay que escuchar. Puede que tu hijo tarde mucho en decir lo que necesita, pero tómate el tiempo necesario para ser un buen oyente y escuchar esas vocecitas.

Amor incondicional.

El amor incondicional es el increíble amor que se da en los buenos y en los malos momentos. Es un amor profundo que permite cometer errores y perdona muchos contratiempos. El amor incondicional no es un amor débil e inconstante que puede cambiar en el camino. Es el tipo de amor que nutre y proporciona un entorno feliz y armonioso lleno de seguridad para un niño.

Esta receta no tiene medidas. El éxito depende de la mezcla constante de los ingredientes, y del equilibrio de la mezcla correcta según las necesidades. No se garantiza que esta receta dé un éxito instantáneo, pero si se persevera en proporcionar una dieta de estos importantes ingredientes, el resultado debería ser un niño sano y feliz.

Cómo preparar, mezclar y crear un niño feliz en todo tipo de circunstancias.

- Empieza con un cuenco seguro y nutritivo llamado hogar.

- Añade comida sana y una rutina estable de sueño y tiempo en familia.
- Mezcla valores familiares y mucha gratificación.
- Deja que la mezcla repose mientras se escuchan las voces.
- Y que se aprecien los sentimientos.
- Añade más tiempo para jugar a medida que la mezcla para tu hijo feliz se va probando.
- Permite la libertad de expresión mientras amasas y mezclas esta receta de niño feliz.
- Por último, recuerda revestir a tu hijo feliz con montañas de amor incondicional.

Esta capa de amor incondicional es el ingrediente mágico que saca lo mejor de cada niño. Les da la seguridad y la confianza para ser lo mejor que pueden ser.

AA Milne, en sus historias sobre Winnie the Pooh y Piglet, resumió la actitud correcta ante el amor incondicional. Pooh preguntó a Piglet cómo se deletrea el amor. La respuesta fue:

"El amor no se deletrea, se siente".

Un niño que siente amor incondicional será el más feliz de todos.

CONCLUSIÓN
TÚ GANAS – DI SÍ A LO MEJOR.

En conclusión, ¿sientes que puedes decir sí al éxito? ¿Ha transformado este libro tu idea de la paternidad? ¿Estás preparado para continuar tu viaje como padre sin sentirte culpable?

¿Sabías que, según Albert Schweitzer, premio Nobel de la Paz, humanitario y misionero médico,

> "El éxito no es la clave de la felicidad.
> La felicidad es la clave del éxito".

La felicidad es, la esencia de un niño equilibrado y de una crianza exitosa.

El objetivo de este libro único sobre la crianza de los hijos es lograr ese tipo de éxito. Se trata de una guía realista, que te lleva a través de diferentes aspectos de la crianza positiva.

La introducción y el conocimiento de tu hijo pequeño son relevantes para encontrar su concepto de habilidades parentales. Los hitos del desarrollo ayudan a los padres con sus expectativas sobre sus hijos pequeños. Un análisis F.D.O.A. honesto, de tus propias experiencias en la crianza de hijos, tiene como objetivo ayudar al lector a profundizar en sus propias capacidades mientras se le anima a adoptar habilidades parentales sólidas.

La realización de un análisis F.D.O.A. de tus habilidades de crianza al principio del libro se planificó para ofrecer a los padres una comprobación realista de su enfoque de la crianza. Fue un punto de discusión objetivo para evaluar lo que tú, como padre, obtendrías de los capítulos sobre crianza positiva y la inclusión del control de esfínteres.

¿Qué descubriste de ti mismo en relación con la crianza positiva? Saber que como padre tienes puntos fuertes en los que basarte es alentador. Enfrentarse a algunas posibles áreas débiles te permite autocorregirte y buscar nuevas posibilidades de crianza. Cuando tienes un concepto objetivo de lo que aportas a la mesa de crianza, estás más abierto a nuevas ideas. Esta generación actual de padres, con la tecnología moderna y muchas más oportunidades de ayuda y asesoramiento, es consciente de querer más. Los padres de hoy no quieren criar a sus hijos de la misma manera que fueron educados. Los nuevos ideales y sugerencias, hechos para adaptarse al mantra de la crianza positiva, hacen que este libro se destaque como algo para las necesidades de las expectativas actuales de los padres.

El objetivo de este libro es iluminar y animar al lector a adoptar habilidades de crianza positiva y a criar a un niño feliz y con éxito. El libro no imagina que la paternidad sea una actuación en solitario. Habla de faros. Son los rayos de esperanza que se ofrecen a través de la construcción de relaciones con los demás y de tener un libro fiable al que referirse.

Una de las mayores cualidades que se conocen en la crianza de los hijos es la paciencia. La paciencia aparece en cada oportunidad en este libro. La analogía de criar una gallina, a través de la eclosión de un huevo, y no haciéndola pedazos, es buena. Los huevos son frágiles y necesitan amor y cuidados. Del mismo modo, la crianza positiva se basa en la crianza, con amor y una interacción paciente. Esta filosofía se traslada a las diferentes etapas del desarrollo infantil.

La ayuda práctica se ofrece a través del conocimiento de tu umbral personal de crianza, basado en tu tipo de personalidad. Se añaden directrices sobre cómo y cuándo buscar ayuda profesional. No tienes que estar solo en este juego de la crianza.

El capítulo sobre la búsqueda de la guardería adecuada, o de un cuidador, es muy útil. Si eres un padre o madre que necesita apoyo mientras vuelves a trabajar, este capítulo tiene un valor incalculable. Se ofrecen pautas con las preguntas correctas que hay que hacer al evaluar un posible centro de cuidado. Saber lo que debes buscar, en el mejor interés de tu hijo, te dará tranquilidad mientras tu hijo esté en la guardería o escuela infantil. En el mundo de las guarderías hay mucho en juego. Sólo debes esperar el mejor trabajo en equipo para tu hijo mientras lo cuidas y educas al mismo tiempo. La educación infantil es vital para la fase fundacional del aprendizaje de tu hijo. No hagas concesiones en esta fase. Te aconsejamos que te asegures de que la guardería que elijas cumpla los criterios sugeridos.

Luego está el aprendizaje del orinal. Muchos padres temen la rutina del orinal. Varios capítulos sobre el entrenamiento para ir al baño ayudan sinceramente a los padres con este gran paso. En realidad, el aprendizaje del orinal es una cuestión de preparación y paciencia por parte de los padres y del niño. Para muchos padres, el aprendizaje del orinal es un verdadero reto. Los niños pequeños pueden atrincherarse y rebelarse contra cualquier tipo de entrenamiento. Es reconfortante saber que hay etapas de desarrollo y curvas de aprendizaje que afectan al aprendizaje del orinal. La sección de este libro que trata sobre el aprendizaje del orinal, describe diferentes métodos para introducir el orinal, lo que resulta tranquilizador. Los padres pueden elegir el que les resulte más cómodo. Si ese método no funciona, no hay nada malo en tomarse un descanso y probar otro método.

El hecho de ofrecer un enfoque de dos libros en uno hace que este libro sea más relativo a la crianza positiva. Aprender sobre el entrenamiento para ir al baño, y trabajar de la mano con la dirección positiva libre de culpa dada en estos capítulos, es realmente útil. Los padres pueden abordar varios problemas de los padres y, además, tener apoyo para entrenar a su hijo en el orinal.

Una de las cualidades únicas de este libro sobre la crianza de los hijos es el comentario afectuoso y los puntos útiles y alentadores que se dan a lo largo de cada capítulo. Se reconoce positivamente la individualidad y la atención a las diferentes necesidades. Desde los primeros capítulos, el libro reconoce que no sólo los niños son únicos e individuales, sino que también lo son los padres que crían a estos seres únicos.

Este es el tipo de libro sobre la crianza de los hijos que querrás volver a leer para aprovechar los consejos constructivos y la genuina empatía con los desafíos de la crianza. Es un libro que anima a los padres a ser positivos y a preocuparse realmente por encontrar soluciones a los problemas de la crianza.

El Dr. Seuss, comparte su sabiduría sobre la crianza de los hijos a través de sus libros infantiles y dice

> *"A menos que alguien como tú se preocupe mucho,*
> *nada va a mejorar. No es así.*
> *¿Y lo conseguirás? Sí, sí, sí.*
> *Noventa y ocho y tres cuartos por ciento garantizado."*

Ahora toma ese mensaje de cuidado en el corazón y piensa que, efectivamente, este libro es justo el apoyo que necesitas y que, con paciencia y amor paternal, ¡tienes garantizado el éxito!

CRIANZA POSITIVA Y DISCIPLINA LIBRE DE CULPA (2 EN 1)

CÓMO CRIAR A UN NIÑO FELÍZ Y EMOCIONALMENTE SALUDABLE, USANDO ESTRATEGIAS PROBADAS, AMOR INCONDICIONAL Y DISCIPLINA SIN CULPAS.

INTRODUCCIÓN

¿Alguna vez has considerado volar en un avión con una sola ala? ¡Probablemente estés mirando esta página horrorizado! ¿Quién en su sano juicio consideraría subirse a un avión así? Un avión con un ala no llegaría muy lejos. Ambas alas lo equilibran y estabilizan. Wilbur Wright, con su hermano Orville (de los famosos hermanos Wright que volaron el primer avión de la historia) dijo:

"Es posible volar sin motores, pero no sin conocimientos y habilidades".

— WILBUR WRIGHT

Se puede decir exactamente lo mismo sobre la crianza de los hijos. Como un avión con dos alas, la crianza necesita dos sistemas de apoyo. La paternidad exitosa se guía a través del <u>conocimiento</u> del desarrollo infantil y la <u>habilidad</u> de la crianza positiva. Un viaje de paternidad positiva usando amor incondicional y disciplina libre de culpa.

Hay un proverbio francés que dice:

"No hay vuelo sin alas"

Lo mismo ocurre con la paternidad. Son las alas proverbiales del conocimiento y la habilidad, las que actúan para apoyar la trayectoria del avión de la crianza. Un vuelo, no sin turbulencias, mientras que navegas por los altibajos del desarrollo de tu hijo en crecimiento.

Este libro tiene como objetivo llevarte a ti, el lector, en un viaje lleno de fantásticas e iluminadoras habilidades parentales. Al igual que el avión con dos alas, las capacidades se equilibrarán con el conocimiento y la percepción de las fases relevantes del desarrollo infantil, para alcanzar tu objetivo de tener un niño feliz y emocionalmente sano. A través del conocimiento que obtengas, podrás desarrollar tus propios métodos de disciplina libres de culpa.

El saber que adquieras, te ayudará a construir las dos alas de tu plan de crianza. El conocimiento de cómo crecen y se desarrollan los niños te dará una mayor comprensión de las habilidades mentales, físicas y emocionales que tiene tu hijo. Las pautas de este libro te ayudarán a desarrollar el yin y el yang del cuidado de los hijos.

El Yin y el Yang nos muestran cómo crear dos partes para formar un todo. Son los opuestos, pero también las partes que compiten por el todo en armonía. La clave para una crianza feliz es el equilibrio. En la filosofía del yin y el yang, el día equilibra la noche para hacer las veinticuatro horas completas. Aquí hay otras mitades que forman el todo a través de sus contrastes.

- Difícil y fácil se complementan.
- Alto y bajo se oponen.
- Lo largo y lo corto se definen entre sí.
- Proa y popa se suceden.

En la paternidad, los padres y los hijos se educan mutuamente mediante el amor incondicional y la disciplina.

Enseñar a los niños a través de conexiones y comunicación positivas es una experiencia gratificante. Nunca sin sus desafíos, pero con espacio para crecer, la crianza de los hijos es una experiencia para ser apreciada. Al igual que el dualismo del yin y el yang, hay muchos paralelos interesantes a lo largo de este viaje.

Los aviadores usan estas sabias palabras para definir el vuelo. Estas son sus tres palabras clave:

AVIÉNTATE, NAVEGA, COMUNÍCATE

- **Aviéntate:** Vuela el avión.
- **Navega:** Dirige el avión en la dirección correcta.

- **Comunícate:** Interactúa y establece relaciones para ayudarte en el camino.

Tu vuelo hacia la crianza necesitará control de tierra, control de tráfico aéreo, navegantes y pasajeros, así como un capitán. Todos los involucrados tienen un objetivo común. Un vuelo tranquilo y la alegría de llegar a su destino.

Al leer este libro, ten en cuenta el papel de apoyo del conocimiento a través de los hitos del desarrollo del niño y las habilidades a través del aprendizaje de cómo ser padre. No existe un avión estándar que te lleve en este viaje y los pasajeros, tus hijos, tendrán diferentes personalidades y agendas. Al final, todos intentarán ir en la misma dirección.

¿En qué se diferencia este libro de otros similares para padres? El equilibrio entre comprender los patrones de crecimiento de tu hijo y encontrar las habilidades para alentarlos y apoyarlos es su esencia. Se reconocen las inevitables dificultades en el camino.

Los padres son conscientes de algunas cosas que son un desafío para los niños en momentos particulares de sus vidas, simplemente porque no han alcanzado ese hito en particular. Este tipo de conocimiento ayudará con la tolerancia a través de la turbulencia.

Te dará más comprensión hacia el niño problemático de dos años que tiene rabietas, no porque quiera ser desobediente, sino porque está completamente frustrado en ese momento sin las habilidades del lenguaje para comunicarse contigo.

La conexión y la comunicación positivas ayudan a los progenitores a establecer límites saludables y pautas realistas para la crianza. Estos límites se basan en el conocimiento y están vinculados a las habilidades que se necesitan para ser padres. Como resultado de esta unión, proveniente de un lugar afectuoso, estarán en camino de criar a un niño feliz y auto disciplinado. Esta es la oportunidad que has estado buscando para transformar tus estilos de crianza y ver a tu hijo crecer y madurar frente a tus propios ojos. El amor incondicional será el combustible de tu avión. Establecerás una ruta de vuelo hacia el objetivo de tener un hijo feliz y positivo, mientras encuentras el yin y el yang de la paternidad. Abróchate los cinturones de seguridad y prepárate para una experiencia de toma y daca, una con altibajos, nunca un caso abierto y cerrado, sino una de oportunidades para alentar a un dulce Jekyll y reprimir al Sr. Hyde. Un dualismo, como el yin y el yang, resonará bien con la crianza de los hijos y las dos alas de tu plano de crianza.

Si tu hijo se está portando mal las veinticuatro horas del día, los siete días de la semana, incluso si no puede evitar reaccionar con gritos, arrebatos e incluso si has intentado todo el asunto de la "crianza positiva" antes y no funcionó, este libro describirá paso a paso cómo puedes transformar tu estilo de crianza, convertirte en el padre que deseas ser y observar cómo cambia el comportamiento de tu hijo frente a tus ojos.

¡Es hora de liberarte de la paternidad reactiva, brindarle a tu hijo el amor y el apoyo incondicional que necesita y educar al niño más feliz! Pon fin a esa culpa / vergüenza persistente que a menudo sientes después de un arrebato o de gritarle a tu hijo.

Por lo tanto, si deseas un plan de una crianza amorosa y compasiva que transforme radicalmente el comportamiento de tu hijo y te permita criar al niño más dichoso, este es el libro para ti.

PARTE I

1

COMENZANDO EL VIAJE EN ARMONÍA

El Yin y el Yang, símbolos de cómo todas las cosas existen como opuestos inseparables y contradictorios, tienen un significado profundo en el recorrido de los padres. Los opuestos se complementan. Traen un equilibrio entre ellos para lograr la armonía. Nos muestran que las fuerzas contrarias pueden coexistir e incluso depender unas de otras. Esta filosofía es excelente para aplicar a la crianza de los hijos. Los padres aprenden unos de otros y se necesitan mutuamente para aportar diferentes cualidades. La madre y el padre pueden consolarse o desafiarse mutuamente para proporcionar el entorno adecuado para educar niños sanos y felices.

"Prepárate" es un eslogan que encaja bien con el comienzo de cualquier viaje, incluido el de ser padre. ¡Hay muchas palabras sabias para guiarte y animarte! Las recomendaciones prácticas tienen más sentido y aquí tienes tres consejos básicos y útiles sobre crianza positiva para comenzar el viaje:

LAS 3 COSAS QUE DEBES SABER Y QUE PUEDES IMPLEMENTAR HOY PARA COMENZAR TU CAMINO DE CRIANZA POSITIVA:

- La crianza constante es clave.
- Llega siempre a la raíz del problema.
- Prepárate siempre para disciplinar, es decir, para enseñar, no para castigar.

Dentro de esas tres afirmaciones hay tres palabras clave a tener en cuenta:

Sé ... **CONSISTENTE** ... encuentra la ... **RAÍZ** ... **ENSEÑA** al niño.

La **Crianza Consistente** es absolutamente vital. Aquí es donde el Yin y el Yang de la paternidad pasan a primer plano y los padres unen sus diferentes fortalezas y habilidades, pero en un patrón armonioso, que conduce a una enseñanza consistente.

Uno de los aspectos más importantes de criar a los hijos es establecer límites y planificar los valores fundamentales de tu familia. Los límites y los valores, son las reglas básicas que establecen la barrera a la altura adecuada para una crianza coherente. Le dan al niño un sentido de pertenencia y de cómo debe comportarse y le dan a los padres la definición de la familia que desean.

Ambos están entrelazados y aportan una sensación de seguridad y amor a la familia, ayudando a generar el sentido del Yin y el Yang, uniendo los opuestos para el bienestar de todos.

El conocimiento de las raíces, y la comprensión de lo que está en la base de los problemas, ayuda enormemente a la crianza positiva. En cada situación hay una razón subyacente al problema. Aplicar conocimientos sólidos, o profundizar para encontrar la causa de fondo, es una herramienta de crianza muy útil. A menudo los padres asumen que su hijo no es razonable o es difícil, cuando la raíz del problema puede ser que el niño no ha alcanzado el hito de desarrollo apropiado. Esto contribuye a otro aspecto del yin y el yang de la crianza. El comportamiento y la etapa de desarrollo alcanzada por cada niño. Cuando estas dos partes de la crianza están en armonía entre sí, la crianza se hace más fácil. Los padres pueden utilizar este conocimiento para llegar a la raíz de muchos problemas. El desarrollo físico, emocional, social y cognitivo son factores importantes para el crecimiento del niño.

Enseñar y aprender como crecer a través de diferentes situaciones, ayuda a los niños a desarrollarse en la dirección correcta. La disciplina es una parte importante de la crianza, pero el tipo de disciplina que se enseña sin castigos duros es la que aumenta la moral y la confianza de los niños. Este tipo de enseñanza encaja bien con llegar a la raíz de un conflicto y ser coherente en la forma en que se imparte la disciplina. Los niños llegan a confiar en sus padres a través de este aprendizaje de raíces constante.

Esta cita es una a considerar en el nicho de lo disciplinario y la crianza de los hijos. Escrita por Jim Rohn, un emprendedor y orador motivacional:

> *"La disciplina es el puente entre las metas y los logros".*
>
> — JIM ROHN

Los objetivos se establecen con los valores de tu familia y los límites que les rodean. La disciplina que usa para enseñar a tus hijos desde una edad temprana, conduce al logro exitoso de criar niños felices y bien adaptados.

Estos cinco pasos básicos te ayudarán a comenzar a involucrarte con la teoría de crianza positiva de tus hijos a través de una disciplina libre de culpa.

A través de límites claros, un orden constante y pasando tiempo de calidad con tu hijo, aprenderás el valor de la comunicación clara y la construcción de relaciones amorosas duraderas.

Aquí hay cinco pasos a seguir para lograr ese objetivo:

Primer Paso:

Establecer límites

Los límites tienen que ver con respetar los deseos de los demás y saber cuáles son sus necesidades. Establecerlos afecta la forma en que ves tu propio espacio personal. Una parte importante de poner límites y respetarlos es tener empatía. Sin empatía, es muy difícil ver la necesidad de límites y seguirlos.

¿Qué tipo de límites son apropiados, te podrás preguntar? Son las pautas que nos protegen física, emocional y socialmente. Cambian a medida en que, tanto nosotros como nuestros hijos, crecemos, pero el elemento básico es decir "hasta aquí y no más" y por qué. Esta la razón por la que parte de él vínculo entre padres e hijos se forma a través del aprendizaje y del aprendizaje de los límites, y éste debe basarse en la empatía.

Por último, los límites sólo se respetarán si al romperlos se generan consecuencias. Todos los miembros de la familia deben comprenderlos plenamente y también comprender sus consecuencias.

Segundo Paso:

Tener Una Disciplina Consistente.

Esto significa que los padres reaccionen de la misma manera ante diferentes situaciones que requieran de disciplina. No hay reacciones exageradas en algunos escenarios y no se debe ignorar algo que fue un problema importante el día anterior. Los padres reaccionarán y harán cumplir la disciplina, de la misma manera, todos los días. La crianza de los hijos con una disciplina constante crea una atmósfera de seguridad y reduce la ansiedad. Los niños se vuelven responsables de sus elecciones porque saben que existe una línea constante de comportamiento.

La coherencia no es fácil. Hay muchas trampas y, en ocasiones, tú, el padre o la madre, no querrás ceñirte a los límites que has establecido porque puedes estar cansado o sentir diferentes emociones. Sin embargo, ser consistente, hace que con el tiempo sea más fácil mantener intactos tus valores familiares y de crianza.

Estas son algunas de las trampas en las que puedes caer y que alterarán tu determinación de ser coherente:

Reaccionar emocionalmente:

Las reacciones emocionales están destinadas a ser inconsistentes. Si reaccionas con ira, estallarás y serás impredecible. Trata de ponerte en contacto con la emoción antes de reaccionar y luego dale a tu hijo una respuesta calmada y racional. Respira profundamente y recuerda tu límite de disciplina constante.

Amenazar en vano:

Las amenazas sin consecuencias no ayudan a los niños a aprender una disciplina consistente. Cuando establezcas los límites que son parte de tu disciplina, asegúrate de que el comportamiento que esperas, esté en línea con las expectativas que tienes de ellos.

Querer complacer a tu hijo en cualquier situación.

Ningún padre quiere ser el "policía malo" todo el tiempo dando los castigos y controlando el comportamiento. Recuerda que los niños necesitan un padre que los respete. Intentar ser el bueno y el compañero de tu hijo no es cumplir el papel de padre.

Demasiada charla y poca acción:

Amenazar con actuar sobre algo que se considera un comportamiento incorrecto y regañar continuamente, no dará como resultado que tus hijos muestren una disciplina consistente.

Mantener tu enfoque en las malas acciones y no valorar sus buenos comportamientos:

Recuerda destacar el buen comportamiento, así como las cosas que cruzan los límites establecidos como parte del código de conducta de tu familia. Felicítalos cuando se porten bien.

Deja que tu no, sea no:

A veces es un reto mantenerse en la respuesta del NO. Es importante retener esta decisión para atenerse a una respuesta de no. Intenta decir: "Lo pensaremos" o "tal vez" en lugar de un "no" rotundo y luego no poder cumplirlo.

Enfrentarte a tu pareja por temas de crianza:

Los niños pueden ser muy buenos en esto. No caigas en la trampa de enfrentarte a tu compañero de crianza. Manténganse firmes y unidos.

Una de las cosas más importantes de la disciplina consistente es permanecer unidos como padres. Cuando ambos se apoyan el uno al otro, la disciplina es mucho más fácil.

La canción "Stand by Me" me viene a la mente cuando se pienso en padres que se mantienen juntos

> ***Quédate a mi lado,***
> *(parte de la letra dice)*
> *Si el cielo al que miramos*
> *Cayera y se derribara*
> *O la montaña se desmoronara en el mar*
> *No lloraré, no lloraré*
> *No, no derramaré una lágrima*
> *Siempre y cuando estés a mi lado.*

Cuando los padres se unen, los desafíos de la crianza de los hijos son más livianos, se tiene un compañero para enfrentar los momentos difíciles.

Paso tres:

Pasa tiempo de calidad con tus hijos.

Esto puede parecer una tarea imposible cuando ya tienes una agenda muy ocupada. Sumado a eso, los niños de hoy también tienen horarios ocupados. ¿Cómo pueden pasar tiempo de calidad juntos? Bueno, tienes que planificarlo, e incluso si es un período corto, ¡tiene que ser de calidad! No es un tiempo en el que pasas la mitad concentrado en tu teléfono o participando en otra actividad. El tiempo de calidad está clasificado como uno de nuestros lenguajes del amor. Si vas a transmitir el amor a través de los momentos con tu hijo, estos deben ser momentos de calidad.

A continuación, te ofrecemos algunas sugerencias para pasar tiempo de calidad con tu hijo:

- Programa citas regulares: El tipo de la cita dependerá de la edad y el interés del niño. El punto es concertar un momento especial. Salgan a caminar juntos, hagan galletas, compren helados o vean una película. Todas estas ideas podrían hacer un plan muy especial.
- Dedica tiempo extra para contar cuentos de calidad en la rutina antes de acostarse: Resérvate un tiempo para hablar sobre tu día y averiguar qué tipo de día tuvo tu hijo también.
- Haz ejercicio o caminen juntos: Tomate un tiempo de tu día para hacer algo de ejercicio juntos o, según la edad de tu hijo, vayan a caminar. Ve al parque y disfruta viendo a tu hijo correr, saltar y trepar también antes de irse a casa.
- Organiza un campamento o un picnic en el jardín: Prepararse para este tipo de actividad familiar y tomar fotografías del evento, es una forma de estrechar lazos y pasar tiempo de calidad.
- Una noche de cine familiar es otra actividad para pasar momentos juntos en familia, con palomitas de maíz y todas las delicias de ir al cine. Sí, hay una película, pero asegúrense de verla juntos y hablar sobre ella al final.
- Dependiendo de la edad de tus hijos, la noche de juegos familiares es otra forma de pasar tiempo de calidad juntos. Saca el juego favorito de la familia y disfruta de la competencia.

Paso cuatro:

<u>Aprendan como comunicarse entre sí</u>

La comunicación se trata de escuchar y hablar con tus hijos. Si lo haces bien, tienes más posibilidades de fomentar relaciones positivas entre ustedes.

Los canales comunicativos se abren con tu hijo desde que nace. Brindar un ambiente seguro con respuestas suaves a los primeros sonidos de tu bebé, inicia esa sensación cercana de vínculo que necesitas para una interacción significativa.

A continuación, se incluyen algunos consejos a tener en cuenta para la comunicación temprana:

- Dale a tu bebé o niño pequeño toda tu atención a través de tu lenguaje corporal y los suaves sonidos que haces.
- Fomenta escuchar y responder a todo tipo de cosas. La comunicación interactiva es importante.
- Ayuda a tu hijo a compartir sus sentimientos, ya que esto te ayudará a comprenderlo mejor.
- Tomate un tiempo para realmente hablar entre ustedes. La hora de la comida es el momento perfecto para las discusiones familiares.
- Apaga todas las distracciones para que puedan concentrarse el uno en el otro.
- Sé consciente del lenguaje corporal de tu hijo. A menudo, hay señales de que algo no está bien antes de que haya comenzado a hablar.

- La escucha activa es un aspecto clave de una buena comunicación.

La escucha activa es una habilidad que los padres deben aprender, y esta es crucial respecto a la crianza de los hijos.

El lenguaje corporal es importante. Esto significa que muestres con tus expresiones faciales y el contacto visual, que realmente estás escuchando. Tienes que observar las expresiones faciales de tu hijo para saber si hay ansiedad, confusión o enfado. Sus caras también expresarán alegría y emoción.

Practica basarte en lo que dicen con palabras de aliento como "de verdad" o "por favor, cuéntame más". Reformular lo que ha dicho tu hijo es otra forma de contribuir a la comunicación entre ustedes. Deja que tu hijo termine lo que está diciendo y trata de no interrumpir su historia. Ayuda con empatía y sacando a relucir lo que tú o ellos pueden haber estado sintiendo.

Los padres necesitan recordar que comunicarse no se trata solo de dar instrucciones. A veces es fácil olvidar que decirles a los niños lo que hacer todo el tiempo, no es realmente comunicación. Eso es más capacitación. La comunicación sana y feliz, ayuda a fortalecer la relación con tu hijo. Cuando estás siempre dando instrucciones, es posible que tu hijo simplemente se apague y no quiera escuchar lo que tienes para decir.

Prueba estas sugerencias para abrir las puertas a una mejor comunicación:

- Procura que las conversaciones requieran algo más que una respuesta de una sola palabra.
- Di cosas como:
- "Oh, eso fue increíble, dime más ..."
- "Vaya, qué interesante, entonces, ¿qué pasó después?"
- "Ya veo y cómo te sentiste después de eso ..."
- Trata de usar aspectos positivos en la conversación, como por favor haz esto o aquello, no siempre no hagas algo. "No" es negativo y detiene la conversación.
- Piensa en utilizar a la primera persona "Yo" en la conversación, no "tú".

"Eres muy desordenado" conviértelo en: "Necesito que limpies tu habitación."

"O necesitas tener mejores modales en la mesa" conviértelo en: "Necesito que comas bien con cuchillo y tenedor." Quita la palabra acusadora fuera del foco del niño.

- No etiquetes a los niños ni les digas palabras desagradables. Decirles que se portan mal o avergonzarlos con rótulos despectivos, no es bueno para su moral ni para la comunicación contigo.
- Hazle saber a tu hijo que es amado y aceptado, y que es su comportamiento lo que no te gusta, y no él, cuando le estás disciplinando. Esto, a su vez, permitirá que se sienta bien consigo mismo y quiera complacerte más. Esto abre líneas de comunicación entre ustedes.

Paso cinco:

Haz cumplidos siempre que puedas

El simple hecho de elogiar a tu hijo refuerza su confianza y le ayuda a ver en qué es bueno. Felicitar los comportamientos que te gustan es bueno para la formación del carácter. Los padres pueden halagar con éxito a los niños de distintas edades, en función de las etapas de desarrollo en las que se encuentren durante esa fase concreta. En este caso, conocer los logros apropiados ayuda a seleccionar el tipo de elogio adecuado. Por ejemplo, el reconocimiento del aprendizaje para ir al baño en los niños pequeños. Los elogios por compartir pueden encajar con el inicio de la educación preescolar o con la llegada de un nuevo hermano. Los cumplidos por los deberes y las buenas notas van bien con los niños que concurren a la escuela primaria, etc.

Dar y recibir elogios contribuye en gran medida a establecer relaciones. Los cumplidos que elogian el carácter, son los que ayudan a forjarlo. Estos cumplidos mejoran el sentimiento de autoestima de tu hijo. Los halagos ayudan a sacar lo mejor de los niños.

Ahora que cuentas con estos cinco pasos básicos para una crianza positiva, tienes un punto de referencia que puedes utilizar para hacer un balance de tus propias habilidades como padre. En el segundo capítulo, realizarás una auditoría de tu estilo de crianza. Incluso si es la primera vez que ejerces de padre o madre, tendrás alguna idea de lo que significa serlo. ¿Cómo has obtenido esas ideas y cómo las vas a poner en práctica?

Una auditoría tiene que ver con el equilibrio. Jill Wagner, actriz, personalidad de televisión y modelo con una gran ética de trabajo ha dicho:

"Siempre hago una auditoría mental al final de la semana para asegurarme de que estoy equilibrando el tiempo entre mi carrera y mi vida personal".

— JILL WAGNER

Aplica esto a tu vida como padre y obtén el equilibrio correcto entre la paternidad positiva y la psicología del desarrollo.

2

EVALUACIÓN DE TU ESTILO DE CRIANZA ANTES DE COMENZAR

Hacer un balance o auditar tu potencial parental antes de comenzar este próximo capítulo, es una buena idea. Los controles y equilibrios de la crianza de los hijos o cualquier actividad en la que te embarques, marcarán la diferencia en el resultado o los resultados a los que aspiras.

El equilibrio de la crianza de los hijos, suele consistir en acertar en la conexión y la independencia. El dualismo de los altibajos. Cada acción en tu estilo de vida como padre, será necesariamente una nota alta. El equilibrio de las habilidades parentales es un reto, y todos los padres se enfrentan al desafío de la crianza definitiva.

¿CÓMO SÉ LO QUE SIGNIFICA SER PADRE?

Hay cuatro fuentes que la mayoría de la gente utiliza para referirse a las habilidades parentales. La crianza de los hijos no viene con un manual. Los niños no nacen con un libro de instrucciones. La mayoría de los futuros padres, recurren a estas cuatro fuentes para obtener conocimientos sobre crianza. Una vez que hayas evaluado estas fuentes de conocimientos sobre la educación de los hijos, podrás auditar las habilidades que has obtenido de ellas y analizar de forma objetiva lo que crees que te servirá, y lo que deberías modificar, o simplemente descartar.

LAS CUATRO FUENTES DE CONOCIMIENTOS SOBRE LA CRIANZA DE LOS HIJOS SON:

1. Aprendemos de nuestros padres

Puede que hayamos tenido unos padres increíbles, con todas las cualidades que uno querría emular. Nuestra vida en el hogar puede haber sido la más feliz y perfecta en todos los sentidos y la que querríamos tener para nuestros hijos. Por otro lado, es posible que nuestra educación tenga defectos, que no deseamos trasladar a nuestra propia vida familiar. En cualquier caso, nuestros padres nos habrán enseñado algo acerca de la crianza de los hijos. Cuando hay dos padres en la pareja, hay dos conjuntos de experiencias, culturas y tradiciones en la mezcla. Los estilos tradicionales de crianza de los hijos, pueden no encajar bien en el mundo actual. La educación de los hijos de hoy en día, necesita más orientación debido a la tecnología y a la mayor presión sobre las familias para que rindan en el ritmo acelerado de este siglo.

2. La crianza de los hijos se puede aprender de libros, revistas, o artículos sobre paternidad

Hay una gran cantidad de información disponible. Es difícil decidir qué leer con todas las opciones que hay. Encuentra un estilo que se adapte a tu vida familiar y estate abierto a sugerencias e ideas. Prueba las ideas que creas que puedes manejar en función de tus valores familiares. Tener un objetivo en mente te da la dirección que necesitas. Encontrar una publicación sobre la crianza de los hijos que te permita alcanzar ese objetivo, ayuda a filtrar los distintos tipos de consejos. Obtener una visión general a través de un libro completo, ayuda inicialmente. A continuación, busca ayuda adicional sobre aspectos específicos, como el aprendizaje para ir al baño o los patrones de sueño, así como información sobre la dieta y la alimentación. Todos estos tipos de consejos te ayudarán a construir un perfil de crianza, pero tener un objetivo en mente te mantendrá centrado.

3. Observamos a nuestros amigos con sus familias

No hay nada tan consolador como ver a personas que conoces bien manejar a sus hijos. Ver una buena crianza en acción, ayuda a los nuevos padres a sentir que no están solos en esta experiencia. Tienen otros padres con los que hablar. Los amigos cercanos o los hermanos que participan activamente en la crianza de sus hijos, son una opción reconfortante para pedir consejo. Puede que tengan la respuesta perfecta para tu problema, y al mismo tiempo serán empáticos. Los amigos pueden indicarte la dirección correcta si necesitas ayuda profesional. Sentirás que estás en la misma página con aquellos amigos que son padres al mismo tiempo que tú.

4. La crianza de los hijos se puede aprender de ellos, como aprendemos en el trabajo

No hay nada como aprender sobre la marcha. Cuando lleguen tus hijos, tendrás que adaptar tu paternidad para que se adapte a tus necesidades y a tu vida familiar. Realmente es una experiencia práctica, y sentirás que has sido arrojado al abismo. Uno de los mejores consejos es tener metas y límites parentales que reflejen tus valores. Esto te dará la base para criarlos. Es un punto de referencia para equilibrar tu acto de crianza.

Aprender lecciones de vida de nuestros hijos se asemeja a mirarse en un espejo.

> *La Dra. Christina Hibbert escribió:*
> *Nuestros hijos son espejos.*
> *A través de ellos vemos nuestros defectos*
> *Nuestros errores, nuestra humanidad.*
> *A través de ellos vemos nuestras*
> *fortalezas, nuestros dones, nuestro profundo amor.*
> *Lo mejor y lo peor de nosotros*
> *se refleja cuando somos padres.*
> *Mientras prestamos atención a estas*
> *reflexiones, aprendemos, mejoramos.*
> *Y crecemos.*

SÍ, LA PATERNIDAD TIENE QUE VER CON EL CRECIMIENTO.

Cuando audites tus habilidades como padre, estos son algunos de los puntos que debes comprobar para equilibrar tu rendimiento. Esta lista de comprobación está aquí para guiarte, pero debes saber que cada familia es única. La reflexión sobre estas habilidades tiene por objeto mejorar el crecimiento personal y no juzgar.

Habilidades de crianza para tu lista de verificación

1. Dar amor y afecto de manera comprensiva

Esto puede parecer bastante obvio. Los padres quieren a sus hijos, ¿verdad? Sí, lo hacen, pero la habilidad que hay que comprobar aquí es la de dar apoyo. Los padres pueden ser demostrativos con abrazos y montañas de afecto físico. Esto está muy bien, pero ¿qué pueden hacer los padres para demostrar su amor de forma solidaria? Esto va más allá de los abrazos y los besos.

Aquí hay algunas sugerencias si sientes que tu apoyo está faltando:

- Diles a tus hijos cuando creas que están haciendo algo bien. Agradéceles y diles qué es lo que están haciendo correctamente.
- Pasa tiempo con ellos leyendo cuentos, jugando juegos, escuchando música, haciendo algo juntos o saliendo de excursión.
- Agradéceles por ser tan maravillosos o por hacer algo que tú apreciaste o encontraste útil.

- Haz de la hora de dormir ese momento especial del día en el que se aprecian el uno al otro y termina el día con un aspecto positivo.
- Crea recuerdos juntos a través de las tradiciones familiares o comienza un nuevo tiempo de unión familiar.
- Prioriza el tiempo a solas con tu hijo. Esto es especialmente significativo si tienes más de un hijo.
- Sé entusiasta y demuestra lo emocionado que estás por las cosas que motivan a tu hijo. Prepárate para unirte y apoyar estas actividades.

2. Construye relaciones

Pasar tiempo de calidad con tu hijo y generar confianza son dos factores importantes relacionados con la construcción de relaciones. En tu auditoría de los balances de crianza, ¿has verificado la cantidad de tiempo de calidad que pasas con él? ¿Tu hijo confía en ti en el día a día?

Las relaciones se construyen, eso significa que no ocurren por casualidad. El tiempo de calidad con un niño ayuda a construir la relación como vínculo entre padres e hijos. La vinculación conduce a la confianza y, con el tiempo, los niños aprenden a confiar en sus padres.

A continuación, se ofrecen algunas sugerencias de formas de establecer relaciones:

- Escucha a tu hijo y demuestra empatía. Trata de entender las cosas desde su punto de vista. La conexión con tu hijo a menudo comienza con ser un buen oyente.

- Jueguen juntos. Los niños aprenden a través del juego y cuando te unes a sus rutinas de juego, te convertirás en parte de su mundo.
- Compartan la hora de comer juntos. Reunirse en familia a la hora de comer, es uno de los mejores momentos para desarrollar las relaciones familiares.
- Reserva un tiempo a solas sin distracciones. Esto no tiene que ser una gran cantidad de tiempo, pero debe ser de calidad, solo para ustedes dos juntos.
- Lee libros con tu hijo. Hay historias increíbles sobre todo tipo de temas, historias de fantasía y buenas historias antiguas con moralejas y lecciones para aprender juntos.

Demuestra que amas y valoras a tu hijo. El simple acto de tocar y mostrar afecto es una manera perfecta de construir una relación amorosa y de confianza.

3. Enseña a tu hijo cómo volverse independiente

La independencia es definitivamente algo que los niños pueden aprender, y solo aprenden esta habilidad si sus padres les permiten hacer las cosas por sí mismos. Cuando los padres hacen todo por sus hijos, el mensaje que transmiten es que no confían en que ellos se vuelvan autosuficientes. Echa un vistazo a tu paternidad hasta la fecha. ¿Cuánta independencia has estado fomentando? Comienza con cosas pequeñas y ayuda a tu hijo a seguir adelante con lo que estaba haciendo de forma independiente. Utiliza pequeñas tareas del hogar, pero asegúrate de que sean apropiadas para su edad.

Prueba algunas de estas ideas para ayudar a tu hijo a ser independiente:

- Haz una lista de las cosas que tu hijo podría hacer por sí mismo. Empieza con cosas de la casa, como cepillarse los dientes o hacer su propia cama, y aumenta gradualmente el nivel de actividad y el rango de independencia.
- Haz que tu hijo termine lo que se espera que haga y luego elogia su logro.
- Dales tareas domésticas que puedan manejar y que impacten en toda la familia.
- Anímalos a jugar con sus hermanos menores o con los hijos de tus amigos para que vean qué tan maduros son en comparación y para que puedan asumir responsabilidades.
- Cuando lleguen a la edad escolar, déjales preparar y empacar su almuerzo escolar y su bolsa. Si dejan algo atrás, no corras detrás de ellos, déjalos sentir la responsabilidad de cuidarse a sí mismos de esta pequeña manera.
- Ten una rutina en casa a la que deban ceñirse y ser responsables.
- Deja que tu hijo tome algunas decisiones y luego asegúrate de que continúe con su decisión.
- Anima a tu hijo a resolver sus propios problemas. Hazles saber que estás allí para darles orientación, pero hay algunas cosas que podrían resolver por sí mismos.

4. Proporciona educación y ayuda a tu hijo a aprender

Este es un punto importante que debes verificar en tu auditoría. Proporcionar educación no se trata solo de encontrar la escuela adecuada. Se trata de enseñar habilidades para la vida y ofrecer vías de aprendizaje. El aprendizaje también viene con un buen modelo a seguir. ¿Tu hijo ve que el hecho de aprender es importante para ti y tu familia?

Estas son algunas de las formas en las que puedes brindar educación y aprendizaje a tu hijo:

- Trata de comenzar pronto, porque tu hijo está listo para aprender a una edad temprana. Esto no significa que tengas que enviarlos a la escuela, hay muchas cosas que puedes hacer para fomentar la enseñanza temprana, incluso antes de que tu hijo esté listo para ir a la escuela.
- Fomenta la lectura y el amor por los libros. Comienza con libros ilustrados y momentos compartidos de lectura, hasta que tu hijo haya dominado la habilidad de leer por sí mismo.
- Averigua qué le interesa a tu hijo y luego concéntrate en esos intereses. Los niños pasan por fases dependiendo de lo que les ha llamado la atención. Dinosaurios, mascotas, autos, peces, lo que sea, hay muchas opciones interesantes para apoyar.
- Descubre cuál es el estilo de aprendizaje de tu hijo. Hay tres estilos principales: Visual, auditivo y anestésico. Saber qué estilo prefiere tu hijo le ayudará a aprender mejor.
- Realiza juegos para hacer que el aprender sea divertido y algo

en lo que puedas participar. Esto es particularmente aplicable a los estudiantes más jóvenes.
- Anima a tu hijo centrándose en lo que está aprendiendo y no en lo bien que lo está haciendo en esa tarea concreta.
- Haz de cada día un día para aprender algo. No tiene que ser académico. Podría ser hornear galletas o pasear al perro. La clave es aprender a experimentar una novedad.

5. Habilidades de manejo del estrés:

En primer lugar, como padre, debes reconocer que tu hijo sufre algún tipo de estrés. ¿Conoces los signos del estrés y, si los conoces, puedes ayudarle a manejar estos problemas? Todos experimentamos estrés en algún momento de nuestras vidas. Es la naturaleza del mundo en el que vivimos. En tu auditoría personal del estrés, ¿sientes que ayudas a tu hijo con algunas estrategias para manejarlo, o simplemente lo ignoras y quizás sin saberlo lo agravas? Hay muchos indicadores de que tu hijo puede estar estresado. Lo sabrás cuando muestre un comportamiento inusual, como estallidos de lágrimas, morderse las uñas, enuresis nocturna, pérdida del apetito, quejarse de dolor de estómago y otros signos físicos.

¿Qué puedes hacer para ayudar a tu hijo con su estrés?

- Ten una rutina constante y práctica en casa que ofrezca una dieta saludable, buenos patrones de sueño y ejercicio.
- Conserva un horario sencillo. Cuando hay eventos adicionales en la escuela, reduce el horario que tiene en casa. Mantén un equilibrio de actividades.

- Haz comentarios y pregúntale cómo se siente. Mantén abiertas las líneas de comunicación para discutir cualquier tipo de estrés.
- Utiliza algunos procesos relajantes. Dependiendo de la edad de tu hijo enséñale ejercicios de respiración, caminar y relajarse al aire libre, yoga o escuchar música. Existen numerosas formas de ayudarle a relajarse durante los momentos estresantes.

6. Ayudar a tu hijo a saber cómo mantenerse a salvo:

Nuestro mundo crece a diario de muchas maneras. Las ciudades son enormes, la tecnología avanza todos los días y los niños están expuestos a muchas más cosas que antes. Los padres deben ayudar a sus hijos a mantenerse protegidos. A medida que los hijos crecen, los padres deben estar preparados para señalar los peligros que pueden enfrentar y brindarles habilidades para enfrentarlos.

¿Cuáles serían las mejores habilidades de afrontamiento para compartir con tus hijos?

- El factor más importante en todas las formas en que los padres pueden ayudar a sus hijos es mantener una relación cercana con ellos. Mantén fuerte tu relación padre/hijo, para que él sepa que puede depender de ti en todas las circunstancias.
- Enseña reglas de seguridad personal desde una edad temprana. Cómo cruzar la calle, evitar hablar con extraños, saber en quién confiar o pedir ayuda en caso de extravío,

- saber tu nombre y tu número de contacto. Todas estas son habilidades de afrontamiento de la calle.
- Enséñale sobre la privacidad corporal personal. Dile que nadie debe tocarle en lugares privados o involucrarle en "juegos" que son secretos. Los niños son muy vulnerables y los padres deben enseñarles cómo hablar si sucede algo con lo que no se sienten cómodos.
- La ropa de seguridad es muy importante, haz que los cascos sean obligatorios para cualquier deporte al aire libre de movimiento rápido. Cinturones de seguridad en automóviles para proteger los vehículos de motor, y enseña a tu hijo a nadar
- Seguridad en el entorno doméstico. De hecho, tu hogar puede ser un lugar peligroso para tu hijo si no eres consciente de practicar la seguridad. Los enchufes, estufas, cuchillos, cajas de medicamentos y productos químicos de limpieza fuertes presentan peligros. Todo lo que sea un riesgo para los niños, especialmente las cajas de medicamentos, debe mantenerse fuera de su alcance. Enséñales sobre enchufes y cosas calientes en la estufa desde una edad temprana. Hay fundas para enchufes y otros dispositivos de seguridad en el hogar que puedes comprar y cuando tu hijo esté listo para comprender la razón de tu "NO", las amenazas de seguridad se vuelven más fáciles.

7. *Proporciona disciplina positiva.*

La mayoría de nosotros tenemos recuerdos negativos de la disciplina, ya que es posible que nos hayan criado en un entorno familiar severo.

Sin embargo, el estilo actual de crianza de los hijos ha cambiado y la disciplina ya no se trata de ser el ogro estricto, sino que las tendencias actuales reconocen el aspecto de la disciplina que la utiliza como herramienta de enseñanza. Se trata de ayudar a los niños a aprender y fortalecerse para adaptarse bien a la vida.

Sigue estas tendencias sobre la crianza positiva:

- Pasa tiempo de calidad con tu hijo. Se recomienda al menos quince minutos al día de tiempo de calidad como una habilidad de crianza positiva.
- Mantente informado sobre el desarrollo infantil y trata de aprender cosas nuevas sobre cómo está creciendo tu hijo.
- Establece contactos con padres y amigos de ideas afines. Únete a un grupo de apoyo para compartir ideas y ayudar a resolver problemas.
- Cuídate manteniendo un estilo de vida saludable.
- Establece los valores y límites de tu familia para ayudarte con tus metas de crianza.

Nadie quiere caer en la trampa de los malos padres. Los principales problemas de la mala crianza de los hijos se pueden cuantificar en cinco categorías observadas. La razón para observar estas áreas es utilizarlas como un equilibrio entre la buena y la mala educación y desviar las tendencias de lo malo hacia lo bueno. Estas cinco áreas simplemente no son negociables cuando se trata de la crianza de los hijos de una manera positiva y libre de culpa:

1. Retirar cualquier signo de amor o afecto de un niño.
2. Tener poca o ninguna disciplina.
3. Avergonzar o etiquetar a un niño.
4. Tener una disciplina muy rígida o estricta.
5. No proporcionar un entorno hogareño seguro y afectuoso.

Cada una de estas categorías básicas tiene diferentes atributos, pero en conjunto dan lugar a una mala crianza y a un entorno inestable para que los niños crezcan.

En nuestro mundo, los controles y equilibrios de buena gobernanza tienen su lugar y se utilizan para ayudar a reducir errores y prevenir comportamientos inadecuados. No hay nada malo si tienes un reconocimiento en casa y miras tus controles y balances. Tu conocimiento y práctica de la crianza positiva deberían aumentar. Nadie es perfecto, pero estar atento a las metas y seguir adelante es lo que hace que tu viaje como padre sea positivo.

"La vida es como andar en bicicleta. Para mantener el equilibrio debes seguir moviéndote."

— ALBERT EINSTEIN

Ten en cuenta esa cita mientras pasas a los siguientes capítulos y aprendes más sobre el desarrollo infantil y la crianza positiva.

3

INVESTIGACIÓN CEREBRAL Y DESARROLLO INFANTIL

¿Sabías que el cerebro es una parte asombrosa del cuerpo de tu hijo? Es el centro del cuerpo que comanda todo lo demás. Al nacer, el cerebro tiene una cuarta parte del tamaño que tendrá. Luego, se duplica durante el primer año y sigue creciendo rápidamente. A la edad de 3 años ha alcanzado el 80% de su capacidad adulta. Cuando tu hijo llega a la edad de 5 años, está al 90% de su capacidad total. Al nacer, un bebé tiene todas las células cerebrales o neuronas que necesita, pero es el proceso de conectar estas células lo que realmente hace que el cerebro funcione. Durante el proceso de conexión, el niño aprende a moverse, pensar, aprender el lenguaje y alcanzar diversos objetivos. Estos son los componentes básicos que tu hijo necesita para convertirse en un adulto maduro. De estos patrones de crecimiento se desprende claramente que el mejor momento para el desarrollo es hasta los cinco años. Estos primeros años son el mejor momento para desarrollar habilidades de pensamiento de orden superior, como resolución de problemas, automotivación y comunicación.

Quizás te preguntes cómo realmente funciona este proceso.

Las experiencias cotidianas, construidas a través de una interacción positiva con los padres y cuidadores, contribuyen a este desarrollo. Estas experiencias diarias determinan qué conexiones cerebrales se desarrollarán y cuáles durarán toda la vida. En el primer año de vida es cuando el bebé comienza a establecer esta conexión entre los padres, la estimulación y las células cerebrales.

Cuando los progenitores y cuidadores interactúan positivamente con el niño, literalmente están construyendo esos conectores entre estas células. Las actividades simples de hablar, leer, cantar y jugar con los niños son cruciales para el desarrollo cerebral.

El cerebro es en realidad como un sistema de cables y conexiones. Los mensajes se transmiten entre las neuronas cerebrales, y estas reacciones se denominan sinapsis. La ciencia nos dice que durante los primeros tres años el cerebro del niño tiene casi el doble de sinapsis que durante la edad adulta. El cerebro trabaja horas extra durante estos primeros tres años. El uso repetido de sinapsis refuerza estas conexiones.

Cuando el bebé nace, puede reconocer el sonido de la voz de su madre y pronto nota la diferencia entre los objetos inanimados y sus padres, especialmente la figura materna.

El rápido desarrollo de las habilidades motoras en el primer año se atribuye al crecimiento del cerebelo, que triplica su tamaño. Los circuitos del lenguaje se consolidan durante el ajetreado primer año a medida que crecen los lóbulos frontal y temporal del cerebro. El primer idioma y los sonidos del niño se imprimen en el cerebro. En el segundo año, el cerebro desarrolla capacidades cognitivas. Las habilidades de pensamiento de orden superior se desarrollan como la autoconciencia y las emociones. Cuando llega el tercer año, el cerebro comprende el tiempo presente y pasado y las funciones cognitivas mejoran a diario. Todo este desarrollo temprano es el comienzo de muchas actividades de pensamiento y habla. Sin embargo, hay un inconveniente. Si un niño está expuesto a la negatividad en esta etapa, estas experiencias tienen un efecto adverso enorme en su logro y satisfacción.

A continuación, presentamos algunos datos interesantes sobre el cerebro y el desarrollo de la primera infancia:

- Al cerebro le gusta construir sobre experiencias repetitivas, especialmente cuando los sentidos están involucrados.
- El cerebro disfruta de la música.
- El movimiento se relaciona bien con el cerebro.
- El estrés no estimula las funciones cerebrales.
- El cerebro está haciendo la mayor cantidad de conexiones para el crecimiento y el desarrollo cuando el niño es muy pequeño.

¿Qué sucede a medida que se desarrolla el cerebro y cómo puede la investigación ayudar a los padres en los primeros años de vida de sus hijos? Muchos padres quieren respuestas a esta pregunta. Si observamos tres áreas clave, la corteza visual, el cerebelo y la mielinización, podemos aprender algunas de sus complejidades. ¡Hay una gran cantidad de actividad en la cabeza de tu bebé!

Corteza visual:

Cuando nace el bebé, todo está un poco borroso, pero a los seis meses hay un crecimiento rápido y el bebé puede ver la percepción de profundidad, y su visión es casi tan clara como la de un adulto. Dejar que tu hijo vea colores, formas y movimiento le ayuda a desarrollar estas áreas de visibilidad.

Cerebelo:

Desde darse la vuelta por sí mismo hasta gatear y caminar, tu hijo ha progresado rápidamente en sus habilidades motoras. Este desarrollo llega a través del cerebelo, que triplica su tamaño durante esta fase. Estimular el movimiento mediante el uso de brazos y piernas ayuda a aumentar las habilidades motoras finas y gruesas.

La mielinización:

Las células nerviosas que permiten una transferencia más rápida de señales cerebrales ayudan al cerebro del bebé a recibir y transmitir mensajes más rápidamente. Estos nervios se desarrollan con velocidad a medida que el cerebro aumenta de tamaño.

APRENDAMOS CÓMO SE DESARROLLAN LAS CONEXIONES CEREBRALES AL PROPORCIONAR UN ENTORNO SALUDABLE.

Los diferentes entornos y comportamientos que rodean al bebé y al niño pequeño afectarán su desarrollo cerebral. Saber cómo proporcionar la mejor estimulación general y la mejor atmósfera para desarrollarse es un componente muy importante para su crecimiento saludable. Los niños crecen a través de diferentes tipos de interacción con las personas que les rodean. Hay interacciones sociales, crecimiento físico, fomento del desarrollo cognitivo y también del lenguaje. Los pequeños necesitan desarrollar sus sentidos, ampliar su memoria y su capacidad de razonamiento. El desarrollo del lenguaje ocupa un lugar destacado en la lista de crecimiento interactivo, mientras que el cerebro trabaja con las habilidades motoras, el desarrollo emocional y ayuda al niño a madurar y estar listo para el aprendizaje formal.

Daniel J. Siegel, que escribió "El cerebro completo del niño", dijo lo siguiente sobre el desarrollo del cerebro:

"A medida que los niños se desarrollan, sus cerebros 'reflejan' el de sus padres. En otras palabras, el propio crecimiento y desarrollo de los padres, o la falta de ellos, impactan en el cerebro del niño. A medida que los padres se vuelven más conscientes y emocionalmente sanos, sus hijos cosechan las recompensas y también avanzan hacia la salud ".

— DANIEL J. SIEGEL

Aquí hay diez áreas de crecimiento que están teniendo lugar dentro de los dominios del desarrollo del cerebro de tu bebé. Estas áreas satisfacen las necesidades de su desarrollo físico, mental, social y emocional. Además, hay algunas cosas que se deben evitar durante este período de crecimiento extra especial.

1. Nutrición:

Una nutrición adecuada durante el transcurso de la primera infancia está estrechamente relacionada con el desarrollo cerebral. Una dieta saludable que proporcione todas las proteínas, vitaminas y minerales adecuados ayudará al cerebro a crecer y desarrollarse de forma natural. Si bien dicen que el pecho es lo mejor para el bebé, la mamá también necesita una nutrición adecuada. Asegúrate de tener una dieta saludable a base de huevos para obtener proteínas, verduras de hoja verde y pescado para obtener ácidos grasos Omega 3. La mamá también necesita mucho líquido para amamantar. Recordar cómo está creciendo el cerebro en esos primeros años es una buena forma de generar hábitos alimenticios saludables.

2. Actividad física:

No es de extrañar que un cerebro sano provenga de un cuerpo saludable. El ejercicio en la primera infancia puede mejorar el desarrollo cognitivo del bebé. Hay muchas actividades que mejorarán su crecimiento físico y mental. El tiempo boca abajo o acostado sobre la barriga son actividades recomendadas. El estar boca abajo fortalece los músculos del cuello y también el estómago.

3. Desarrollo sensorial:

Todos tenemos cinco sentidos y, mediante el uso de ellos, interactuamos con los demás y con el mundo que nos rodea. Ver, oír, tocar, saborear y oler son los sentidos apoyados por el cerebro y explorar el mundo a través de ellos es parte del desarrollo cerebral. Permite que tu hijo se ensucie y se embarre como parte de la exploración sensorial. Ten un cajón sensorial en casa, de donde puedas sacar diferentes objetos para fomentar el tacto y la exploración. ¡Esto solo debe hacerse cuando tu hijo pueda tocar y sentir sin llevarse todo a la boca!

4. Conexión social:

La neurociencia ha proporcionado información increíble sobre el lado social del cerebro, que es capaz de reconocer rostros desde una edad temprana y a través de expresiones faciales comprende cómo se sienten las personas. Entender lo que la gente sabe y cómo se siente es una parte importante del desarrollo cognitivo. El cerebro puede sintonizar las voces humanas y tiene una red neuronal completa solo para aprender el lenguaje. Este lado social también responde a todos los sentidos.

5. Desarrollo emocional:

Esta es un área del crecimiento de la primera infancia donde los niños deben crecer a medida que maduran. Es un área importante que a veces se conoce como inteligencia emocional. Su base es la empatía. Sin empatía, no puedes identificarte con las emociones y comprender cómo se pueden sentir otras personas. A través de la inteligencia emocional, los niños aprenden a entender por qué se les recompensa o se les castiga.

6. Desarrollo de la lógica:

La lógica y el pensamiento abstracto son etapas del desarrollo en todos y cada uno de los niños. Hay algunos conceptos que no manejarán hasta que hayan alcanzado logros específicos del crecimiento. Ayudarles a reconocer patrones y construir con bloques son excelentes formas de comenzar a fomentar las habilidades lógicas y de percepción. Encontrar diferencias en las imágenes y buscar objetos ocultos es otra forma de fomentar algo de desarrollo lógico y cognitivo.

7. Desarrollo de la memoria:

Las habilidades de memoria y su desarrollo son una parte importante de la función del cerebro. El cerebro es capaz de diferentes tipos de memoria. Tener la capacidad de recordar cosas es una habilidad que te será de gran utilidad en la vida, estés donde estés y sean cuales sean tus circunstancias. Puedes practicar estas habilidades a través de juegos y escuchando historias que luego tendrán que recordar. Desarrollar la memoria es una habilidad vital que vale la pena.

- La memoria a corto plazo es lo que recuerdas en el menor tiempo en que la información entra en el cerebro. Se almacena rápidamente.
- La memoria de trabajo es lo que usamos para recordar cómo hacer las cosas. Nos ayuda a decidir, resolver problemas y tomar decisiones de la vida diaria. Los niños pequeños están desarrollándola y mejorará a medida que crezcan.
- La memoria explícita es la parte de nuestra memoria que ha acumulado experiencias, recuerdos, episodios en tu vida a los que puedes acceder si lo necesitas.
- La memoria a largo plazo son las cosas que has experimentado y recuerdas durante mucho tiempo.
- La memoria autobiográfica es el recuerdo de episodios de tu vida que son personales y forman parte de tus recuerdos.

8. Desarrollo del lenguaje:

Aquí hay una información increíble. El cerebro del bebé ya está aprendiendo sonidos, escuchando voces y aprendiendo el ritmo del lenguaje en el útero. Esta una de las funciones más importantes del cerebro.

Al nacer, el bebé está listo para comunicarse. Empezando por mirarte cuando hablas y luego haciendo sus propios ruidos de gorgoteo y arrullos. En los primeros cuatro años de crecimiento y desarrollo, el lenguaje de tu hijo aumentará de sonidos y ruidos a palabras y oraciones.

9. Habilidades motoras - Desarrollo de la motricidad fina y gruesa:

El control de los músculos grandes necesarios para sostener la cabeza y gatear, lo que lleva a caminar, comienza primero. Luego, las habilidades motoras finas continúan desde aquí a medida que tu hijo se vuelve más capaz de controlar el ejercicio motriz fino. Los especialistas en niños están muy dedicados a la interacción entre el cerebro en desarrollo y las habilidades cognitivas. Existe un vínculo directo entre el crecimiento físico y el aprendizaje. El ejercicio fortalece los órganos vitales del cuerpo, incrementa el tono muscular y está directamente relacionado con la mejora de las calificaciones escolares.

10. Cosas que se deben evitar para un desarrollo saludable:

Si bien el cerebro participa en todas estas formas positivas de crecer y desarrollarse, es importante conocer algunas de las cosas que pueden afectarle gravemente.

- El abandono, el abuso y las experiencias traumáticas afectan profundamente al desarrollo del cerebro.
- La mala alimentación y la falta de ejercicio conducen a la falta de estimulación y nutrición del cerebro.
- La contaminación y las condiciones de vida empobrecidas, tienen un efecto negativo en el crecimiento del cerebro de los bebés y los niños pequeños.

- Una mala alimentación y el estilo de vida poco saludable de la madre durante el embarazo afectan al bebé incluso antes de nacer.

El conocimiento de cómo se está desarrollando el cerebro y cómo tiene una capacidad asombrosa para crecer, hace que los padres sean aún más responsables durante este período vulnerable de ayudar a sus hijos a crecer y optimizar este período. A continuación, presentamos algunas interacciones simples que puedes tener con tu bebé o niño pequeño en las primeras fases del desarrollo del cerebro para nutrir y fomentar el crecimiento de las neuronas.

Puede parecer una contradicción de términos, pero jugar y aprender son los elementos básicos del crecimiento infantil y la estimulación del cerebro. Los niños aprenden jugando. Jugar con tus hijos y proporcionar recursos y oportunidades lúdicas es la mejor manera de estimularle durante los primeros tres años. Leer o mirar libros es otra intervención viable, ya que a través de ellos se estimulan el lenguaje y muchas experiencias de aprendizaje. Asegurarse de que tu bebé se sienta cómodo y seguro en su ambiente, proporciona el entorno estable que necesita para crecer. El cerebro es estimulado por el entorno y los padres y cuidadores están en condiciones de intervenir y proporcionar el tipo de lugar adecuado para un crecimiento cerebral saludable.

El Dr. Seuss ha resumido esto en esta simple cita:

"Tienes el cerebro en la cabeza y los pies en los zapatos.

Puedes dirigirte en la dirección que quieras."

— DR. SEUSS

Saber cómo se activa el cerebro y cómo está creciendo dentro de la cabeza de tu hijo es un gran incentivo para que los padres fomenten ese crecimiento y den al niño la oportunidad de ir en la dirección que elija.

4

LA IMPORTANCIA DE LOS PRIMEROS AÑOS

Los bebés pueden parecer pequeños y lindos manojos de alegría, listos para acurrucarse, tumbarse y arrullar en sus cunas. Son adorables, pero son mucho más que una pequeña fuente de diversión. Los bebés, especialmente en su primer año de vida, están tendidos albergando un cerebro que crece rápidamente. La tasa de éxito y el crecimiento cerebral dependen de esos primeros años. El cerebro humano crece con el uso, y el número de conexiones neuronales que adquiere un niño se forman en esos primeros años de vida.

¿Sabías que el movimiento es una de las experiencias más importantes que puede tener un bebé? Es a través de él que el cerebro se estimula y se prepara para un mayor aprendizaje. Existen maravillosos programas de movimiento temprano que promueven el desplazamiento y el aprendizaje a una edad muy corta.

En el primer año de vida de un bebé, aprenderá a levantar la cabeza, a darse la vuelta, a sentarse y a gatear, a ponerse de pie y posiblemente a caminar. Eso en sí mismo es mucho movimiento, control muscular, equilibrio y determinación.

El movimiento en el primer año ayuda a que el cuerpo y el cerebro se conecten y desarrollen habilidades motoras gruesas y finas que influyen en el sistema motor sensorial y ayudan a desarrollar el cerebro. Resistir la gravedad o empujar contra el suelo forman parte de ese crecimiento a través del desplazamiento. Esto desarrolla la comprensión de dónde está el niño en relación con el espacio del que forma parte. Otra parte fundamental es encontrar el equilibrio. Estos primeros movimientos y el aprendizaje del equilibrio a medida que el bebé se pone más erguido, ayudan al cerebro a desarrollar el sistema vestibular. Este sistema es el que proporciona el sentido del equilibrio y la orientación espacial. Este sentido se desarrolla a través del movimiento. El cuerpo y el cerebro necesitan vincularse entre sí para preparar al bebé para pensar y hacer crecer su capacidad cerebral.

¿Qué pueden hacer los padres y los cuidadores en esta etapa crucial?

Es el momento de dar a los bebés la oportunidad de rodar sobre una alfombra de juego, levantar la cabeza y pasar un tiempo valioso meciéndose boca abajo. Los niños pequeños necesitan estar expuestos a juegos al aire libre y a juguetes con los que puedan explorar mientras suenan o ruedan. Intenta sacar a los niños para que jueguen afuera y experimenten diferentes actividades apropiadas para su edad. Intenta no tenerlos en sus sillas de bebé o corralitos. Dales juguetes para que los empujen o tiren y fomenta el movimiento siempre que sea posible. Jugar con objetos aleatorios que sean seguros para esta edad se conoce como juego de "piezas sueltas". Los objetos de diferentes formas, tamaños y texturas para explorar constituyen una maravillosa selección de cosas con las que interactuar.

Aquí tienes algunos consejos prácticos y áreas del desarrollo para ayudar al crecimiento del cerebro de tu bebé durante el primer año. Puede que estés haciendo muchas de estas cosas sin darte cuenta de su importancia. Esto te ayudará a saber que estás en el buen camino y a centrarte más decididamente en la importancia de ese primer año de crecimiento.

CENTRARSE EN EL PRIMER AÑO

Desde nacimiento a los tres meses: qué hacer:

- Háblale a tu bebé mientras caminas por la casa y preséntale el mundo que le rodea. Escuchar tu voz le ayudará con el ritmo del habla. Canta canciones y rimas infantiles también en esta etapa. Mantén el contacto visual y ensaya algunas pequeñas acciones mientras pasan tiempo juntos.

De tres a seis meses: qué hacer:

- Amplía el alcance del bebé colocando juguetes seguros fuera de su alcance, para que tenga que estirarse y tomarlos. Pon a tu bebé en el suelo o en una colchoneta boca abajo con los juguetes justo delante de él. Esto es útil para la coordinación mano-ojo y el comienzo del movimiento independiente.

- Toma a tu bebé en brazos y baila mientras te mueves por la habitación con él, así disfrutará del movimiento contigo.

De seis a nueve meses: qué hacer:

Es el momento de prepararse para la movilidad. Tu bebé puede estar sentado e intentar ponerse en movimiento. Durante estos próximos tres meses, puede empezar a gatear o incluso a ponerse de pie y caminar agarrado de los muebles.

- Juega a esconderte detrás de los muebles o en las esquinas: Escóndete detrás del mobiliario, y asómate para que tu bebé intente encontrarte. Este juego suele provocar chillidos de alegría en él, pero al mismo tiempo está desarrollando lo que se conoce como permanencia de los objetos. Es decir, el concepto de saber que algo está ahí, aunque no se vea por un momento.
- Cojines para trepar: Amontona algunos cojines de los muebles del salón y anima a tu bebé a trepar por ellos. Esto requiere supervisión, por supuesto, pero le ayudará a mantener el equilibrio y a realizar movimientos de escalada.
- Imitación: Copien las acciones del otro. Pronto tu bebé captará la idea y podrán divertirse imitándose mutuamente. Esto le enseña a aprender a través de la imitación.

De nueve a doce meses: qué hacer:

- Tómate más en serio la lectura de libros. Señalar las ilustraciones y repetir el vocabulario o hacer que los sonidos

acompañen a las imágenes es una forma estupenda de desarrollar el lenguaje. Busca libros de cartón con páginas gruesas y deja que tu bebé las pase.
- La imitación de sonidos puede continuar simplemente copiando los ruidos que hace tu hijo. Diviértanse haciendo sonidos tontos entre ustedes. Estos son los componentes básicos del aprendizaje del lenguaje.
- El juego con el agua es importante en esta etapa. La hora del baño puede ser una gran experiencia de aprendizaje con el vertido y la medición. Incluye muchos juguetes acuáticos para este momento.

Fomentar las actividades en el próximo año de vida de tu hijo te hará participar en las primeras etapas de un niño pequeño. Tu hijo dará por fin sus primeros pasos, y esto supondrá un gran cambio para ti y para la familia.

SEGUNDO AÑO Y CÓMO ESTIMULAR EL DESARROLLO CEREBRAL:

Un año en el que se alcanzan cada vez más logros físicos y mentales. Tu hijo está entrando en la fase de niño pequeño. El carácter está empezando a desarrollarse, y esta fase se conoce a menudo como los terribles dos años, ya que tu hijo empieza a ser decisivo. El "no" es una palabra muy popular.

Las habilidades de movimiento se desarrollan a gran velocidad. Tu hijo debería intentar:

- Empezar a correr
- Patear una pelota
- Llevar varios juguetes a la vez
- Subir y bajar de los muebles
- Sujetarse y subir escaleras
- Lanzar una pelota por encima de la cabeza
- La marcha se ha vuelto más estable y puede ser capaz de caminar hacia atrás o mantenerse de pie sobre una pierna. Todos sus movimientos son cada vez más coordinados

Anímale a correr, trepar, deslizarse y explorar en el exterior. Todo ello bajo supervisión en esta etapa. Recuerda que el movimiento estimula el cerebro y que la motricidad fina está empezando a desarrollarse, ya que tu hijo de dos años debería ser capaz de mover las muñecas, los dedos y enganchar la palma de la mano en un pomo o manilla. Pueden tomar un lápiz de color y hacer garabatos con él, aunque los trazos son muy poco coordinados. Es posible que se empiece a observar un dominio de la mano izquierda o derecha, pero no es necesario forzarles a elegir en esta fase. Pueden concentrarse un poco más y conseguirán pasar las páginas de un libro contigo.

Las habilidades lingüísticas de los niños pequeños también se están desarrollando rápidamente. Es posible que empieces a notar estos avances en esta etapa:

- Saben los nombres de sus hermanos, algunas partes de su cuerpo y objetos que ven a menudo.
- Pueden seguir instrucciones sencillas

- Señalan las imágenes de los libros y pueden nombrar algunas de ellas.
- Intentan encadenar palabras en pequeñas frases.
- Repiten palabras que oyen decir a otros.
- Utilizan algunos pronombres como "mi" y "yo" en lugar de utilizar sus nombres.

Los libros son tus mejores amigos para desarrollar el lenguaje y decir los nombres de todo lo que ven en las imágenes. Recuerda que, cuando salgas con tu hijo, puedes indicarle cosas interesantes para que las vea y las descubra. También disfrutará con las rimas y las canciones, pero no te preocupes si no habla tanto como otro niño que conozcas. El desarrollo del habla es muy diferente para cada niño que está creciendo.

Las habilidades sociales y emocionales se están desarrollando a esta edad, y a tu hijo le debería entusiasmar estar con otros niños. Jugará junto a otros compañeros en lo que se conoce como juego paralelo y empezará a ser más independiente. La tendencia de los niños pequeños a ser desafiantes se manifestará a medida que su carácter se desarrolla y son más conscientes de lo que quieren.

El niño de dos años está desarrollando sus habilidades de pensamiento y aquí hay algunas cosas que hay que fomentar:

- Clasificar por formas y colores: Los juegos de colocación de formas son muy buenos para la simple coordinación de encajar la forma en el agujero de forma correcta del juguete.

- Aprender a seguir una instrucción de dos partes, como, por ejemplo: toma tu sombrero y póntelo en la cabeza.
- Terminar de memoria el final de una rima que conocen en un libro.
- Podrán disfrutar de juegos sencillos de simulación.
- Empiezan a contar y a entender los números.
- Sus habilidades lingüísticas mejoran y pueden resolver pequeños problemas o situaciones.
- Pueden empezar a entender algunos conceptos de tiempo como "antes" y "después".

Cuantas más actividades puedas realizar para desarrollar estos logros, mejor para tu hijo. Algunos pequeños pueden ir a una guardería infantil algunas mañanas a la semana, dependiendo de las circunstancias familiares y de la preparación emocional del niño. Algunos pueden tener que asistir a un centro de atención si sus padres tienen que trabajar. En cualquier caso, es importante asegurarse de que el establecimiento ofrezca las experiencias adecuadas para tu hijo en el grupo de edad apropiado.

PREPÁRATE PARA EL TERCER AÑO

Llega otro año de crecimiento emocionante y de retos que afrontar. Conocer algunos de las metas de desarrollo esperadas ayuda a los padres a planificar las actividades y a saber qué esperar. Recuerda que cada niño es un individuo y que ningún hito está grabado en piedra. Sin embargo, si sospechas que tu hijo tiene un retraso en algún aspecto de su crecimiento y desarrollo, siempre es buena idea pedir consejo a un profesional.

Estos son algunos de los logros esperados cuando tu hijo cumple tres años:

Desarrollo físico y habilidades de mejora:

- Tu hijo puede saltar y es posible que sea capaz de saltar sobre un pie.
- Los niños de esta edad pueden trepar y correr con seguridad.
- Los niños de tres años pueden pedalear un triciclo.
- Tu hijo debería ser capaz de subir y bajar escaleras de una en una.

Comunicación con los demás y habilidades lingüísticas:

- Ha empezado a decir pequeñas frases con algunas palabras encadenadas.
- El habla se ha vuelto más clara y hasta los extraños a la familia pueden entender lo que dice tu hijo.
- Puede seguir instrucciones con dos o tres cosas que hacer.
- Conoce los nombres de algunos de sus amigos.
- Utiliza algunos pronombres como "yo", "tú", "nosotros" y empieza a utilizar plurales sencillos como "perros", "coches", "tazas", etc.
- Tiene pequeñas "conversaciones" empezando a interactuar con sus padres y amigos.

- Empieza a utilizar su imaginación con sus habilidades lingüísticas.

Habilidades emocionales y sociales:

- En esta etapa tu hijo quiere vestirse y desvestirse solo.
- Le encanta ayudar y está preparado para participar en algunas tareas domésticas.
- Al niño de tres años le gusta copiar a otros niños y adultos.
- A esta edad, tu hijo puede haber aprendido a usar el orinal.
- Cada vez son más independientes y no se alteran cuando sus padres tienen que dejarlos en la guardería, por ejemplo.
- El niño de tres años es muy cariñoso y está dispuesto a demostrar su afecto.
- Se preocupan cuando sus amigos se enfadan.
- El niño de tres años es más fácil de convencer para que se turne con otros niños.
- Les gusta tener una rutina y seguirla.

Ahora que ya sabes qué esperar de la fase de los tres años, aquí tienes diez sugerencias de cosas que puedes hacer en tu vida cotidiana para favorecer las metas de desarrollo en esta edad. Toma nota de estas ideas y pronto se convertirán en parte habitual de tu rutina diaria también:

1. Lee un cuento cada día: La hora de acostarse siempre es un buen momento. Aprovecha para desarrollar el lenguaje y haz

algunas preguntas sobre el cuento o señala cosas interesantes en los dibujos.

2. Canten canciones juntos y jueguen también con pequeñas rimas de movimiento: Si tu hijo está en preescolar, estará aprendiendo rimas y las acciones que las acompañan.

3. Asegúrate de que tu hijo tenga mucho tiempo para jugar: El juego de fantasía y el juego activo son importantes. Prepara una caja de disfraces o una cesta con diferentes cosas para fomentarlos.

4. Dedica tiempo a organizar citas para jugar y pasar tiempo con los amigos: Anima a compartir en estos momentos. Guarda los juguetes realmente especiales que puedan provocar un incidente, pero asegúrate de que hay muchos otros que los niños compartirán con gusto y con los que se turnarán para jugar.

5. Prueba con actividades de motricidad fina, como colorear con lápices de colores grandes y gruesos. Anima a tu hijo a jugar con plastilina, si sabes que no querrá metérsela en la boca.

6. Trata de tener una rutina estructurada a la hora de acostarse e intenta cumplirla todos los días.

7. Ayuda a tu hijo a entender y expresar sus sentimientos: Si está triste, enfadado o contento, habla de ese sentimiento y de la palabra que describe cómo se siente en ese momento.

8. En nuestro mundo moderno el tiempo de pantalla y la tecnología son un punto relevante de discusión. Mantén las pantallas fuera del dormitorio y controla lo que ve tu hijo de tres años. Deben ser programas de calidad e interactivos en la

medida de lo posible. Limita el tiempo de pantalla a una hora al día y participa en los programas educativos para evitar usar el dispositivo como niñera.

9. Elogia el comportamiento que quieres ver: La afirmación positiva es muy importante para que surjan los rasgos de carácter que quieres en tu hijo.

10. Si necesitas disciplinarle, utiliza el incidente como una herramienta de enseñanza. Recomienda que pasen un tiempo juntos para entender el incidente y los límites del comportamiento correcto e incorrecto. El "tiempo dentro" es más eficaz que el "tiempo fuera".

Los tres primeros años han pasado volando y cuando mires atrás y veas cómo ha crecido tu hijo, te sorprenderás en muchos aspectos. Los avances que ha logrado y el desarrollo que has visto a nivel físico, mental, emocional y social han sido bastante asombrosos.

Ahora, en estos primeros años de formación, es el momento de considerar la fase de los cuatro a los cinco años como el punto de llegada de los primeros años de la vida de un niño.

QUÉ ESPERAR DE TU HIJO EN EL CUARTO Y QUINTO AÑO

Una de las cosas más importantes del desarrollo que notarás es lo mucho más independiente que se ha vuelto tu hijo. Los niños de cuatro a cinco años tienen más confianza en sí mismos y mayor autocontrol. Verás signos de desarrollo que se derivan de tu crianza positiva durante los tres primeros años. Algunos niños pueden tener un hermano menor y quizás ya estén en un centro preescolar más formal. Su mayor madurez y confianza en sí mismos les ayuda a enfrentarse a estas nuevas incorporaciones y cambios en su estilo de vida. Las habilidades cognitivas y de desarrollo del lenguaje crecen ante tus propios ojos. Socialmente, tu hijo de cuatro a cinco años es mucho más manejable.

Éstos son algunos de los emocionantes avances que pueden esperarse a esta edad:

Motricidad fina y gruesa/movimiento:

- Correr, trepar, columpiarse, saltar y dar patadas, o lanzar una pelota con facilidad es lo que tu hijo de cuatro a cinco años debería hacer en el aspecto de la motricidad gruesa de su desarrollo.
- Debería ser capaz de saltar sobre un pie.
- Pedalear un triciclo.
- Caminar hacia atrás y hacia delante.
- Construir una torre con diez bloques.
- Utilizar un tenedor y una cuchara para comer.
- Vestirse y desvestirse, cepillarse los dientes y atender otras necesidades de aseo personal sin demasiada ayuda.
- Deberían ser capaces de dibujar una persona con cuerpo.
- Sus dibujos deben incluir la copia de formas como un triángulo, un cuadrado o un círculo.

Habilidades cognitivas y lingüísticas en esta etapa:

- Deberías notar la curiosidad de tu hijo por el mundo que le rodea.
- Son personitas parlanchinas que tienen un vocabulario creciente.
- A esta edad les gusta cantar canciones y recordar rimas. Son charlatanes y pueden ser divertidos, enérgicos y ruidosos.
- Pueden contar hasta diez o más objetos, reconocer cuatro o más colores y tres formas.
- Los niños de cuatro a cinco años querrán escribir su nombre y puede que conozcan algunas letras del alfabeto.
- Se aprecia un claro desarrollo de su capacidad de concentración.
- Deberían conocer su dirección y su número de teléfono.

Desarrollo social y emocional:

- Disfrutan jugando con sus amigos y haciéndoles felices.
- Empiezan a darse cuenta de que el mundo no gira en torno a ellos.
- En esta etapa del desarrollo, están empezando a entender que los juegos tienen algunas reglas y que tienen que tomar turnos.
- Los niños de cuatro y cinco años empiezan a decir lo que sienten y pueden expresar su enfado.
- La mayoría de los niños de esta edad se adaptan felizmente a la rutina escolar, pero siguen necesitando mucho tiempo para

jugar y tener la libertad de crear sus propios juegos de fantasía y tener tiempo libre para divertirse.

Si a ti, como padre, te preocupa el desarrollo de tu hijo en esta etapa de su crecimiento, sería una buena idea llevarlo a ver a un especialista para obtener una segunda opinión o un punto de vista profesional. Tal vez el maestro de tu niño haya mencionado algunos problemas en la escuela, o hayas notado que tiene algunos retrasos o problemas emocionales. Cuanto antes se definan y traten, mejor.

A continuación, se indican algunos puntos en los que debes fijarte e investigar si estás preocupado:

- ¿Tu hijo está muy ansioso por estar lejos de sus padres?
- ¿Le cuesta concentrarse en una tarea o un juego?
- ¿Notas que tu hijo no establece contacto visual con otros adultos o niños?
- Tu hijo no es capaz de construir con bloques y equilibrarlos para hacer una torre.
- ¿Tu hijo está inusualmente triste o llora a menudo y parece muy desdichado?
- ¿Tu hijo puede decir su propio nombre?
- ¿Tu hijo tiene dificultades para vestirse o cepillarse los dientes y le cuesta ir al baño?
- ¿Sientes que tu hijo no es feliz en compañía de otros niños?

Si has respondido afirmativamente a alguna de estas preguntas, puede ser aconsejable hablar con alguien sobre posibles retrasos en el desarrollo. La clave del éxito en los primeros años es buscar activamente asesoramiento, información y educación mediante el conocimiento de la transformación que experimentan los niños en este período crítico de su vida.

María Montessori, educadora y creadora de la filosofía educativa Montessori, dijo:

"Los niños adquieren conocimientos a través de la experiencia en el entorno".

También dijo:

"La educación debe comenzar desde el nacimiento".

Jean Piaget, psicólogo suizo conocido por su trabajo sobre el desarrollo infantil y su teoría del desarrollo cognitivo, dijo:

"El juego es el trabajo del niño".

Albert Einstein, físico teórico y una de las mentes más grandes de todos los tiempos, dijo:

"¡La imaginación lo es todo!"

— ALBERT EINSTEIN

Stephen Covey, educador, autor y orador motivacional estadounidense, dijo:

"Tu trabajo más importante está delante de ti, no detrás".

— STEPHEN COVEY

Esta cita, junto con las demás, lleva a los padres hacia el futuro con sus hijos, para guiarlos a través del juego, para que los niños utilicen su imaginación y su entorno como verdaderas herramientas de conocimiento y crecimiento. Los primeros años de la crianza son los más importantes para el desarrollo integral y la educación a través del poder del juego.

5

INTELIGENCIA EMOCIONAL

¿Inteligencia emocional? Empecemos este capítulo con su descripción y por qué es tan importante a la hora de considerar el desarrollo infantil.

La Inteligencia Emocional o EQ, cociente emocional, es la capacidad de comprender y gestionar tus emociones de diferentes maneras para obtener resultados positivos. Puede ayudar a aliviar el estrés, a empatizar con los demás, a comunicarse, a superar conflictos y a crear conciencia social.

Hay cuatro tipos de inteligencia emocional y se dividen en las siguientes categorías:

- Conciencia de uno mismo
- Gestión de la propia persona.
- Gestión de otras relaciones.

- Conciencia social.

¿Cómo podemos incluirla en nuestro equilibrio de la crianza y el desarrollo de los niños? Es como el concepto de la delantera y la popa en cuanto a los conceptos del Yin y el Yang del equilibrio. El delantero o la persona con Inteligencia Emocional es un líder y tiene cualidades de liderazgo, mientras que los que no han desarrollado puntos fuertes en Inteligencia Emocional pueden seguir el camino marcado por los líderes de su comunidad. Esto es tan bueno como las cualidades de liderazgo porque los seguidores leales también son importantes en la sociedad. Los seguidores aprenden lo que es la Inteligencia Emocional cuando se convierten en el efecto de popa en el equipo. Son los héroes de apoyo, la ética de trabajo que necesitan los líderes.

Ser consciente de uno mismo es el punto de partida de la Inteligencia Emocional. Saber quién eres y cómo te conectas con los demás te hace estar mucho más en sintonía contigo. Ser consciente de ti, te da la capacidad de reconocer las emociones de los demás y cómo reaccionar ante ellas.

La autogestión es el segundo aspecto de la Inteligencia Emocional. Requiere cierto autocontrol a la hora de manejar tus propios sentimientos en diferentes situaciones. No se trata de reprimir las emociones, sino de reconocerlas y gestionarlas cómodamente.

La gestión de otras relaciones: Se trata de ser capaz de conectar con los demás. Se trata de tener la capacidad de enlazar con los otros y de entablar relaciones fuera de tu grupo de origen. La gestión de los demás es una habilidad que se construye haciendo amigos y conociendo otros niveles de Inteligencia Emocional.

La conciencia social pone en juego la forma de entender a los demás en diferentes situaciones sociales. Tenerla es una parte importante para poder manejarse en otras situaciones sociales fuera de casa.

¿Aprenderá tu hijo a ser la proa o la popa de la relación emocional inteligente? Ambos tienen su lugar en la relación, y el lugar puede cambiar de vez en cuando a medida que tu hijo madura.

En la época de los héroes que surcaban los mares traicioneros por su país, Horacio Nelson, un famoso capitán de la marina británica, decía lo siguiente sobre la valentía en el mar:

"Atrás el mayor honor, adelante el mejor hombre".

— HORACIO NELSON

Este conocido dicho ha llegado a simbolizar la valentía y la defensa de las propias creencias.

Alimentar la Inteligencia Emocional ayuda a crear cualidades de liderazgo y a que los seguidores sepan cómo desempeñar su papel en la sociedad. Los líderes pueden liderar y los seguidores pueden seguir y convertirse en líderes cuando entienden la función de la Inteligencia Emocional.

¿Qué cualidades demuestran que un niño tiene potencial de Inteligencia Emocional? Una vez encontradas esas cualidades, ¿cómo podrían los padres y cuidadores potenciarlas a medida que el niño madura? Estas son preguntas válidas que los padres pueden hacerse.

El concepto de Inteligencia Emocional parece algo abstracto. Observar algunos de los puntos que componen el grado de Inteligencia Emocional en un individuo, ayudará a reconocer esta forma de inteligencia y a encontrar la manera de construir sobre esta parte del carácter de un niño. La Inteligencia Emocional tiene un gran valor en la sociedad, en el hogar y en el ámbito laboral.

Observa estas 10 cualidades que definen la Inteligencia Emocional. ¿Ves alguna de ellas en tus hijos? Estas características demuestran que tu hijo ya tiene cierto grado de inteligencia emocional. Cuando las hayas identificado, puedes desarrollarlas y animarlo a crecer en estas áreas a medida que se enfrenta a más retos sociales:

1. Establecer conexiones emocionales:

¿Ves que tu hijo empieza a pensar en cómo se sienten los demás? Puede que lo haga con un abrazo a un amigo o con una conexión contigo y con la familia en casa. Tu hijo puede mostrar empatía con un personaje de un libro de cuentos. Estos son signos de que está estableciendo una conexión emocional.

Cómo fomentar las conexiones emocionales:

- Pasa más tiempo con tu hijo para fomentar la conexión. Formar estas conexiones requiere tiempo y esfuerzo. Tu hijo ve cómo lo haces a través del vínculo contigo.
- Forma parte del mundo de tu hijo y juega con él. Cuando

juegas con tu hijo puedes entrar en su universo y hablar de la conexión emocional a su nivel.
- Escucha sus sentimientos, y anímale a hablar de lo que le pasa. Entrar en contacto con tus propios sentimientos te ayuda a entender los de los demás.

2. Habilidades de pensamiento:

¿Eres consciente de que tu hijo se toma un momento para pensar en los demás o para pensar en lo que va a hacer? Resolver problemas y pensar antes de actuar es un signo de Inteligencia Emocional.

Cómo fomentar tomar tiempo para pensar en los demás:

- Cuando veas a tu hijo ser amable en cualquier situación, elógialo por su acto de bondad.
- Habla de los gestos bondadosos. Cómo mostrar amabilidad a los demás es un buen tema de conversación.
- Sé tú mismo un buen modelo a seguir. Deja que tu hijo vea cómo muestras amabilidad en tu familia y con los otros.
- Habla sobre cómo debes dirigirte a los demás de forma que demuestres que eres una persona atenta.

3. Aceptar las críticas:

Puede haber ocasiones en las que tengas que decirle a tu hijo que no te ha gustado su comportamiento y por qué. ¿Cómo acepta los comentarios que le haces? ¿Muestra el deseo de aprender y hacer las cosas mejor la próxima vez, o se enfada por la forma en que le has hablado?

Cómo enseñar a tu hijo a aceptar las críticas:

- Asegúrate de decirle que estás criticando la acción y que no estás siendo negativo con él.
- Ayúdale a entender que señalar los defectos ayuda a las personas a ser mejores. La intención es ser útil.
- Sé comprensivo y haz preguntas si necesitas profundizar y resolver los sentimientos heridos.

4. Mostrar empatía:

La empatía genuina tarda en desarrollarse y esta es una característica que deberías trabajar como padre. ¿Cómo va eso? ¿Sientes que tu hijo responde a tu estímulo de empatía?

Como ayudar a tu hijo a mostrar empatía:

- Habla de los sentimientos que pueden tener los demás. Los libros son una gran introducción a los sentimientos y a cómo compartirlos.
- Sé un buen ejemplo de empatía, y habla de cómo se sintió tu hijo cuando le mostraste que querías entender su sentir.
- Utiliza el juego de simulación con sus juguetes, para crear una situación en la que un juguete muestre empatía hacia otro. Usa el diálogo de esta situación para sacar la respuesta empática de tu hijo.

5. Pedir perdón:

Ser humilde y pedir perdón es algo que los padres deberían enseñar a sus hijos. Cuando se equivocan a conciencia, deben mostrar remordimiento y disculparse.

Cómo enseñar a tu hijo a pedir perdón con sentido:

- Ayuda a los niños a establecer la conexión entre lo que les duele si han molestado a otro niño, y por lo que están pidiendo perdón.
- En lugar de limitarte a decir "lo siento", di "lo siento por" ...
- Deja que tus propias acciones hablen de lo que sientes, demostrando que lo sientes. Tu hijo seguirá tu ejemplo.

6. Un niño que cumple sus promesas demuestra Inteligencia Emocional:

Los niños pueden hacer promesas y no cumplirlas, ya que salen corriendo en otras direcciones y se olvidan de lo que han dicho. Un niño que cumple sus promesas y recuerda su compromiso está demostrando que va a tener Inteligencia Emocional.

Cómo ser un buen modelo para mostrar a tu hijo el valor de cumplir las promesas:

- En primer lugar, los padres deben ser un buen modelo a seguir cuando se trata de mantener lo prometido.
- Habla de cómo hacer promesas que se puedan cumplir. No

prometas algo que esté fuera de tu alcance porque te estás exponiendo al fracaso y a la decepción.
- Ayuda a tu hijo a tener un plan para alcanzar el objetivo de la promesa que quiere cumplir. Algo que sea alcanzable mediante algunos pasos sencillos.

7. Ser servicial:

Los niños que son naturalmente serviciales y les gusta hacer cosas por los demás están definitivamente dotados de Inteligencia Emocional. Cuando quieren ayudar a los otros, están demostrando que tienen empatía, bondad y una comprensión emocional de cómo se siente la otra persona.

Lo que puedes hacer para fomentar la ayuda:

- Encuentra cosas apropiadas para su edad en las que tu hijo pueda ayudar.
- Elogia su capacidad de ayuda.
- Muéstrale cómo la buena voluntad vincula a tu familia y construye tus amistades.

8. Decir palabras amables:

Los niños que hablan con amabilidad de quienes les rodean tienen la capacidad de elogiar a los demás. Esto forma parte de la creación de la confianza entre amigos y familiares.

Cómo enseñar a los niños a decir palabras amables:

- Ayuda a tu hijo a entender qué son las palabras corteses y cómo hacen sentir a las personas cuando las dicen.
- Practica decir palabras amables en la mesa durante la cena. Cuando la familia se reúna para comer, haz que sea un momento para compartirlas.
- Empieza a aprender palabras cariñosas, puedes empezar con unas pocas palabras e ir ampliando tu repertorio.

9. Perdonar a otro niño por una mala acción:

A una edad temprana, los niños son más propensos a perdonar y olvidar, pero a medida que maduran y tienen mejor memoria esto puede ser algo en lo que necesitan trabajar para desarrollar la Inteligencia Emocional.

Cómo ayudar a tu hijo a entender el perdón:

- Habla con tu hijo sobre el perdón y sobre cómo significa dejar de lado la ira o la mala actitud hacia alguien.
- Dile que perdonar requiere valor y busca algunos libros sobre el tema.
- Piensa en situaciones de la vida real en las que tú o tu hijo hayan tenido que mostrar su perdón.
- Los niños pequeños necesitan saber sobre el amor y el cuidado de los demás antes de poder perdonar.

10. Dar crédito a los demás:

Los niños pueden aprender desde pequeños a chocar los cinco y a aplaudir para mostrar elogios por algo que otro niño ha hecho bien. Pronto te darás cuenta de si tu hijo está realmente elogiando porque quiere estimular a otro niño. Este es un concepto bastante avanzado para los niños más pequeños y egocéntricos. Enséñales cómo funciona y pronto lo entenderán.

Cómo mostrar a tu hijo el valor de dar crédito a quien lo merece:

- Empieza mostrando a tu hijo cómo le valoras. Dale mérito con palabras de afirmación.
- Utiliza el pulgar hacia arriba o choca los cinco para mostrar una actitud positiva inmediata por algo que ha hecho
- Ten una tabla de créditos en casa y añade los créditos diarios que se deben por diferentes cosas. Pon a toda la familia en la tabla y enséñale a tu hijo a conceder créditos a otros miembros de la familia.

Las diez situaciones enumeradas aquí son diferentes oportunidades para mostrarle a tu hijo los aspectos de la Inteligencia Emocional. Mientras seas un buen modelo en estas áreas, podrás ver cómo responden y entrenarlos en las diferentes cuestiones de la Inteligencia Emocional.

Una de las formas más exitosas de ayudar a los niños a desarrollar su Inteligencia Emocional es ser un modelo de conducta, y enseñar a tu hijo a dar el ejemplo correcto. Pon la empatía, la amabilidad, el perdón y la ayuda en tu vida cotidiana.

A medida que tu hijo crece y se integra en otras comunidades, añade esas cualidades a los distintos aspectos de su vida. Ayúdale a ser emocionalmente consciente de sus amigos en la escuela o de sus parientes en las relaciones familiares. Propaga la positividad por todas partes y reconócelo en cada oportunidad.

"He aprendido que

la gente

olvida lo que has dicho.

La gente

olvidará lo que hiciste,

pero

la gente nunca olvidará cómo

les hiciste sentir".

— MAYA ANGELOU

Enseñar a los niños a desarrollar la inteligencia emocional es una habilidad vital enriquecedora de la que todos se beneficiarán cuando empiecen a ver esas cualidades en sus padres y en ellos mismos a medida que crezcan.

6

MODELOS DE CONDUCTA A LOS QUE ADMIRAR

Los grandes modelos de conducta van y vienen, dependiendo de la situación en la que te encuentres. Están en todos los ámbitos de la vida. Los padres deben ser los primeros modelos de conducta de sus hijos. En el Yin y el Yang del equilibrio en la naturaleza y en nuestros hogares, los padres son los mejores modelos de comportamiento, ya que aportan tanto el papel masculino como el femenino a la dinámica familiar.

POR QUÉ TU HIJO NECESITA MODELOS A LOS QUE ADMIRAR

Un buen modelo de conducta ayuda a un niño a intentar ser lo mejor posible mediante la imitación de buenas virtudes y cualidades. A menudo es más fácil para un pequeño ver las virtudes del buen carácter actuando delante de él, que recibiendo constantes sermones sobre cómo ser mejor persona.

El modelado de roles no consiste en ser la persona perfecta. Se trata de mostrar características honestas y estables que ayuden al crecimiento del carácter de otro individuo.

A continuación, se presentan siete rasgos de carácter de los que se suele hablar en relación con un buen modelo de conducta. Lee esta lista y comprueba si son rasgos de un modelo de comportamiento que consideras importante para una crianza positiva:

1. Un modelo de conducta demuestra que respeta a los demás y se preocupa por su bienestar.
2. Un modelo de comportamiento tiene un sólido conocimiento de su materia y está abierto a aprender cosas nuevas.
3. Un modelo de conducta está dispuesto a aprender y acepta que comete errores.
4. Un modelo de conducta es un buen comunicador. Escucha bien y responde con respuestas útiles.
5. Un buen modelo a seguir no tiene miedo de ser diferente y está orgulloso de ser quien es.
6. Un buen modelo de conducta es una persona segura de sí misma. Son positivos y ejercen una influencia tranquilizadora.
7. Un buen modelo de comportamiento se esfuerza por hacer que los demás sean mejores personas.

Los buenos modelos de conducta inspiran a las personas a dar lo mejor de sí mismas. Hay que mirar a un modelo de comportamiento y pensar "yo quiero ser así". La fase de aprendizaje temprana de la vida de un niño es exactamente el momento en que la crianza positiva puede mostrarse como el modelo a imitar de muchas maneras.

La forma en que los padres ejercen de modelo en sus hogares es un factor importante para criar a los niños en un entorno positivo. He aquí algunas de las áreas clave en las que un buen modelo de conducta y una buena crianza van de la mano.

Mantener un estilo de vida saludable:

Los padres que muestran a sus hijos un nivel de vida saludable están contribuyendo a que éstos elijan un estilo de vida sano. Una dieta adecuada, dedicar tiempo al ejercicio y a las actividades al aire libre y dormir bien son algunos de los aspectos más relevantes. Es en estas áreas donde los padres pueden dar un buen ejemplo a sus hijos.

Tratar a todos con amabilidad y respeto:

Los adultos deben mostrar a sus hijos que todo el mundo merece ser tratado con respeto. Esta es una buena cualidad que hay que modelar en casa y en el entorno exterior. Muestra a tus hijos que tratas a todo el mundo de la misma manera, incluso a ellos. Una buena manera de demostrarlo es a través de la forma en que te diriges a los demás. Habla en el mismo tono de voz y no hagas comentarios críticos y acusadores. No hables mal de los otros, ni cuentes chismes delante de tus hijos. Incluso los oídos más pequeños pueden captar que no estás siendo amable.

Los buenos modelos de conducta mostrarán que tienen amor por el aprendizaje:

Deja que tus hijos te vean disfrutar de los libros, los pasatiempos, los deportes, la música, visitar lugares interesantes y probar cosas nuevas. Esto ayuda a despertar una curiosidad natural.

Después de mamá y papá, los niños pueden ver modelos de conducta en sus hermanos mayores. Puede que les admiren porque son más grandes. Los padres tienen que intervenir aquí y asegurarse de que sus hijos mayores sean respetuosos con los valores familiares y actúen como un buen modelo a seguir. Mientras estaban criando al hermano mayor, los padres fomentaron los valores que consideraban dignos de ser valores familiares. El hermano mayor de la familia debería tener los mismos valores para impartirlos a los miembros más jóvenes. Disponer de un tiempo familiar en el que se puedan compartir estos valores ayuda a que se respeten los modelos de conducta.

LOS MODELOS DE CONDUCTA SON UNA FORMA DE MOTIVACIÓN

Cuando tienes a alguien a quien admirar, y confías en esa persona porque la respetas, es como tener una "imagen" que copiar. Esto es motivador para los niños pequeños, porque tienen una forma de saber lo que les hace sentir bien antes de que puedan poner palabras a su comportamiento. Elogiar en todo momento el buen proceder es la forma de mostrar tu aprecio por el modelo a seguir.

Hay otras cualidades intencionales que los padres y cuidadores quieren que sus hijos vean. Compartir intencionadamente estas características, ayuda a los niños pequeños a crecer en la dirección correcta.

Elogia estas cualidades cuando las veas en tus hijos:

- Confiabilidad
- Compasión
- Integridad
- Honestidad
- Dedicación
- Conexión con los demás.

Estas son cualidades buenas y, cuando los padres tengan la oportunidad, deberían felicitar a sus hijos por mostrarlas hacia los demás y delante de sus amigos.

Piensa en formas de crear oportunidades para que tu hijo vea estas cualidades modeladas por ti o por otros. He aquí algunos ejemplos de cada una de ellas:

Confiabilidad:

Siempre te acuerdas de llevar sándwiches y algo de beber para que tu hijo lo lleve al colegio. Cuando les enseñes a dar las gracias, puedes compartir con ellos cómo lo haces cada día, y pueden confiar en ti cuando abran su fiambrera en el recreo.

Compasión:

Un miembro de la familia no se encuentra bien o se siente triste y solo. Llevas a tu hijo a visitarlo para animarle. Le hablas amablemente, quizás sea tu madre u otro miembro de la familia, y le muestras compasión. Después de la visita, le explicas a tu hijo lo que has hecho y cómo has hecho sentir a la otra persona. Tal vez le incluyas en el proceso de animar a la persona pidiéndole que haga una tarjeta de buenos deseos.

Integridad:

Esta es una cuestión difícil de seguir para los niños pequeños. Se trata de tener una ética y una moral fuertes y de tratar a las personas con sinceridad y honradez. La mejor manera de fomentar la integridad es elogiar lo bueno que ves en tu hijo. Busca esos "buenos momentos" y elógialos. Este tipo de alabanza positiva influirá en la forma en que tu hijo ve cómo algunas acciones realizadas por otros pueden hacer felices o tristes a sus amigos. La forma en que tratas a tu hijo es también una prueba de tu honradez. Tratar siempre a todos de la misma manera demuestra integridad.

Honestidad:

Esto es muy importante para los niños pequeños. Aplica la honestidad a todo. No mientas sobre las golosinas o el tiempo que pasas con tu hijo. No le des falsas esperanzas sobre un juguete nuevo o un tiempo de descanso contigo cuando sabes que no va a suceder. La deshonestidad genera falta de confianza y este no es un buen modelo a seguir.

Dedicación:

Los niños pronto verán si realmente te dedicas a una actividad. Si eres organizado, puntual y comprometido, ellos pueden seguir tu ejemplo de dedicación a una actividad. Si es algo en lo que pueden participar contigo, llévalos y deja que aprecien lo que supone el éxito de esta tarea.

Otra buena manera de utilizar el modelado de roles para sacar provecho, es buscar personajes en los libros de cuentos. Lee las historias y señala los buenos rasgos de carácter que los héroes y las heroínas muestran a través de la historia. Hay libros sobre la bondad y la empatía bellamente ilustrados y las imágenes también son buenos temas de conversación.

Los libros pueden tratar sobre las diferentes culturas y la aceptación de las distintas tradiciones del mundo. Pueden ilustrar el coraje y la valentía cuando los personajes todavía son niños. Cuando tu hijo es más maduro, los textos con personajes reales del pasado pueden compartir historias de héroes de la humanidad, hombres y mujeres valientes que han dejado su huella en nuestra sociedad actual. Todas estas narraciones son poderosas herramientas para compartir cómo los modelos de conducta pueden mejorar la forma en que aprendemos a vivir.

Los modelos de comportamiento aparecen en los programas de televisión e incluso los personajes de dibujos animados pueden serlo. El popular dinosaurio "Barnie" tiene grandes mensajes alentadores para los niños pequeños. Los espectáculos de marionetas son atractivos para los niños y los personajes de los "Muppets" son héroes inesperados, pero también están llenos de carácter y son divertidos. Cuando leas un cuento o veas un programa en la televisión, tómate el tiempo de señalar las cualidades que crees que son modeladas por los actores del programa. Pregunta a tus hijos por qué les ha gustado un determinado personaje y comprueba si empiezan a captar buenas cualidades que les gustaría copiar.

Un modelo de conducta positivo en el preescolar

Un centro de preescolar bien gestionado es el entorno perfecto para crear situaciones de modelos de conducta. Los maestros deben estar atentos a los rasgos de carácter que desean copiar y transmitir a los demás.

Estos son algunos de los atributos de carácter que a un centro preescolar le gusta transmitir a sus alumnos, poniendo como ejemplo a los niños que muestran estas características de calidad.

Comportamiento amable y buenos modales:

Se anima a los niños de preescolar a que actúen de forma educada, agradeciendo a las personas lo que han hecho por ellos. También es de buena educación decir "por favor" en situaciones en las que quieren que se haga algo por ellos.

Compartir:

"Compartir es cuidar", es una frase que se ha convertido en sinónimo del niño de preescolar. Es un buen rasgo de carácter que hay que fomentar, ya que a los preescolares les cuesta compartir sus juguetes y otras posesiones. Atraviesan una época muy egocéntrica en sus vidas y ¡compartir no está en su agenda! Aprender a compartir en preescolar es el lugar perfecto para buscar modelos de conducta para esta actividad. Se espera que todo el mundo lo haga, no hay sensación de tener que destacar entre la multitud. Si se comparte algo, los elogios están ahí para uno y todos respetan la conducta de quién lo hace.

Comportamiento social:

En el preescolar los niños se ven obligados a mezclarse con otros compañeros. El maestro pondrá de relieve el comportamiento que es tolerado por el grupo de edad y sugerido por él. Los docentes capacitados sabrán qué comportamiento es apropiado para cada edad.

Honestidad:

"La honestidad es la mejor política", es un buen refrán que hay que recordar. Cuidado con las pequeñas mentiras o con ocultar la verdad. Los educadores serán muy conscientes de esta situación y si tu hijo no dice la verdad en la escuela habrá consecuencias. Al suceso de una mentira seguirá una instrucción muy cuidadosa, para enseñar a los pequeños la importancia de ser sinceros.

Conectar con los demás:

El preescolar es el medio ideal para conectar a los niños con los demás. A través de la escuela, los niños harán amigos y serán invitados a jugar. El personal de la escuela sabrá muy bien cómo ayudar a los pequeños a ponerse en contacto.

Modelos de conducta en la sociedad:

Cuando estés fuera de casa en tu comunidad, encontrarás muchas oportunidades para mostrar a los niños buenos modelos a seguir.

Señala a las personas que nos ayudan, como las enfermeras, los médicos y los policías. ¿Qué cualidades comparten estas personas tan trabajadoras y orientadas a la comunidad? Explica a los niños cómo sirven a los demás y qué buenos modelos de conducta son. Una vez que te fijes intencionadamente en estos modelos, verás muchas oportunidades para hablarle a tu hijo de las buenas cualidades y de cómo otras personas nos ayudan cada día.

Predicar con el ejemplo es probablemente una de las formas más importantes de mostrar claramente a tus hijos las cualidades que valoras y cómo pueden confiar en ti mientras son pequeños. Las personas que dan el ejemplo cumplen sus promesas, saben resolver las dificultades y tienen en cuenta a los demás. Martin Luther King siempre es considerado un líder inspirador. Modeló sus estrategias basándose en el éxito no violento de Mahatma Gandhi y ganó el Premio Nobel de la Paz. Las famosas palabras de Martin Luther King decían:

"Tengo el sueño de que mis cuatro hijos pequeños vivan un día en una nación en la que no sean juzgados por el color de su piel, sino por el contenido de su carácter. Hoy tengo un sueño".

— MARTIN LUTHER KING

Los padres que tienen un sueño para sus hijos querrán basar ese anhelo en una base sólida de crianza positiva.

7

RESPUESTAS TRANQUILAS ANTE CUALQUIER SITUACIÓN

Mantener la calma es una estrategia de crianza muy recomendable. El mantra "mantener la calma" ha sido utilizado en cientos de situaciones y ocasiones diferentes. Se ve en paños de cocina,

enmarcado en las paredes de las habitaciones y adornando tazas de café. De hecho, el eslogan "Keep Calm", originalmente pensado para ayudar a Gran Bretaña a afrontar una eminente guerra mundial, se ha convertido en uno de los refranes más famosos. He aquí algunos ejemplos de eslóganes para mantener la calma:

- *"Mantén la calma y baila porque la noche es tuya."*
- *"Mantén la calma y ve a cantar bajo la lluvia".*
- *"Mantén la calma y da un paso a la vez".*
- *"Mantén la calma y toma tu café".*
- *Mantén la calma y no te rindas nunca.*

Winston Churchill probablemente habría estado orgulloso del último.

Mantén la calma y no te rindas nunca: Puede que haya momentos en tu viaje como padre en los que realmente quieras rendirte. La crianza de los hijos no es para los débiles de corazón. Habrá muchos instantes en los que se te ponga a prueba, y las situaciones de emergencia serán siempre uno de esos momentos.

L R Knost, autora de "Dos mil besos al día", dijo:

"Cuando los pequeños están abrumados por grandes emociones, nuestro trabajo es compartir nuestra calma, no unirnos a su caos".

— L R KNOST

Esto puede ser un reto en una emergencia. He aquí algunos consejos y sugerencias sobre cómo reaccionar en una situación difícil:

1. Ayuda a tu hijo a mantener la calma estando tranquilo tú mismo:

Esto puede parecer algo muy difícil de hacer, pero como adulto y padre en cualquier situación en la que te encuentres, estar calmado definitivamente ayudará a tu hijo a permanecerlo también.

2. Practica con tu hijo estrategias para calmarse:

Enseña a tu hijo a respirar profundamente y a hablar con voz calmada. Aprende a conectar con un suave toque de mano. Extiende la palma de tu mano y los dedos abiertos y toca suavemente las palmas con tu hijo. No se trata de un gran movimiento de chocar los cinco, sino de una conexión silenciosa y tranquilizadora. Desde esta posición tranquila pero firme, puedes hablar directamente con el niño y tranquilizarlo con tus propias palabras. Esto suponiendo que la situación no sea de emergencia.

3. Encuentra habilidades de adaptación para gestionar los diferentes tipos de estrés:

El estrés puede presentarse de diferentes maneras y, por lo tanto, darse a conocer también en diferentes situaciones. Encontrar las habilidades de manejo adecuadas, ayuda al entrar en contacto con tus sentimientos. Anima a tu hijo a saber lo que está sintiendo y luego a encontrar la habilidad de afrontamiento adecuada.

He aquí algunas sugerencias:

- Ira: Respiración profunda.
- Tristeza: Llorar algunas lágrimas tristes y dejarse consolar.
- Confusión: Pide ayuda.
- Frustración: Toma lo que te frustra para resolver el problema.

Todos los sentimientos que tenemos pueden tener un resultado positivo. Ayuda a los niños a identificar que les hace sentirse mal. Esto puede ser difícil con los más pequeños, que no tienen el vocabulario necesario para expresar sus emociones. Es probable que la mayoría de las veces sólo se sientan frustrados. La distracción es una buena táctica hasta que puedan ser más conscientes de sus sentimientos y de cómo expresarlos.

4. Disponer de algunas estrategias de resolución de problemas:

Enseña a tu hijo las estrategias de resolución de problemas. Qué hacer en diferentes situaciones y a quién acudir en busca de auxilio. Ayúdale siempre a entender que mantener la calma es la mejor manera de manejar una situación estresante.

5. Practica la respiración profunda:

Esta es una forma estupenda de relajarse porque envía mensajes al cerebro que le indican que está tranquilo y calmado. Afecta al sistema nervioso y calma físicamente todo el cuerpo. Cuanto más practiques esta habilidad, mejor lo harás. Enseña a tus hijos a responder a una situación difícil también con esta técnica.

Ahora tienes cinco estrategias que te ayudarán en una situación difícil generalizada, pero como todos los padres saben las situaciones dificultosas pueden ser más desafiantes en algunas circunstancias y necesitan reacciones diferentes. Las situaciones médicas de emergencia no responderán necesariamente a las conexiones suaves de las manos, por ejemplo. En situaciones muy complicadas que pongan en peligro la vida, la respuesta a la emergencia seguirá siendo la calma. Mantener la tranquilidad y no rendirse es una forma de gestionar la urgencia. He aquí algunas emergencias domésticas que hay que tener en cuenta y los enfoques para gestionarlas en una situación de peligro para la vida.

<u>Aquí hay algunas estrategias para estar preparado para una emergencia doméstica más difícil:</u>

- Ten a la mano tus números de emergencia. En tu teléfono es una buena idea. Ponlos en tu lista de contactos en el apartado de emergencias o incluso como "A" de accidentes. De este modo, tendrás los números importantes de inmediato.
- Llama al 911 si se trata de una emergencia que no puedes gestionar sin ayuda profesional.
- Ten tu vehículo preparado para una emergencia en caso de que tengas que ir rápidamente a una consulta médica o a una sala de urgencias del hospital.
- Ten un botiquín de primeros auxilios en casa y aprende a utilizarlo si es necesario.
- Ten un vecino o un familiar con el que puedas ponerte en contacto si tienes que ir al hospital con urgencia. Puedes llamar por teléfono a esta persona y estará allí para ayudarte.
- Sigue las instrucciones para hacer frente a un pequeño incendio, como el de una olla de la estufa. No se trata de tirar agua por todas partes. Lo mejor es una manta gruesa o incluso una manta ignífuga.
- Si tu hijo se ha quemado, prepárate para afrontar el trauma y acude a la consulta del médico o al hospital lo antes posible, o llama a una ambulancia si la situación es realmente grave y no puedes afrontarla tú mismo.

- Ten linternas y luces a pilas por si la emergencia incluye un corte de luz.
- Evalúa la situación y haz que la persona o el niño se sientan cómodos mientras les aseguras que va a llegar la ayuda. Afloja la ropa ajustada para que puedan respirar y sentirse cómodos. Y mantén la calma.

¿Qué debes tener en tu botiquín de emergencia?

Un botiquín de primeros auxilios bien organizado, guardado en un lugar seguro y fuera del alcance de los niños es un conjunto de suministros muy importante que debe tener en tu casa. Disponer de un equipo de este tipo te ayudará a sentirte tranquilo en diferentes situaciones. Se recomiendan los siguientes artículos para tu kit básico de primeros auxilios:

- Guantes estériles desechables.
- Tijeras.
- Pinzas.
- Tiritas de diferentes tamaños.
- Vendas triangulares
- Vendas enrolladas de crepé.
- Cinta adhesiva.
- Apósitos oculares estériles, al menos dos.
- Termómetro, de ser posible digital.
- Crema para tratar las erupciones cutáneas.
- Crema antiséptica.
- Crema antihistamínica.
- Analgésicos como el paracetamol para bebés o niños.

Aspirina, no para menores de 16 años, e ibuprofeno. Controla todos los medicamentos con absoluto cuidado y mantenlos fuera del alcance de los más pequeños.

Dicen que más vale prevenir que curar. ¿Qué medidas puedes tomar como padre para garantizar la seguridad de tu hijo pequeño en casa? Cuando estés seguro de que tu hijo está a salvo, te sentirás realmente más tranquilo y con el control de la seguridad.

Los niños pequeños atraviesan una etapa de su vida en la que son curiosos y lo exploran todo. Caminan, corren, trepan, saltan y, sobre todo, aprenden sobre el mundo que les rodea. Necesitas tener la tranquilidad de saber que están seguros. Necesitan ser supervisados dentro de un área de juego segura, y tú necesitas poder supervisar y verlos jugar.

A continuación, te explicamos cómo puedes sentir ese estado de calma al saber que tu hijo está seguro y, al mismo tiempo, permitirle tener algo de libertad. Sigue estas pautas para lograr el estado de calma que deseas tener con tu activo niño pequeño:

- Crea un espacio de juego seguro: Esto puede requerir mover algunos muebles, pero merecerá la pena durante el tiempo que tu hijo sea vulnerable y necesite un espacio controlado para jugar.
- Permanece cerca para poder oír los cambios en los ruidos que se producen y siempre comprueba si de repente no puedes oír lo que hace tu hijo. Mantén los ojos y los oídos abiertos para detectar cualquier cambio en los ruidos de

fondo. Cuando se trata de niños pequeños, el silencio no es oro.

- Haz una lista de verificación de la seguridad de la zona en la que va a jugar tu hijo. Esto te dará tranquilidad y te hará sentirte más tranquilo.
- Averigua qué dispositivos de seguridad existen para que tu casa sea un lugar seguro y agradable para los niños. Utiliza puertas de protección en la parte superior e inferior de las escaleras. Las tapas de los enchufes impiden que los dedos de los niños se introduzcan en las tomas de corriente, y hay formas de bloquear y cerrar puertas y ventanas. Los cierres de seguridad en los coches son otro dispositivo de protección.
- Comprueba los cordones que cuelgan de las persianas en las ventanas. Los cordones que cuelgan sueltos pueden suponer un problema de asfixia o estrangulamiento para los niños. Mantenlos fuera de su alcance.
- No dejes ningún veneno doméstico o producto que diga "Mantener fuera del alcance de los niños" por ahí. Los niños pequeños tienden a llevarse todo a la boca y una pequeña cantidad de una sustancia venenosa puede causar un daño enorme a una persona de corta edad.
- Comprueba la temperatura del agua caliente. Hervir el agua caliente en el baño o la cocina puede provocar un terrible accidente si un niño pequeño decide abrir el grifo. Intenta mantener la temperatura del agua caliente a 120 grados como máximo.
- No dejes nunca alimentos calientes o teteras hervidas en la

cocina a la altura del curioso niño. El cordón de un calentador de agua puede ser un peligro si el niño tira de él.

- Ten en cuenta la posibilidad de ahogarse en estanques o piscinas de agua. Nunca dejes a un niño pequeño solo cerca de recipientes con agua. Las piscinas deben tener una red o estar en una zona vallada y cerrada con una puerta con pestillo que no pueda abrirse fácilmente. Los estanques deben estar cubiertos o fuera del alcance de los niños.
- Utiliza una silla de seguridad en el coche para viajar con un niño pequeño y asegúrate de abrocharlo y asegurarlo en cualquier viaje. El cinturón de seguridad del coche, largo o corto, es un elemento de seguridad muy necesario.

Si has tomado las precauciones adecuadas, verás que el rol de padre o madre y mantener la calma no es tan desalentador después de todo. Esta fase no es duradera. Aprovecha el momento para enseñarle las normas básicas de protección y recuérdale a tu hijo que, por seguridad, hay formas de hacer las cosas.

La protección de los niños en casa está relativamente bajo tu control, pero ¿qué pasa si sacas a tu hijo al mundo exterior? ¿Cómo vas a mantener la calma cuando tu hijo y tú estén fuera de casa?

Aquí hay cuatro áreas clave para aprender a mantener la seguridad:

1. El automóvil:

Una silla de seguridad, instalada de forma segura en el coche, es fundamental. Hay normas de protección que deben seguirse y los niños menores de dos años deben tener un asiento orientado hacia atrás.

Nunca dejes a tu hijo encerrado en un vehículo caliente. También es importante mantener el coche cerrado en casa y no permitir que los niños jueguen en un automóvil caliente. Mantén los candados del coche o de los niños puestos por seguridad para que tu hijo no pueda salir de él hasta que tú estés preparado para acompañarlo.

2. El aparcamiento y la zona de compras:

Salir de compras o de visita con un niño pequeño puede ser una pesadilla si no controlas la situación. Algunos padres utilizarán alegremente las riendas para caminar con un arnés para mantener a su hijo bajo control mientras salen juntos. Los niños deben aprender a ir de la mano de sus padres cuando están en un lugar público. Este es un momento en el que las normas de seguridad no son negociables. El uso de un cochecito con instalaciones con correas dará a los padres más tranquilidad y los mantendrá en un estado de calma mientras están fuera con sus hijos pequeños.

3. Tiempos de deporte y recreo:

Los cascos y el equipo de seguridad son importantes cuando tu hijo se desenvuelve con confianza en una bicicleta o incluso en un triciclo o monopatín. Los accidentes ocurren fácilmente en el patio de recreo. Comprueba las normas de seguridad de los equipos de exterior y la edad recomendada para su uso. El ejercicio y los deportes al aire libre son muy beneficiosos para los niños pequeños, pero asegúrate de que están bien supervisados y son apropiados para su edad. Cuando estés observando, querrás sentirte seguro de que tu hijo puede manejar la actividad y podrás sentirte tranquilo mientras disfrutas viéndolo participar.

4. Visitar a los amigos:

Puede que tu casa sea segura y adecuada para los niños pequeños, pero puede que tus amigos y familiares no estén en la fase de tener un niño pequeño corriendo por ahí. Hay algunas cosas que puedes comprobar y tranquilizarte antes de visitarlos.

He aquí algunos puntos esenciales que debes tener en cuenta para tu seguridad y para sentirte tranquilo:

- Piscinas: ¿Son seguras y están aseguradas con una red o una valla y una puerta cerrada? ¿Hay otras fuentes de agua que puedan ser un peligro para un niño pequeño o que no sepa nadar?
- Mascotas: ¿Tienen tus amigos mascotas y son capaces de convivir con los niños? Si no están seguros de cómo reaccionará su mascota, especialmente un perro, ante un niño pequeño, pídele que le aleje durante tu visita.
- Armas: Esto es algo de lo que nadie quiere hablar, pero si crees que existe la posibilidad de que tu amigo o su pareja tengan un arma de fuego por cualquier motivo, no dudes en preguntar dónde se guardan y pregunta si están bien aseguradas y si no hay acceso a ellas.
- El cuarto de baño puede ser un peligro si hay medicamentos que no están bien guardados. A los niños les encanta explorar, así que si no estás con ellos y exploran el baño y encuentran medicamentos que no están guardados bajo llave, seguro que se harán daño.
- Los juguetes pueden ser un peligro. Ten en cuenta a tu hijo

pequeño y la edad de los demás niños. Los bloques diminutos y los juegos como el Lego pueden suponer un peligro de asfixia.

Una de las situaciones más difíciles para los padres de un niño pequeño es mantener la calma ante una rabieta. Aunque pueda resultar difícil en ese momento, el ingrediente más importante de la receta para solucionarlas es mantener la calma.

A continuación, es conveniente intentar comprender por qué se producen estas rabietas. Una de las razones principales es que los niños de esta edad no tienen palabras para expresar lo que sienten. Las rabietas les ayudan a intentar gestionar sus sentimientos. Los niños mayores también pueden tenerlas, pero estos arrebatos de emoción se asocian sobre todo con los "terribles dos".

A continuación, te presentamos cuatro posibles factores desencadenantes de una rabieta que debes tener en cuenta:

1. El estrés

Cuando los niños pequeños se sienten hambrientos, cansados, fuera de la rutina y sobreestimulados, pueden sentirse fuera de control. Este tipo de estrés que no logran comprender puede desencadenar una rabieta.

2. Emociones fuertes.

Cuando sienten emociones fuertes como la preocupación, el miedo, el enfado o la tristeza no pueden manejarlas, y la única respuesta que pueden tener es la rabieta.

3. El temperamento

Los niños tienen un carácter diferente. Un niño muy sensible o volátil puede reaccionar de forma diferente en alguna circunstancia y este tipo de temperamento le lleva a tener una rabieta. Tú sabrás cómo la personalidad de tu hijo puede desencadenarla

4. Una situación ingobernable para un niño pequeño

Los niños pequeños son todavía personas muy vulnerables. Puede haber circunstancias que les arrojen a una situación en la que no tengan las palabras o la capacidad física para afrontarla. A menudo es porque quieren algo, pero no pueden explicar qué o por qué necesitan ese objeto en particular. La frustración de estar en una situación que no pueden controlar o entender desencadena una reacción de rabieta.

¿Cómo deben reaccionar los padres ante las rabietas para mantener la calma en la situación y ser tranquilizadores?

Estas sugerencias deberían ayudar a gestionarlas. Lo más importante es mantener la calma. No siempre es fácil dadas las circunstancias, pero intenta tomarte un momento para calmarte. A continuación:

- Recuerda por qué mantienes la calma. Enfadarse sólo

empeora la situación. Mantén la voz tranquila y reacciona con serenidad.

- Una vez iniciada la rabieta, lo mejor es intentar esperar a que pase, siempre y cuando tu hijo no esté en peligro. No intentes razonar con él una vez que la pataleta esté en marcha.
- Tómate un momento para intentar comprender sus sentimientos. Cuando empatizas con sus sentimientos, ellos sienten que estás de su lado y no en completa oposición.
- Intenta hacerte cargo de la situación y reaccionar de forma tranquila pero deliberada. Sé siempre coherente en estos momentos. Eso no significa ceder unas veces y ser súper estricto en otras.
- Ten un plan de acción para afrontar las rabietas. Elaborar una estrategia te ayudará a sentirte tranquilo, porque sabrás lo que vas a hacer. Recuerda que las pataletas no van a durar.
- Mantén el sentido del humor, pero no te rías de la rabieta porque tu hijo puede ver esto como si obtuviera la atención que buscaba y la pataleta puede continuar. Enfréntate siempre a una rabieta con calma y con tu plan en marcha.

¿Cómo se puede mantener la calma en situaciones difíciles? La clave para mantener la tranquilidad es la paciencia. Mientras esperas a que tu hijo se tranquilice, tendrás que hacer uso de tu paciencia. Una de las lecciones aprendidas a lo largo de la historia es que la paciencia puede traer la victoria.

Edmund Burke, estadista, político y filósofo irlandés, escribió:

"Nuestra paciencia conseguirá más que nuestra fuerza".

— EDMUND BURKE

Con esta filosofía en mente, mantén la cabeza fría y sigue siendo paciente.

PARTE II

8

BLOQUEO DE VIEJOS HÁBITOS Y PREVENCIÓN DE ARREBATOS

Suelta lo viejo y atrae lo nuevo.

¿Se pueden cambiar los viejos hábitos? Sí, se puede, pero requiere un esfuerzo y un cambio de mentalidad hacia el viejo hábito, y encontrar el camino hacia el nuevo.

El primer camino revolucionario sería identificar y reconocer el mal hábito. Sea lo que sea, afróntalo, reconócelo y haz un plan para cambiarlo.

Los malos hábitos tienen una forma de impedirte que alcanzar tus objetivos. En la crianza de los hijos, reconocer un mal hábito va a hacer que tu tarea como padre sea más fácil. Levantarás el bloqueo de repetir algo que no funciona, simplemente porque lo reconoces. Entonces tendrás que buscar la manera de cambiarlo y encontrar un camino diferente para seguir.

Lo primero es lo primero: ¿Cuáles son algunos de los malos hábitos de crianza que puedes haber adquirido? Estos pueden provenir de tus padres, o pueden ser cosas en las que crees que no son estrictamente ciertas. O tal vez has visto a tus amigos y compañeros criar a sus hijos de esta manera y por eso has seguido su ejemplo. Por último, tu propio temperamento y naturaleza pueden estar influyendo en tu forma de ser como progenitor.

Estos son algunos de los errores en la crianza de los hijos con los que puedes identificarte y, una vez que los reconozcas, podrás cambiarlos o modificar tus métodos de educación.

Un mal hábito:

No permitir que tus hijos decidan por sí mismos:

Los niños deben tener la oportunidad de tomar decisiones o hacer elecciones. Escoger la ropa que quieren llevar o qué quieren ponerle a su tostada son elecciones sencillas que pueden hacer. Si eres demasiado controlador, no permitirás que tu hijo aprenda sobre la independencia y la sabiduría de sus propias opiniones.

Qué hacer:

Dejar que los niños tomen algunas de sus propias decisiones les da una sensación de autonomía. Ayuda a tu hijo a planificar y a responder a las preguntas sobre su elección de hacer algo en particular. Este es tu papel de apoyo. Tú les ayudas a tomar una decisión acertada, pero ellos tienen una sensación de empoderamiento mientras lidian con la toma de sus decisiones.

Un mal hábito:

No escuchar realmente a tu hijo:

Los niños saben cuándo no les estás prestando atención. Cuando le escuches, asegúrate de que estás totalmente involucrado con tu hijo. De este modo, tendrás más posibilidades de entender, a través de su lenguaje corporal y de lo que realmente dice, cómo se siente.

Qué hacer:

Escuchar es prestar atención. Puedes atender a tu hijo cuando hay un millón de cosas en marcha, pero ¿le estás escuchando de verdad? Escuchar de verdad significa mostrar con el lenguaje corporal y el contacto visual que estás atento y que formas parte de lo que tu hijo tiene que decir. Apaga cualquier otra distracción y procura pasar un rato a solas con tu niño todos los días.

Un mal hábito:

Ser sobreprotector:

Algunos padres caen en la trampa de querer ocuparse de los problemas todo el tiempo. Está bien dejar que tu hijo cometa un error y que sienta las consecuencias. Evidentemente, algo que pueda causar daños corporales, o un gran daño emocional, no sería sensato permitirlo.

Qué hacer:

No tengas miedo de dejar que tu hijo cometa pequeños errores. Dale oportunidades de explorar con consecuencias de las que pueda aprender. No seas excesivamente controlador y tomes todas las decisiones por ellos, incluyendo la elección de sus amigos. Tomar decisiones es bueno para su madurez y para desarrollar el sentido de la responsabilidad personal.

Un mal hábito:

Sentirse culpable como padre:

Si has tenido que decir que no, o si tu hijo tiene que enfrentarse a una decepción, no tienes que sentirte responsable cada vez que esto ocurra. Saber lidiar con la frustración y no salirse con la suya es una lección de vida que los niños deben aprender.

Qué hacer:

Los padres deben establecer un límite que cubra la decepción y ayude a los niños a entender que no lo consiguen todo a su manera. No hay que sentirse culpable por decir que no a tu hijo. No todos conseguimos todo lo que queremos en todo momento.

Un mal hábito:

Reaccionar de forma exagerada en situaciones difíciles:

No te precipites a una reacción exagerada cuando ocurra algo fuera de lo normal. A veces, tu hijo puede gritar de repente y tú te pones inmediatamente en plan de huida, susto y paralización, todo en uno.

Qué hacer:

En lugar de reaccionar de esta manera, tómate un momento para decidir la gravedad del problema. Un problema en la escala del 1 al 10. Verás que la mayoría de tus preocupaciones son de poca monta.

Un mal hábito:

Mantener tus emociones alejadas de tus hijos:

Muchos padres sienten que no pueden compartir sus sentimientos con sus hijos, y mantienen la guardia alta, mostrándose distantes o enfadados durante una crisis o incluso durante una pequeña irritación. No comparten sus emociones.

Qué hacer:

Si estás enojado, di que estás enojado. Si estás triste, di que estás triste. Ayuda a tus hijos a ponerse en contacto con sus sentimientos. Recuerda que los niños se enfrentan a muchos de los mismos tipos de emociones que los adultos. Tú también puedes identificarte con ellas. No todo el mundo puede estar en las nubes cada momento del día.

Un mal hábito:

Ser demasiado crítico:

Algunos padres buscan la perfección. En lugar de encontrar algo bueno que decir, se centran en lo negativo, o en por qué hiciste eso o no hiciste lo otro, encontrando cosas malas que decir. Estar siempre señalando pequeños detalles que no estaban bien, le quita al niño la confianza en sí mismo.

Qué hacer:

Buscar lo bueno de cada situación. Los padres no tienen que señalar las cosas malas todo el tiempo. Recuerda que no hay nada malo en ofrecer ayuda. No dejes que tu hijo fracase. Siempre puedes intervenir y ofrecer apoyo en lugar de un comentario crítico.

Un mal hábito:

Ser incoherente: Los padres deben establecer límites o reglas de la casa que sean consistentes. Cuando los padres no tienen límites, los niños se sienten inseguros y no tendrán pautas para un crecimiento y desarrollo saludables.

Qué hacer:

Establecer pautas que sean flexibles. Disminuye tus pautas según la edad de los niños, pero, no obstante, es necesario que haya límites sencillos que definan el comportamiento del niño. Sé consecuente con tu forma de criar basándote en estas directrices. Una paternidad consistente te ayuda a conectar con tu hijo en un nivel emocional que es positivo.

Un mal hábito:

Levantar la voz cuando no es necesario:

Los padres que siempre están gritando o increpando a sus hijos no tendrán una comunicación efectiva ni control sobre ellos. Los gritos provocan un círculo vicioso de más gritos, ya que los niños se comportan mal y los padres gritan aún más. Gritar no funciona.

Qué hacer:

Empieza por no gritar por las cosas pequeñas. Haz un esfuerzo consciente por hablar con voz normal para las cosas habituales en casa. Reconoce tus "momentos detonantes" y prepárate para ellos. Si los preparativos para el colegio y la rutina del desayuno son un momento desencadenante, intenta estar listo de antemano para que una cosa sencilla de ese momento no desencadene una avalancha de abusos verbales por algo realmente manejable.

Teniendo en cuenta estos errores evidentes, los padres deben tratar de ver cómo se identifican con cada uno de ellos. Busca el que más destaque y trata de romper el hábito y encontrar otra forma de afrontar el problema. Fíjate en el siguiente cuadro. Observa la lista de los viejos hábitos junto con un nuevo enfoque.

Compara un viejo hábito con una forma que puedas cambiar a una nueva manera de hacer las cosas.

Haz un plan para cambiar los malos hábitos de a uno por vez.

Malos hábitos de crianza revelados	Revierte el hábito aquí
No permitir que tu hijo tome decisiones.	Permite que tu hijo decida algunas cosas por sí mismo aunque tú no lo apruebes.
No escuchar cuando tu hijo te habla.	Presta más atención a lo que dice tu hijo y a cómo lo dice.
Ser sobreprotector.	Deja ir algunas situaciones para dar a tu hijo la cantidad adecuada de libertad.
Sentirte culpable por tu forma de ser padre.	Establece límites y normas que beneficien el desarrollo de tu hijo.
Reaccionar de forma exagerada en situaciones difíciles.	Mantén la calma y reacciona con prudencia.
Ocultar tus emociones a tus hijos.	Comparte tus sentimientos con tu hijo cuando sea apropiado.
Criticar demasiado a tu hijo.	Valora los logros de una manera siempre alentadora y no tratando de empujar a tu hijo más allá cada vez.
Ser inconsistente en las decisiones que tomas.	Toma siempre decisiones justas basadas en tus valores familiares.
Levantar la voz cuando no es necesario.	No lo hagas más

Conocer algunos de los estilos básicos de crianza malos, o negligentes, hace que uno se pregunte en qué hay que fijarse en los hijos para ver si tal vez les cuesta seguir el modelo de crianza de sus padres.

He aquí algunas señales que pueden indicar que hay una falta de educación positiva y coherente. Incluso si descubres que tu hijo ha caído en las garras de una mala crianza, nunca es demasiado tarde para cambiar las cosas en beneficio mutuo de los padres y del niño.

SEÑALES QUE INDICAN UN ESTILO DE CRIANZA INADECUADO:

- Los padres que privan a sus hijos de afecto y afirmación tendrán niños que han perdido la autoestima y la confianza. Están privados de afecto emocional.
- Los padres que critican a sus hijos continuamente no les dan la oportunidad de desarrollar su propia personalidad. Los niños que son objeto de críticas temen constantemente ser menospreciados.
- Los padres que se burlan de sus hijos delante de los demás hacen que sientan que no valen nada y que sólo sirven para burlarse.
- Los padres pueden hacer que sus hijos se sientan inútiles y desestimar sus sentimientos y emociones, lo que hace más difícil que estén en contacto con ellas.
- Los padres que utilizan la culpa o el dinero para controlar el comportamiento de sus hijos no sacan lo mejor de ellos. Controlar a los niños de cualquier manera, no los educará como individuos responsables.

Mantén la sencillez: conoce la cantidad de instrucciones que tu hijo puede recibir a cada edad.

CONEXIÓN PROFUNDA, AMOR INCONDICIONAL

Establecer una conexión profunda y compartir el amor incondicional es un aspecto increíble de la

de la crianza positiva y de la disciplina sin culpa. ¿Cuán profundo es el amor que sientes por tu hijo? Sólo podrás responder a esta pregunta cuando hayas pasado por momentos difíciles y por las diferentes etapas del desarrollo de tu pequeño.

El momento en que tu bebé recién nacido es puesto en tus brazos es cuando entiendes lo que es el amor incondicional. Es un vínculo que se forma entre ustedes y que no tiene

limitaciones ni restricciones. Es una forma de comunicarte con tu hijo para compartir tu amor por él a largo plazo. Tiene sus momentos de calidez, y el amor lo conquista todo, pero cuando se trata de criar a tu familia hay más

amor incondicional que momentos confusos.

He aquí algunas verdades que hay que recordar sobre el amor incondicional:

- Es un amor desinteresado por el otro.
- Es un amor que acepta y perdona.
- El amor incondicional respeta a los niños por lo que son.
- Es protector, nutritivo y cariñoso.

El amor incondicional no es:

- Sentimientos cálidos y confusos, aunque los recibas a menudo.
- No es ceder a todas las peticiones porque no se puede decir que no.
- No es manipular a tus hijos para crear el tipo de dependencia que quieres de ellos.
- No es permisivo, permitiendo que no haya consecuencias para las acciones, o una acción disciplinaria positiva, que enseñe a los niños a crecer.

El amor incondicional permite fomentar conexiones más profundas con los niños y hay formas específicas de hacerlo. La belleza del de este amor es que puede ser muy indulgente y, si se cometen errores, está ahí para superarlos. El amor sin condiciones cambia de profundidad y de aportación a medida que se atraviesan diferentes fases con el niño. Afortunadamente, el amor crece porque los niños tienen diferentes necesidades en las distintas edades y etapas de su crecimiento.

Un recién nacido, por ejemplo, necesitará más cuidados a medida que se satisfacen sus necesidades de crecimiento físico. Un niño pequeño necesitará los cuidados, pero al mismo tiempo habrá que empezar con algo de disciplina y aprendizaje a través del juego. El niño de preescolar necesitará tomar decisiones y ser más independiente. El niño que está en las primeras etapas de la escuela primaria necesitará apoyo para aprender y organizarse.

He aquí cinco sencillos actos de amor incondicional utilizando los principios de la crianza positiva para aplicarlos a tu hijo y ayudarte a ser un padre comprensivo:

1. Di: "Te quiero" a menudo. A tu hijo le gusta oír que le quieren.
2. Busca situaciones para dar una afirmación verbal.
3. Da toques cariñosos de ánimo.
4. Dedica tiempo a tu hijo de forma individual, dándole atención y haciéndole sentir absolutamente maravilloso.
5. Muéstrale empatía, poniéndote a su altura e intentando comprender sus sentimientos.

Ahora estás haciendo grandes progresos, pero quieres que tus conexiones vayan más allá. A los padres les resulta más difícil, a medida que sus hijos crecen, establecer una conexión más profunda. Una unión que vaya más allá de la crianza básica de un bebé y un niño pequeño.

¿Qué hacer para conseguir esta conexión más profunda y dar amor incondicional? Puede que ahora mismo pienses que estás dando amor sin condiciones a tu hijo, pero quizás no estés seguro de cómo puede crecer este amor. ¿Qué haces más allá del momento de abrazar y atender las necesidades físicas? Tu hijo va a pasar en menos de dos años de ser un bebé indefenso a un niño pequeño muy despierto que contribuye. Cuanto antes se cree ese vínculo, antes se producirá una crianza positiva. A medida que los niños crecen y se desarrollan, hay áreas del desarrollo infantil que siempre se verán reforzadas con más amor incondicional. Aquí tienes otras sugerencias para mejorar la conexión amorosa a través de actividades familiares y formas de pasar tiempo de calidad juntos.

Estos consejos serán útiles en las áreas física, emocional y social del desarrollo, especialmente en los primeros años de crecimiento. Todos ellos son formas sencillas de centrarse en el amor incondicional allí mismo, en tu propio entorno familiar.

Mantén la conexión física:

Conecta con tu hijo a través de abrazos, una palmadita en la espalda, una caricia en el pelo. Todos los pequeños gestos que dicen: "Estoy aquí para ti". Comparte un abrazo a la noche mientras lees un cuento. Abraza a tu hijo cuando te despidas y mantén siempre el contacto visual con una sonrisa o un saludo.

Juega con tu hijo:

Esta forma de conexión no se puede enfatizar lo suficiente. Jugar es la forma en la que los niños pequeños aprenden y si estás ahí mismo aprendiendo a través del juego con ellos estás formando un vínculo muy fuerte. Compartan risas y choquen los cinco cuando construyan una torre juntos o hagan un rompecabezas.

Jueguen al aire libre y hagan ejercicio juntos:

Correr al aire libre y dar patadas a una pelota entre los dos, es una forma estupenda de conectar. Demuestra tu amor por tu hijo realizando actividades divertidas en el exterior. Vayan al parque local o monten en bicicleta juntos. Salir y hacer ejercicio es una gran oportunidad de amor incondicional, siempre que no impongas demasiada competencia

Haz que tu tiempo sea de calidad:

Este momento con tu hijo debe ser ininterrumpido y no a medias, no con una parte de ti al teléfono y otra con tu hijo. Acorta el tiempo si estás ocupado, pero aparta el móvil.

Crea conexiones emocionales:

Cuando reconoces los sentimientos de tu hijo, le ayudas a expresarlos. Estar en contacto con tus sentimientos ayuda a crear empatía, y tu hijo y tú tendrán un vínculo más fuerte.

Refuerza tu capacidad de escucha:

Pregúntate si realmente estás prestando atención a lo que dice tu hijo o si sólo estás oyendo un ruido de fondo. Escucha lo que dice tu hijo no solo con sus palabras, sino también observando su lenguaje corporal.

Aprovecha la hora de la cena para interactuar con toda la familia:

Compartir una comida juntos y tener la oportunidad de hablar de su día es una gran oportunidad para que los niños se relacionen con la familia. Fomenta las comidas familiares sentados a la mesa.

Aprovecha la hora de dormir:

El final del día, con un cuento para dormir y los últimos mimos de la jornada, es el momento perfecto para demostrar el amor que sientes por tu hijo. Tienes un público atento, y es el momento ideal para sacar algunos libros preferidos y mirar juntos los cuentos. No importa que leas el mismo libro una y otra vez. Los niños encuentran consuelo en la repetición.

Practicar el amor incondicional en casa es probablemente más fácil que cuando se está fuera. Mantener la conexión emocional con tu hijo lejos del refugio de tu hogar puede ser más difícil. ¿Cómo puedes mantener esa aura de amor incondicional cuando sales o cuando tu hijo empieza a ir al colegio? Puede que haya momentos en los que te sientas enfadado o frustrado, pero si tienes una profunda convicción sobre el amor incondicional, la disciplina será más lógica y un complemento natural. Recuerda que la disciplina es parte del amor a tu hijo a través de la enseñanza en diferentes circunstancias a través de ella.

Las salidas pueden plantear problemas cuando tu hijo todavía es pequeño, y estás tratando de enseñarle reglas de seguridad y comportamiento aceptable.

¿Cómo se puede amar incondicionalmente cuando estás enojado?

Tu hijo se comporta como el típico niño terrible y tú estás muy enfadado con él. ¿Cómo se puede amar incondicionalmente en estas circunstancias? Los niños necesitan saber que se les sigue queriendo cuando se comportan de forma poco amable. Es fácil mostrar tu amor y afecto a tu hijo angelical, pero necesitará saber que ese amor también se traslada a los momentos de enojo, frustración y dificultades.

Cuando tu hijo está mostrando su frustración o su enojo y decepción, es el momento de que le ayudes a ponerse en contacto con sus sentimientos y a saber que sigues queriendo a la personita que es, pero que quieres ayudarle a superar sus sentimientos de rabia o decepción. Empatiza con tu niño en la medida de lo posible. Comparte también tus propias sensaciones. Cuando estés enfadado, tómate un tiempo para alejarte de la situación y calmarte. Si tu hijo necesita aprender una lección del incidente, tómate el tiempo necesario para guiarle y enseñarle.

"Entre el estímulo y la respuesta hay un espacio. En ese espacio se encuentra nuestra libertad y poder para elegir nuestra respuesta. En nuestra respuesta está nuestro crecimiento y nuestra libertad".

— VIKTOR FRANKL

Esta famosa cita de Viktor Frankl, psiquiatra austriaco, autor y superviviente del Holocausto, muestra cómo entre un estímulo que te perturba y tu respuesta a ese estímulo hay un espacio, un momento en el tiempo, en el que puedes decidir cómo vas a reaccionar.

Si aplicas esa filosofía a la crianza de los hijos y a tus reacciones ante diferentes situaciones, te darás tiempo para calmarte y reaccionar de forma diferente. Tu réplica podría cambiar drásticamente en ese espacio entre el estímulo que provoca el malestar y el momento de la respuesta. El reaccionar de esa manera podría marcar la diferencia en tu deseo de dar amor incondicional.

En principio, el amor sin condiciones puede parecer relativamente fácil. Sin embargo, amar sin reservas a veces puede ser realmente difícil. La columna vertebral del amor incondicional no es sólo un sentimiento, sino la capacidad de hacer que tu hijo se sienta amado como es a cada instante.

¿CÓMO TE ASEGURAS DE DAR A TODOS UNA PARTE DE ESTE AMOR?

Uno de los aspectos maravillosos del amor incondicional es que no desaparece cuando las cosas se ponen difíciles. Siempre está ahí para apoyar y elevar al objeto de ese amor. Ofrece libertad y apoyo a partes iguales y, junto con la compasión, no hay realmente límites a lo que puede dar. Este amor trata de comprender y conectar con la otra persona que está en la relación, y esto incluye al niño o niños de la familia.

10

CREAR CONFIANZA Y VÍNCULOS EMOCIONALES

La confianza real tarda en construirse. No es una solución rápida de la noche a la mañana, y los padres tienen un papel decisivo a la hora de ayudar a los niños a construirla en las relaciones.

Se basa en la creencia positiva de que hay buenas características en las personas y en el mundo. Crece a través de la afirmación positiva, empezando por el hogar. Las interacciones de los adultos con los niños dentro y fuera del hogar son los primeros pasos para crearla. La capacidad de construir esta confianza es la base de una crianza positiva y de las relaciones entre padres e hijos.

La capacidad de tu hijo para confiar en ti crece a medida que creas un entorno de apoyo para él. Una base sólida de confianza influye en la capacidad del niño para establecer conexiones emocionales y sociales eficaces con su mundo. Todo esto empieza con confiar en sus padres. Aunque tu hijo no entienda del todo lo que es la confianza, puedes empezar por utilizar la palabra en las conversaciones y asociarla a las cosas que hacen juntos y las que él hace por ti. Cuando le pidas que haga algo por ti, dile: "Confío en que te cepillarás los dientes". O puedes decir: "Confío en que te haya gustado el cuento que te he leído". De este modo, tu hijo asocia la palabra con algún tipo de actividad.

La confianza se construye cuando cumples lo que dices. Si prometes ir a buscar a tu hijo a una hora determinada, tu hijo confía en que lo harás. Es importante que no rompas esa confianza llegando tarde. Recuerda que a esta temprana edad estás construyendo la confianza y tu hijo no tiene forma de entender más que sabiendo que cumples tu palabra. La ansiedad por la separación en esta etapa puede ser algo muy real, ya que los niños no han desarrollado el sentido del tiempo y del lugar. Si dices que volverás en unos minutos o en una hora, tienes que respetar ese plazo y crear esa confianza con tu hijo.

CÓMO GENERAR CONFIANZA

Hay formas de generarla conscientemente con tu hijo desde una edad temprana. Poner sus cimientos te ayudará con muchos otros valores y principios que quieras establecer para tu familia. La mayoría de estas sugerencias son apropiadas para todas las edades, pero habrá que modificarlas para adaptarlas al nivel de comprensión de tu hijo.

La construcción de la confianza pasa por ser consciente e intencionado en estas áreas del desarrollo de su hijo. A continuación, algunas ideas deliberadas para su construcción en la crianza de los hijos:

Tu palabra es la clave en todos los aspectos de la construcción de la confianza:

Recuerda... *"Haz lo que dices y di lo que haces".*

Esta acción ayuda a los niños a asociar el cumplimiento de tu palabra con el seguimiento de las acciones que has dicho. Cuando las acciones y las palabras van juntas, se produce una enorme asociación de confianza. Las palabras tienen más poder del que crees, demuestran tu integridad. Los niños pronto se darán cuenta de que no cumples con ella. Las cosas que dices a los demás, incluidos tus hijos, es lo que llegan a creer de ti. Tienes que ser tan bueno como tu palabra. Tus ideas deben ser un reflejo de tu carácter y si mantienes tu voluntad, serás visto de forma positiva.

Sé un buen oyente sin prejuicios:

Un niño que sabe que sus padres se interesan realmente por lo que dice, establecerá una relación de confianza firme con ellos. Sentirá que se le necesita y que se le quiere. Los niños necesitan saber que pueden hablar abiertamente con sus padres para que crezca una relación sólida y de plena confianza. Escuchar atentamente es importante por varias razones. No prestar atención puede acarrear problemas por varios motivos y, si no escuchas a tu hijo, puedes perder el contacto con su realidad. Una buena escucha te sitúa en un nivel diferente con tu familia. Puedes ofrecer más empatía e intuición. Una buena manera de ser un mejor oyente es pensar en la diferencia entre escuchar y oír. El oído es uno de nuestros cinco sentidos. Cuando un sonido entra en nuestros oídos, viaja hasta el cerebro y, en un proceso muy complicado, somos capaces de oír. Oímos los sonidos que nos rodean, la música y, por supuesto, las voces.

Escuchar, en cambio, es una acción consciente. Elegimos escuchar. Escuchar es intencional y podemos escuchar de diferentes maneras.

<u>Escuchamos de manera práctica</u> las instrucciones y tratamos de entender las cosas que nos rodean.

<u>Escuchamos socialmente</u> tratando de oír lo que alguien dice y de entender lo que pretende decir. Escuchamos a este nivel con sentimiento, y este tipo de escucha social suele ser un asunto de cabeza y corazón. Mientras escuchamos, tratamos a la persona que habla con respeto.

<u>Escuchamos para el desarrollo personal</u> y prestamos atención a un orador que intenta decirnos algo para nuestra formación o educación. Tratamos a las personas a las que escuchamos para nuestra mejora personal, teniendo en cuenta los conocimientos o habilidades que pueden impartir.

SER UN PADRE FIABLE ES UN GRAN ELEMENTO DE CONSTRUCCIÓN DE LA CONFIANZA EN LA CRIANZA DE LOS HIJOS:

Los niños pronto se dan cuenta de que sus padres hacen promesas vanas que no cumplen. Se sienten defraudados y no pueden confiar en ellos. Es mejor no hacer demasiadas promesas que no se puedan cumplir. Si prometes estar en un lugar determinado a una hora concreta, tienes que estar allí. Ser responsable y seguro como padre genera confianza entre tu hijo y tú.

Nunca se insistirá lo suficiente en la importancia de crear confianza, la cual permite a los padres desarrollar otros valores parentales y familiares. El padre que se interesa por su hijo en todos los niveles de su crecimiento podrá fomentar su confianza al mostrar respeto por sus sentimientos e interés por las cosas que le gustan.

¿Qué es el vínculo emocional?

El vínculo emocional es el conocimiento más profundo del apego que un niño tiene con sus padres. Es la sensación de sentirse seguro y cómodo cerca de otra persona y feliz en su compañía. Es una conexión emocional, y sin ella, es difícil acercarse a alguien. Esto es aún más importante a la hora de crear conexiones con un niño. Su creación no es un acontecimiento "único". Es algo continuo y, a medida que los niños crecen, la confianza debe ser mayor. A veces puedes romper esa seguridad y estropear el vínculo. Si reconoces que lo has hecho, intenta repararlo lo antes posible.

¿Cómo se produce ese daño? Puede ser tan simple como no cumplir con tu palabra. Tal vez sea olvidar algo especial en la vida de tu hijo. Tal vez sea una promesa que no pudiste cumplir. Todas las relaciones que construyen vínculos necesitan tu atención para nutrirlas y hacer crecer tu relación de amor. Sin embargo, si tu vínculo está dañado, puede ser reparado.

Cómo reparar el daño de la confianza rota

1. Corregir los errores:

Esto dependerá de lo que haya ocurrido en el pasado. Si se trata de algo pequeño, simplemente pide disculpas y repara el daño diciendo que lo sientes y haciendo algo juntos para recuperar la confianza que tu hijo tenía en ti.

Si se trata de algo más difícil, establece los pasos que planeas dar para recuperar la estrecha relación que tenían. Dile a tu hijo que quieres ayudarle a volver a confiar en ti.

2. Sé comprensivo con la percepción del daño que tiene tu hijo:

Tómate tiempo para hablar de lo que ha ocurrido para romper la confianza. Intenta ser empático con lo que sintió tu niño. ¿Se sintió defraudado, abandonado, maltratado o descuidado de alguna manera? Tendrás que reparar los sentimientos negativos que tiene y tenerlos en cuenta a la hora de avanzar.

3. Pide perdón:

Esto es importante y los niños suelen perdonar. Averigua qué fue exactamente lo que molestó a tu hijo. Afronta ese asunto y discúlpate por ese acto concreto por el que necesitas que te perdone. Al buscar el perdón, la relación crecerá a medida que su confianza en ti se fortalezca.

Uno de los aspectos maravillosos de la reparación del daño, y de la renovación del vínculo entre padre e hijo, es que tu hijo aprende a pedir perdón con verdadera intención. El dolor genuino por alguna promesa hiriente o incumplida conduce a una relación más profunda. El perdón reaviva el vínculo y fortalece las relaciones entre padres e hijos.

A veces, una relación entre un padre y un hijo puede adquirir proporciones poco saludables. ¿Cómo reconocerías tú, como padre, eso en tu vínculo con tu hijo? Una relación emocional demasiado intensa o dependiente puede no conducir al hijo independiente y autosuficiente que esperas criar.

A continuación, te presentamos algunas señales a las que debes prestar atención y que pueden alertarte de un vínculo emocional poco saludable:

Estilo de crianza muy controlador:

Los padres deben dar a sus hijos su propio espacio y dejarles tomar algunas de las decisiones relativas a sus actividades cotidianas.

Dictar los sentimientos y emociones de los niños:

Los adultos que dictan los sentimientos de los niños no les permiten entender y expresar lo que les sucede. Los niños necesitan saber cómo afectan los sentimientos a sus vidas y ser capaces de identificar cómo se sienten en los momentos de experiencias emocionales. ¿Se encuentran felices o tristes, enfadados o frustrados y qué sienten?

Mantener a los niños en límites sociales reducidos:

Los padres que no permiten la interacción social con otros niños están privando a sus hijos de la convivencia normal con sus compañeros.

Los niños necesitan conocer y socializar con otros chicos. Los padres que mantienen a sus hijos en entornos muy controlados y vigilan todos sus movimientos no están criando a hijos bien adaptados que sean capaces de enfrentarse a diferentes situaciones sociales y emocionales.

Padres carentes de supervisión y sin ningún tipo de disciplina:

Lo contrario del padre controlador es el que no se interesa por su hijo ni por las actividades en las que participa. El niño no tiene límites ni disciplina. Se le permite una libertad total sin supervisión. Esta falta de control tampoco fomenta vínculos saludables.

Se puede decir que la crianza y la creación de vínculos sanos con los hijos es un aspecto de la vida que requiere el aporte de muchos niveles diferentes. Sin embargo, crear un lazo afectivo sano hace que muchos otros aspectos de la crianza de los hijos sean más fáciles de llevar a cabo y de alcanzar los objetivos que uno tiene en mente. Esta tabla puede ser útil para observar de un solo vistazo los estilos de vínculo afectivo saludable reconocibles y sus opuestos:

Reconocimiento de estilos de vinculación poco saludables.	Establecer un vínculo para construir una relación sana
Controlar a los niños en todos los aspectos de sus decisiones cotidianas. Elegir su ropa, sus amigos, sus rutinas de juego y sus intereses.	Permitir cierta libertad de elección dentro de su entorno familiar inicialmente. Fomentar los sentimientos de independencia y responsabilidad.
Criticar todo lo que hace el niño cuando intenta asumir más responsabilidades y se involucra en más actividades extra en casa y en la escuela.	Alentar todos los esfuerzos realizados de forma positiva. Encontrar siempre algo bueno en los esfuerzos del niño, sean cuales sean.
Crear una atmósfera de falta de confianza al ser poco fiable, o no dar importancia al lugar que ocupa el niño en la familia o a sus necesidades.	Asegurar a los niños, con palabras y con hechos, que son importantes, y que sus necesidades y su seguridad importan.
Negar a los niños cualquier afecto real o afirmación de que son dignos y tienen un lugar de importancia en la familia.	Fomentar la autoestima y la confianza de los niños mediante gestos cariñosos y palabras de afirmación que les digan que son queridos y necesarios.
Intentas crear una versión en miniatura de ti mismo a través de tu hijo. Te vistes igual y actúas igual y transfieres todas tus emociones negativas tratando de vivir a través de tu él.	Los niños son individuos y no versiones en miniatura de sus padres. Hay que dejar que cada niño desarrolle su propia personalidad.
Intentar ser el mejor amigo de tu hijo. Los padres que quieren ser geniales y estar al mismo nivel que sus hijos no están estableciendo límites saludables.	Los niños bien adaptados deben disfrutar saliendo con sus amigos. Los padres deben permitirles la libertad de pasar tiempo con su grupo de compañeros.
La manipulación emocional es una forma de conseguir lo que quieres a través de hacer que tu hijo se sienta culpable o innecesariamente responsable de ti y de tu felicidad.	Los niños deben ser libres de explorar sus propios intereses, elegir sus aficiones o actividades deportivas. Deben ser independientes para disfrutar de la compañía de otros sin que sus padres controlen todos sus movimientos.
No tener límites. Permitir cualquier cosa por la tranquilidad y no decir nunca que no a tu hijo.	Establecer límites realistas para ayudar a tu hijo a respetar a otras personas en una relación..

CÓMO EMPEZAR A SOLTAR PARA FOMENTAR LA INDEPENDENCIA

El vínculo emocional es esencial en los primeros días de crecimiento y desarrollo de tu hijo como persona. Les acompañas durante la infancia con toda la dependencia que tienen de ti. Les cuidas cuando son pequeños y les ayudas a aprender habilidades para la vida que les preparan para la escuela. Les guías a través de la educación primaria y más allá de esos momentos difíciles. El objetivo final es tener seres felices y equilibrados que puedan llevar sus propias vidas. Ninguna de estas autonomías será inmediata, pero a medida que vayas añadiendo responsabilidades y soltando parte del apego, tu hijo debería ir aprendiendo a ser independiente.

A continuación, se indican algunos pasos a seguir desde el hogar hasta la escuela para fomentar la independencia:

Empezando por el grupo de edad de los niños pequeños:

Es posible que tu hijo vaya a la escuela porque eres una madre trabajadora. Puede que hayas optado por enviar a tu hijo a la guardería algunas mañanas a la semana para que se relacione. Sea cual sea tu motivación, aquí tienes algunos consejos para animar a tu hijo a estar preparado para la guardería:

- Empieza dándole algunas tareas en la casa. Que te ayude a quitar el polvo o a guardar los juguetes y los libros.
- Deja que te acompañe a dar de comer a los animales, si tienes mascotas, o a regar el jardín.

- Busca cosas que pueda hacer para ayudarte y trabajen juntos en ello.
- Cruzar la calle puede ser un problema y, en ese caso, unas riendas le ayudarán a controlarse. Dile a tu hijo que cuando te haga caso y se tome de la mano, podrá caminar sin las riendas.
- Déjalo tomar algunas decisiones contigo. Por ejemplo, el tipo de sándwiches que vas a preparar o las flores que quieres recolectar. Escucha sus opiniones, tú sólo estás ahí para escuchar lo que tienen que decir.

Cuando tu hijo llegue a la escuela primaria, le habrás enseñado a ser independiente en algunos aspectos. Ahora, ¿cómo vas a reforzarlo?

- Lo ideal sería que tu hijo fuera capaz de vestirse solo y que le enseñaras a ponerse sus propios zapatos y calcetines. Los cordones pueden seguir siendo un reto, pero el calzado de los niños de hoy en día suelen tener velcro y eso lo hace más fácil.
- Tu hijo debe saber ir al baño y lavarse las manos correctamente para estar listo para ir al colegio.
- Manejar su propia fiambrera y los envoltorios de su comida es otro acto de independencia. Anímale a prepararse su propio almuerzo en algún momento.
- Si tu hijo no ha asistido a una guardería, o no ha pasado algún tiempo fuera de casa, asegúrate de organizar citas para jugar e interactuar con otros niños.

- Refuerza su autoestima y su confianza con pequeños gestos, animándole de camino al colegio y haciéndole preguntas sobre su día.

EL TIEMPO DE EXPOSICIÓN A LA PANTALLA Y SUS EFECTOS EN EL DESARROLLO INFANTIL

¿QUÉ ES EL TIEMPO DE PANTALLA?

Cualquier momento que tu hijo pase mirando una pantalla de cualquier tipo se clasifica como tiempo de pantalla. Puede tratarse de un teléfono inteligente (el tuyo) una computadora, un iPad, un televisor o videojuegos. Es un momento del día en el que tu hijo está inactivo y en el que gasta muy poca energía física. Se calcula que muchos niños pasan alrededor de 3 horas al día viendo y participando en algún tipo de este tiempo.

Hay muchas preguntas en torno al tiempo frente a la pantalla y muchos padres están preocupados por el efecto de los dispositivos digitales que tienen un impacto negativo en sus hijos. Existen guías sobre el tiempo exposición, y estas guías recomiendan que los niños menores de dos años no estén expuestos a ella en absoluto. Para los niños mayores de dos años se recomiendan de dos a cuatro horas.

Aquí algunas formas sencillas, fáciles y eficaces de reducir la cantidad de televisión o de tiempo frente a la pantalla que se permite en tu casa:

No pongas la televisión en el dormitorio de tu hijo:

Los estudios sobre los efectos de la televisión en el dormitorio han demostrado que esto provoca alteraciones en el sueño.

El acceso a este dispositivo en el dormitorio hace que se pase más tiempo viéndola por encima del número de horas recomendado.

Los efectos negativos están relacionados con el hecho de que el televisor está ocupando el lugar de otras cosas que los niños deberían hacer al final del día.

No permitas que tu hijo coma delante de la televisión:

Aunque es un lugar ideal para sentarse frente a ella y verla mientras comes, este no es el caso por varias razones. En primer lugar, esta forma de comer provoca que se desencadene el hambre y permite comer en exceso porque es más probable que se coma más y se haga menos ejercicio. Comer delante de la televisión lleva a picar cosas poco saludables. El sonido del televisor induce al cerebro a pensar que la televisión es igual a la comida, e ingerir alimentos basura conduce a una vida poco saludable.

Intenta no dejar la televisión encendida como ruido de fondo durante el día o en una ocasión familiar:

La TV de fondo no es buena para los niños y se ha comprobado que pueden pasar hasta cuatro horas al día escuchándola. ¿Qué efecto tiene esto en tus hijos? Puede que pienses que no es nada, que sólo está de fondo. Pues bien, no es sólo un ruido de fondo para un niño pequeño que está aprendiendo el lenguaje. Es algo perturbador que interfiere en el aprendizaje de los sonidos para hablar un idioma. La televisión de fondo tiene un impacto en lo que el cerebro es capaz de hacer a una edad temprana. Por eso, el tiempo de pantalla y la exposición a los dispositivos digitales no son recomendables para los niños menores de dos años.

No permitas que los niños vean la televisión mientras hacen los deberes:

Esto parecería una decisión obvia cuando los niños deberían estar concentrados en sus tareas. Sin embargo, en algunos hogares la televisión es el centro de la casa. Se enciende a todas horas del día. Sería conveniente encontrar un lugar menos público y más privado en la casa para ella. El ruido de fondo siempre va a ser una distracción, incluso si la imagen no es visible. Tener horarios fijos para ver TV es una forma mucho mejor de verla y de hacer los deberes.

- Sé un buen modelo de conducta y no veas la televisión todo el tiempo. Muéstrale a tu hijo que no eres adicto a estar frente a la pantalla. Tienes aficiones o te gusta leer o pasar el rato en el jardín, haces otras cosas con tu tiempo.
- Lleva un registro de cuántas horas pasa tu familia en la televisión y anótalo. Dedica el mismo periodo a una rutina de ejercicios. Aprovecha esta ecuación de tiempo para salir de excursión o visitar el parque, pero intenta compaginar el rato con otra cosa que no sea estar frente a la pantalla.
- Practica otros juegos en familia que no impliquen mirar la

pantalla del ordenador o la televisión. Los juegos de mesa son una forma estupenda de mejorar la capacidad de contar, la memoria, e incluso los conocimientos generales.

Los niños de hoy en día crecen en un mundo de tecnología, y los padres son la generación de adultos que tienen que intentar determinar cuánto tiempo de exposición a la pantalla es adecuado para sus hijos. Los dispositivos digitales proporcionan horas de entretenimiento y también material educativo. Sin embargo, el tiempo ilimitado puede ser perjudicial. Tiene que haber pautas y límites. Los niños que pasan todo el día con los dispositivos digitales se están perdiendo el crecimiento y el desarrollo físico, mental y social.

Estos son algunos de los efectos negativos del exceso de tiempo frente a la pantalla:

- La falta de ejercicio conduce a la obesidad: Los niños que pasan demasiado tiempo sentados frente a una pantalla no se ejercitan, ni desarrollan su masa muscular y su capacidad de coordinación. El movimiento y el deporte también son buenos para el cerebro, ya que necesitan estar activos para poder desarrollar ciertos conceptos.
- Demasiada televisión, o tener una pantalla en la habitación de tu hijo, puede causar problemas de sueño. El tiempo de exposición justo antes de acostarse no es una forma de relajarse. La luz azul de la pantalla interfiere en el ciclo de sueño del cerebro y provoca insomnio.
- Los problemas de comportamiento pueden surgir por el exceso de exposición a la pantalla, ya que los niños pasan

menos tiempo siendo sociables e interactuando con otras personas o niños.
- La violencia en las actividades lúdicas puede provenir a menudo de los programas de televisión de carácter violento. Afectan la interacción de los niños con los demás. Ver algunos programas agresivos puede dejar una impresión duradera en los niños pequeños que los verán y querrán actuar de manera similar.
- Pasar demasiado tiempo con los dispositivos digitales puede ser perjudicial para la vida en familia. Esto se aplica tanto al adulto como al niño en el círculo familiar.

Ahora que se ha establecido que la exposición a la pantalla puede ser perjudicial para la salud de tu hijo, es importante analizar cómo esto puede afectar al desarrollo del niño. Especialmente en los menores de tres años. Un niño que está expuesto a demasiado a una pantalla y que ve pasar el mundo en realidad virtual tiene menos tiempo para jugar, hacer ejercicio, estar con los amigos y la familia, y formar parte de la vida familiar en general. Esto puede tener un impacto significativo en su crecimiento y desarrollo general.

¿CÓMO AFECTA LA EXPOSICIÓN A LA PANTALLA LA SALUD MENTAL DE LOS NIÑOS?

Esta es una pregunta que está en boca de muchos padres. En nuestro concepto del Yin y el Yang de la crianza de los hijos, "encendido" es lo contrario de "apagado". Hay que ser consciente de las consecuencias de tener el botón de encendido demasiado activado o de no interactuar en absoluto. El niño que no interactúa con los dispositivos electrónicos crecerá incapaz de funcionar en un mundo digital. Siempre se piensa en todo con moderación. Los padres que están informados son capaces de tomar las decisiones correctas de "encendido o apagado" y con esa información elegir la medida adecuada de tiempo.

Se preguntarán los adultos si la salud del cerebro del niño se ve afectada. Parece que la respuesta a esta pregunta es sí, la salud cerebral de los niños puede verse alterada como consecuencia del exceso de exposición a la pantalla. Se ha descubierto que los menores obtienen puntuaciones más bajas en las pruebas de pensamiento y lenguaje. Lo que se ha comprobado es que los dispositivos electrónicos liberan dopamina, la sustancia química del cerebro implicada en los deseos de satisfacción. El tiempo frente a la pantalla está contribuyendo a este tipo de publicidad emocional.

Los pediatras han recomendado las siguientes pautas para los niños con respecto a la exposición a las pantallas:

- Niños menores de 18 meses: No deberían pasar tiempo frente a la pantalla.
- Niños de 18 - 24 meses: Podrían ser vigilados por los padres, eligiendo programas multimedia de alta calidad.
- Niños de 2 a 5 años: Deberían ver una hora al día. Una parte de este tiempo debe pasarse con los padres para comprobar la calidad y el contenido de los programas, si es posible.

La televisión nunca debe utilizarse como un instrumento para cuidar a los niños. Las habilidades lingüísticas y de alfabetización parecen ser las más afectadas por el exceso de tiempo frente a la pantalla. Las capacidades de resolución de problemas se ven comprometidas por el exceso de tiempo delante del monitor, sobre todo si los padres no son selectivos en cuanto a la calidad del programa que se ve. Muchos de los espacios infantiles, especialmente los de animación, no tienen la calidad de lenguaje que los padres quieren que su hijo aprenda. Si todo se reduce a ver la animación, no hay un verdadero desafío al pensamiento o a la resolución de problemas.

Se están investigando los pros y los contras de la exposición a las pantallas. Es una suerte que se estén llevando a cabo estudios sobre sus efectos y, mientras no se haya tomado una decisión definitiva, los padres responsables deberían analizar seriamente lo que el tiempo frente a la pantalla puede estar haciendo a sus hijos. Las pantallas no se pueden prohibir. Están aquí para quedarse, la cuestión es cómo los padres se enfrentan a ellas.

Un panorama general parece sugerir que los niños muy pequeños no aprenden bien de las pantallas. Los niños mayores pueden aprender de ellas, pero el estilo sedentario de aprendizaje no es bueno para otros aspectos de su desarrollo. Los efectos de estos dispositivos todavía se están estudiando. En cuanto a la cronología, ¿sabías que el primer iPad salió a la venta el 3 de abril de 2010? En términos de una línea de tiempo de las invenciones, ya que se trata de una invención relativamente nueva. Los debates sobre el iPad se refieren al dispositivo como una incorporación reciente al mercado digital.

En los primeros 80 días de su lanzamiento, el iPad vendió 3 millones de unidades, y eso fue hace poco más de una década. En el mundo de los aparatos digitales es, en comparación con otros artefactos técnicos, un "niño del barrio" relativamente nuevo. Ha quedado claro que la responsabilidad recae en los padres. para que tomen conciencia del daño que puede causar en los niños un exceso de tiempo frente a este tipo de dispositivos.

Se recomienda la co-visión a una edad temprana, para que los padres puedan estar atentos a lo que se está viendo e interactuar con el niño. Cuando los papás estén convencidos de que su hijo está interactuando con el programa y no está mirando fijamente al monitor, se sugiere que ese sea el momento de dejar que el pequeño lo vea sin supervisión durante un corto periodo de tiempo. La opinión general es que los niños menores de tres años no adquieren realmente un desarrollo intelectual al mirar una pantalla. Aprenden el lenguaje y la interacción con los demás a través de la comunicación individual o dentro del grupo familiar. No hay nada que sustituya este aprendizaje en la vida real.

La opinión más unánime es que depende en gran medida del uso que los niños hagan de la tecnología, de los medios de comunicación y de lo que vean. Los padres deben intervenir aquí y controlar el tiempo de permanencia en la pantalla y el calibre de los programas que se ven. Mantener una inmunidad abierta con tu hijo sobre lo que está viendo ayuda a protegerle de ver programas indeseables.

¿Hay aspectos positivos en el hecho de ver pantallas y estar conectado a dispositivos digitales? Esta es la otra cara de la moneda del lado opuesto del argumento. En un debate habría dos bandos que expondrían sus motivos. Si estuvieras en el lado pro exposición a la pantalla, ¿qué tendrías que decir?

La primera reacción ante la pantalla que está viendo tu hijo es el suspiro de alivio cuando se dedica a algo y respiras por un momento. Utilizar un dispositivo digital como niñera continua, es probablemente el peor hábito, pero analicemos lo bueno que podría ser este sistema de custodia si se supervisara responsablemente teniendo en cuenta los límites.

¿Cuáles son los aspectos positivos de dar a los niños tiempo de pantalla?

- Hay una correlación definitiva entre los programas educativos y el aprendizaje del tiempo de exposición a la pantalla. Los contenidos relacionados con lo escolar pueden reforzar y ampliar el conocimiento general. En épocas difíciles, cuando los niños no podían asistir a sus centros escolares, las pantallas digitales se convertían en pizarras y tutores para quienes tenían la suerte de acceder a la enseñanza en línea.
- Los videojuegos y las aplicaciones digitales pueden mejorar la coordinación ojo-mano. Los niños disfrutan con los juegos digitales y, con moderación, tienen su lugar.
- Los niños mayores, que pueden comunicarse a través de los teléfonos móviles con la familia y los amigos, están en ventaja si surge la necesidad de contactar con alguien. Es un gran dispositivo de seguridad y resulta útil cuando los planes escolares o de los padres pueden cambiar.
- El aprendizaje de canciones, colores y formas y las actividades de cálculo se convierten en algo colorido y entretenido a través de ellas. La participación de un adulto añade más valor

a la actividad, en el caso de los niños más pequeños, donde la supervisión y la interacción social son importantes.
- La narración de historias, de cuentos infantiles de buen valor, puede cobrar vida para los niños. Sin embargo, el verdadero beneficio reside en la calidad del vocabulario. Los padres deben comprobar la calidad del lenguaje y la idoneidad para los espectadores más jóvenes.

Los pros y los contras de la exposición a la pantalla se reducen claramente a la gestión de los adultos. Sin duda, este espacio se ha convertido en parte de la vida cotidiana en la última década y, por lo tanto, los padres responsables están deseando tener pautas a seguir a la hora de gestionarlo en casa.

Los padres necesitan saber qué ven sus hijos y sería útil contar con algunas pautas para una visión apropiada. Mira estas sugerencias para un tiempo de pantalla responsable:

1. Establece límites a la cantidad de espacio de pantalla que permites a cada niño dependiendo de su grupo de edad. Sé coherente con las asignaciones de horas y haz que se cumplan las normas, quizás se hagan excepciones durante el fin de semana o las vacaciones, pero el límite de tiempo es el límite de tiempo.
2. Ten zonas en tu casa que sean libres de pantallas. Haz que se cumplan las normas, por ejemplo, nada de pantallas durante las comidas. No hay tiempo de pantalla en el dormitorio a la hora de acostarse. No usar el teléfono inteligente mientras se conduce: sé un ejemplo para tus hijos. Encuentra otros

lugares orientados a la familia en los que prefieras que no haya espacio de exposición a las pantallas.

3. Enfatiza el valor de los dispositivos utilizados con fines educativos. Ayuda a tu hijo a ver el valor de aprender sobre su entorno o el mundo que le rodea a través de la conexión con Internet. Muestra a los niños cómo pueden investigar muchas cosas nuevas. Cómo pueden aprender manualidades y probar experimentos científicos para desarrollar su interés por diferentes aficiones.

4. Sé consciente del control parental sobre lo que los niños ven o aprenden. Pon límites a su accesibilidad a programas que no sean adecuados para la edad que tienen.

5. Sé un buen modelo de conducta. Tu hijo te observa y se deja guiar por ti. Si estás constantemente con tu móvil u ordenador cuando podrías estar pasando tiempo de calidad con él, no estás siendo un buen modelo de comportamiento. Asegúrate de practicar lo que predicas, y tus hijos seguirán tu ejemplo.

6. Ofrece otras actividades para que tu hijo tenga oportunidades de participar en las experiencias normales de cada día y en cosas prácticas que hacer. Salgan a pasear por el parque o visiten a un amigo, hagan galletas en la cocina mientras cantan juntos canciones infantiles. El tiempo frente a la pantalla no puede proporcionar este tipo de actividades maravillosas para crear vínculos entre padres e hijos.

12

OPORTUNIDADES DE DESARROLLO INFANTIL A PARTIR DE LA DISCIPLINA POSITIVA

La Disciplina Positiva o DP es un estilo de crianza que se centra en la idea de que los niños no son intrínsecamente malos, pero hay comportamientos que manifiestan que no se aprueban y se consideran mala conducta. La Disciplina Positiva toma esos comportamientos y, a través de la interacción positiva con los niños, convierte el mal comportamiento en oportunidades de aprendizaje para ellos.

A CONTINUACIÓN, SE PRESENTAN CINCO CONCEPTOS DETRÁS DE LA DISCIPLINA POSITIVA PARA PODER UTILIZAR ESTE MODELO DE CRIANZA:

1. La comunicación debe ser efectiva para beneficiarse de este modelo de crianza.
2. La disciplina se considera una herramienta de enseñanza y

orienta a los niños. No es permisiva, sino que tiene pautas que enseñan a los niños a través de sus errores.
3. La Disciplina Positiva se centra en la búsqueda de soluciones a los problemas y no en el castigo.
4. El centro de este modelo de disciplina es el respeto mutuo. Padres e hijos lo construyen respetándose los unos a los otros.
5. Los padres intentan resolver los problemas comprendiendo su raíz.

Estos conceptos básicos dan una buena base a los principios de la crianza positiva y ayudarán a los padres a gestionar el comportamiento de sus hijos. Este modelo de crianza siempre pretende encontrar resultados favorables.

En lugar de ver cada incidente de mal comportamiento como un elemento de mala conducta, la Disciplina Positiva ve estos eventos como oportunidades de aprendizaje y crecimiento. El "tiempo fuera", una forma común de disciplina, se convierte en "tiempo dentro". Los niños aprenden al pasar el tiempo dentro con sus padres. Es una oportunidad para crecer en carácter y entender cómo comportarse.

¿La Disciplina Positiva funciona con niños muy pequeños? Sí, pero el nivel de exigencia es diferente, ya que todavía están aprendiendo a comunicarse y a crear un vínculo de confianza con sus padres. A continuación, algunas ideas sencillas sobre cómo dirigirla:

La redirección es una táctica de Disciplina Positiva:

La Disciplina Positiva redirige a los niños para que participen en otra actividad si tienen dificultades para enfrentarse a su momento actual.

Practica el "tiempo dentro" y no el "tiempo fuera":

El tiempo de espera da a los padres la oportunidad de hablar con su hijo, de forma individual, para llegar a la causa subyacente de la acción. Es el momento de intentar que el niño entre en contacto con sus emociones para entender por qué puede haber sentido ira, decepción o frustración.

Dar recordatorios breves y sencillos:

Utilizar recordatorios breves o palabras clave para ayudar a los niños a entender lo que se les pide en lugar de gritarles largas indicaciones.

Utilizar afirmaciones positivas:

Encontrar momentos para elogiar a los niños por lo que hacen bien o por los obstáculos que han superado es una parte muy importante de la crianza positiva. De este modo, los niños ven las cosas buenas que pueden hacer.

Entender este método de disciplina y ponerlo en práctica puede parecer complicado. Sin embargo, no es difícil en absoluto una vez que se comprenden sus principios y características.

Estos son algunos de los principios subyacentes a la Disciplina Positiva. La idea de conocerlos es ayudar a que ella forme parte de tu vida familiar.

PRINCIPIO # 1:

Esta forma de crianza se centra en la confianza, la amabilidad y la conexión con tu hijo. Cambia la forma de responder al mal comportamiento. Tu respuesta a la disciplina es más comprensiva y solidaria. Aunque eres amable, también eres firme y estableces límites que cumples. Tu hijo sabe cuándo ha sobrepasado un límite y le ayudas a superarlo. Es necesario conocer a fondo la etapa de desarrollo en la que se encuentra el niño. También debes conocer su nivel de comprensión de la acción ofensiva. Esta es la parte didáctica de la crianza positiva, ya que puedes explicar por qué la acción de tu hijo ha causado daño o dolor a otra persona.

PRINCIPIO # 2:

Los niños deben sentirse seguros y protegidos durante los momentos en que se les sanciona. Los padres están enseñando y guiando durante este tiempo, ya que muestran a sus hijos el bien y el mal. La Disciplina Positiva se aleja del castigo verbal y físico que provoca miedo, desconfianza y pérdida de autoestima, ayudando a los niños a sentirse motivados para seguir las indicaciones de sus padres y desarrollar un buen carácter.

PRINCIPIO # 3:

Dominar el modelo de crianza positiva puede requerir algunos ajustes porque probablemente sea diferente al estilo de paternidad con el que has sido criado, pero una vez que te familiarices con los principios y empieces a ver los resultados, te animarás a seguir este camino.

A continuación, te ofrecemos algunas sugerencias sobre cómo puedes incorporar la crianza positiva a la forma de educar a tus hijos utilizando estas ideas de forma más optimista y alentadora:

Mantén la calma:

Intenta abordar el problema con tranquilidad y evita los discursos largos que prolongan el castigo. Haz que la charla disciplinaria sea breve y dulce.

Sé coherente:

Pon tus directrices sobre cuáles son tus límites y aférrate a ellos. Sé firme pero justo.

Intenta ser un buen modelo de conducta:

Incorpora la atención y la empatía en tu enfoque de crianza. Tus hijos verán la diferencia y te respetarán por tu actitud diferente hacia ellos y su comportamiento.

Actúa lo antes posible:

Intenta solucionar el problema lo más rápido y fácilmente que puedas. Sé realista en ese momento y ten en cuenta la raíz del asunto. ¿Tu hijo está cansado, tiene hambre, está listo para volver a casa? Ten en cuenta las circunstancias en las que te encuentras.

Dale una afirmación positiva:

Dile a tu hijo con frecuencia lo bueno que ves en él.

Uno de los factores clave de esta poderosa herramienta de crianza positiva es el progenitor. La educación de los hijos puede ser realmente difícil a veces y, a menudo, saber lo que hay que hacer no es lo mismo que saber cómo hacerlo. Tener algunas ideas sobre cómo convertirse en un padre positivo debería ayudar a los progenitores con este estilo de paternidad. Sólo algunas ideas de cómo convertirse en parte de esta ideología de crianza positiva:

1. Utiliza tu voz calmada:

Respira profundamente y habla con serenidad y despacio si te encuentras en una situación en la que lo único que quieres hacer es gritar. Con los gritos no se consigue nada, esto sólo construye barreras entre padres e hijos.

2. Establece conexiones físicas:

Reparte abrazos o establece conexiones corporales siempre que puedas. Acurrúcate y lee un libro. Dedicar tiempo a algún contacto físico siempre te acercará física y mentalmente a tu hijo.

3. Déjate tranquilizar:

Di que lo estás haciendo lo mejor posible. Todo lo que conlleva ser padre o madre requiere un cierto reajuste y tú lo estás haciendo lo mejor que puedes.

4. Relaciónate con tu hijo a través del contacto visual:

Cuando pases tiempo con tu hijo, haz un esfuerzo consciente por mantener su atención estableciendo un contacto visual claro y demuéstrale que realmente le estás escuchando.

5. Deja tiempo libre:

Deja algo de tiempo en el día para sentarse y jugar juntos. Pon las llamadas en espera y anota el tiempo de juego en tu agenda. Compartir con tu hijo contribuirá al aspecto social de la crianza positiva y les ayudará a conectar.

6. Muestra formas de ser amable:

Deja que tu hijo vea las formas en las que demuestras tu amabilidad con los demás y con él. Querrá imitarte, y mostrar bondad es una parte clave de la disciplina positiva.

7. Llama la atención sobre lo positivo:

Empieza a fijarte en las pequeñas cosas positivas de tu hijo. Busca las pequeñas formas en que muestra su lado bueno.

8. Intenta ser auténtico:

Muestra a tus hijos quién eres y no quién pretendes ser o crees que deberías ser. Muestra tus sentimientos. Discúlpate si te equivocas y hazles saber que no eres perfecto, pero que intentas hacerlo lo mejor posible.

9. Ten en cuenta tus objetivos:

Recuerda que tienes objetivos para tu familia y que la crianza positiva es una de las formas de alcanzarlos. Si no pierdes de vista el objetivo, las habilidades de crianza que pongas en práctica tendrán un propósito mayor.

10. Decide ser un padre positivo:

No te dejes desanimar por las referencias a un estilo autoritario de disciplina. Asegúrate de que tienes en mente los principios de la crianza positiva y empieza a actuar según ellos. Puede que cometas errores sobre la marcha, pero eso no significa que no hayas intentado ser eficaz en tu educación y en tu disciplina.

Uno de los principios clave de la crianza positiva es utilizar las oportunidades que necesitan alguna forma de disciplina para que se conviertan en curvas de aprendizaje y momentos de crecimiento individual. ¿Cómo se puede hacer esto cuando probablemente te sientas impaciente y normalmente hubieras reaccionado de otra manera?

¿Qué puedes hacer para que cada situación sea una oportunidad de crecimiento?

No es fácil cambiar de opinión. Puede que estés siguiendo el tipo de crianza de la vieja escuela y ahora tengas la idea de que hay algo mejor ahí afuera. Quieres formar parte de este nuevo enfoque, pero todavía eres un poco escéptico.

La crianza positiva es una forma de responder a las necesidades emocionales de tu hijo de forma sensible, y tiene en cuenta las etapas del crecimiento, así como los sentimientos y el desarrollo emocional.

¿QUÉ DEBE HACER UN PADRE CUANDO SE PRESENTA UNA SITUACIÓN?

- Pregúntate si tu hijo necesita ayuda con algo: ¿Cómo puedes tú, el padre, ayudar con una necesidad básica en ese momento? Sintoniza con las necesidades y emociones del niño con sensibilidad, en lugar de pensar inmediatamente en un castigo que aplicar para que haga lo que tú quieres sin ninguna sensibilidad.
- Piensa en términos de resolución de problemas y no en tratar de controlar un comportamiento que consideras inaceptable: Ve más allá de la conducta. Sí, no te gusta la forma en que tu hijo se está portando, pero con algunas habilidades relevantes para la resolución de problemas puedes ser capaz de darle la vuelta a la situación. Cuando ofrezcas una solución al problema que le muestres a tu hijo, él podría haber hecho lo mismo y haberse ahorrado una gran cantidad de ansiedad.
- Sé respetuoso con las necesidades de ambos: Los dos son miembros de la familia en esta crisis. Respeta sus sentimientos y gestiona la consideración de los tuyos también. Enséñale a tu hijo lo que es el respeto a través de un episodio de comportamiento en el que se falte al respeto.
- Reconoce las etapas de desarrollo por las que está pasando tu hijo: Pregúntate si tiene la capacidad de razonamiento para resolver esta situación o si está preparado para esta etapa de desarrollo físico. Reconocer sus niveles de crecimiento hará que algunas de tus decisiones como padre sean mucho más fáciles. Descubrirás que es posible asumir el papel de maestro

cuando un niño no está preparado para un comportamiento relevante. Prefiere ser el que enseña antes que el que hace cumplir la ley.
- Evita castigos como los golpes, el tiempo fuera, los insultos y el avergonzar a tu hijo. Al leer estas formas de castigar y aprender sobre la disciplina positiva, es posible que te sientas muy incómodo. Eso es bueno. Muestra que reconoces cuán lejos de la crianza positiva, y de la Disciplina Positiva, están estas formas de disciplinar.

Siempre habrá escépticos y detractores cuando intentes hacer lo mejor posible para ser un padre positivo. Reconoce que hay algunos enemigos ahí fuera dispuestos a aplastar tus mejores esfuerzos.

¿CUÁLES SON ALGUNOS DE LOS ENEMIGOS DE LA DISCIPLINA POSITIVA?

#1

Tal vez te sorprenda leer que tú mismo eres tu peor enemigo y que podrías ser el que sabotea tus esfuerzos por convertirte en miembro del Club de la Paternidad Positiva. Esto se debe a que a menudo eres quien dice las cosas más negativas sobre ti mismo. Tienes que dejar de hablarte negativamente, ya que esto rompe tu confianza como padre.

#2

Cuestionar si lo estás haciendo todo bien. El padre perfecto es un cuento de hadas, una fantasía. Intentar serlo te frustrará a ti y a tus hijos. Tu mentalidad debería ser más bien la de tratar de hacer lo mejor posible y no tener que ser el más destacado. Considera la posibilidad de elegir el camino correcto para tu familia y tratar de guiar a todos por él. Eso es más alcanzable y no te hará sentir derrotado.

#3

Preguntarte si eres lo suficientemente bueno. Cualquier padre piensa de vez en cuando que no es lo suficientemente apto para su rol. Pensar así con demasiada frecuencia siembra la duda sobre uno mismo y este tipo de discurso negativo hace más difícil intentar nuevas habilidades, porque preguntarnos sobre nuestras capacidades como padres hace más difícil serlo.

#4

Hacemos comparaciones injustas. Vivimos en un mundo muy competitivo y podemos tener la tentación de hacer comparativas poco realistas entre nosotros y otros padres y sus hijos. Las redes sociales pueden erosionar nuestra confianza en nosotros mismos y en nuestros hijos debido a la posibilidad de hacerlas. Estas comparaciones conducen al descontento y a la duda sobre tus propias habilidades de crianza, que pueden estar perfectamente bien y adaptarse perfectamente a tu familia.

#5

Demasiado estrés en tu vida. La paternidad no es para los débiles de corazón y puede ser agotadora. Los padres siempre son mejores cuando están relajados y no estresados. Si el exceso de estrés está afectando a tu estilo de crianza, intenta encontrar formas de aliviarlo. Haz que los niños participen en la casa. Saca tiempo para ti compartiendo la carga de la paternidad. La gestión del tiempo también es un factor importante. Asegúrate de tener un horario que te permita tener algo de tiempo libre.

#6

No te dejes llevar por las comparaciones. Cada padre, cada niño y cada familia son únicos, y tus habilidades parentales pueden estar bajo escrutinio. Mantente firme y no dejes que las equiparaciones te hundan.

Cuando sientas que te enfrentas a un comentario negativo, o que tu forma de ser padre parece estar en terreno movedizo, intenta darles la vuelta a tus pensamientos en ese preciso momento. Busca la manera de utilizar el incidente como una oportunidad de enseñanza. Permite que se cometan errores y recuerda:

"La disciplina es ayudar a un niño a resolver un problema. El castigo es hacer sufrir a un niño por tener un problema. Para criar personas que resuelven problemas, hay que centrarse en las soluciones, no en las retribuciones".

— L.R. KNOST, "DOS MIL BESOS AL DÍA"

HABILIDADES PARA HABLAR Y ESCUCHAR

Como adulto y padre, esperas que tus hijos te escuchen. Por desgracia, no siempre es así. Hablar y escuchar son habilidades. Tanto los adultos como los niños deben aprender a utilizar estos dos medios de comunicación. La crianza de los hijos y la disciplina positiva son muy difíciles si no se sabe hablar a los hijos y que ellos a su vez escuchen.

He aquí el *CÓMO, el *QUÉ, el *POR QUÉ, el *DONDE y el *CUANDO de hablar con los niños.

Pautas de diferentes oportunidades para hablar con ellos y descubrir que te escuchan.

EL CÓMO:

- Conseguir que tu hijo te preste atención y se concentre en ti es el "cómo" más importante de la conexión con tu hijo.
- Significa ponerse a su nivel para establecer contacto visual, de modo que tu hijo pueda centrarse específicamente en ti.
- Di su nombre cuando le hables. Esto atrae su atención y se involucra contigo cuando lo dices, estableces contacto y luego tu petición.
- Haz que tu interacción sea personal. No grites desde el otro lado de la casa o del jardín. Acércate a donde está tu hijo y háblale de lo que quieres que haga. De este modo, dará prioridad a lo que le pides.
- Habla en el nivel de lenguaje correcto. Cuanto más pequeño sea el niño, más cortas serán las frases y menos instrucciones.
- Dale a veces a tu hijo la posibilidad de elegir. Sólo una elección rápida entre dos cosas. Por ejemplo, "¿quieres cereales o tostadas? Elecciones sencillas de cosas de la casa.

EL QUÉ:

- Lo que se dice es importante. Intenta ser positivo y utiliza menos la palabra "no" si puedes. En lugar de decir "no" a saltar en el sofá, di: "nombre del niño, nos sentamos en el sofá".
- Avisa con anticipación que vas a ir a un evento. Tu hijo

necesita tiempo para prepararse. Se sentirá mejor si sabe que tiene que ir pronto.
- Intenta decir "¿qué he dicho?" y pídele que repita lo que has dicho para ver si te ha escuchado. Haz que la instrucción sea corta para que sepa que puede repetirla.
- Di lo que quieres empezando por "quiero que...". De este modo, tu hijo sabrá qué es lo que tiene que hacer.
- Di lo que deseas de forma que lo entienda. Intenta no preguntar "por qué", sino decir "hablemos de lo que has hecho" cuando.... Los niños a menudo no pueden responder al "por qué", y el problema puede entenderse mejor si tú hablas de lo que hicieron.

EL PORQUÉ:

- Piensa en el motivo por el que le pides algo a tu hijo y esto te ayudará a expresarlo correctamente y con el tono de voz adecuado.
- El por qué le pides algo a un niño es un buen momento para entrar en contacto con sus sentimientos o transmitir los tuyos. Puedes decir cómo te sientes cuando no te están escuchando.

EL CUÁNDO:

- El momento es importante a la hora de intentar que un niño escuche. Cuando los niños tienen otras necesidades, como

dormir, comer o simplemente irse a casa, es difícil hablarles con sensatez.
- Cuando los pequeños están claramente molestos por algo, no será un buen momento para hablar con ellos. Haz una petición clara y breve y trata de calmar su malestar emocional antes de empezar con tu enfoque de disciplina positiva.
- Utiliza la táctica de "cuando y entonces". Esto funciona muy bien para tratar de enseñar las consecuencias. Cuando se hace lo que quieres que se haga, entonces habrá hecho algo para tu hijo.

EL DÓNDE:

- Lo ideal es que tu conversación se desarrolle en el espacio donde necesitabas decir algo. Ve al lugar donde deseas que se haga.
- Explica las normas de seguridad en el lugar donde la toma de conciencia de la seguridad es relevante, si es posible. Utiliza los libros para explicar información importante como herramienta de conversación.
- Aprende sobre los modales y el comportamiento en las comidas, compartiendo la mesa.

Vigilar el cómo, el qué, el por qué, el cuándo y el dónde marcará la diferencia en los momentos de conversación con nuestro hijo. Te hará reflexionar a conciencia sobre la forma en la que hablas con él.

La conversación con tu hijo debe comenzar desde la infancia. Aquí es donde el conocimiento de las fases de desarrollo y la habilidad para hablar con un niño van de la mano. El crecimiento de los niños en este ámbito es rápido y se dan pasos de gigante. Saber lo que se puede esperar y las aportaciones para las que hay que estar preparado contribuye al crecimiento de la comunicación entre ustedes.

El desarrollo de la comunicación desde los bebés hasta la etapa de los niños pequeños y más:

El nacimiento y la infancia:

El desarrollo de las habilidades comunicativas comienza desde el nacimiento con una interacción suave y un contacto cariñoso, ya que el bebé se siente seguro y querido. Cuando tu bebé haga ruidos de balbuceo, respóndele de la misma forma para participar en esta primera etapa de la conversación.

Hablar con los niños pequeños:

Los niños de corta edad están aprendiendo palabras a gran velocidad. Empiezan haciendo pequeñas frases de tres o cuatro palabras y entendiendo las peticiones de sus padres. No tienen el vocabulario necesario para expresar grandes ideas o acontecimientos, pero están aprendiendo a comunicarse todo el tiempo.

Cuando estés con tu hijo pequeño, dale las palabras para describir lo que están haciendo, deja que repita después de ti cualquier cosa que estén realizando juntos. Corrígele con calma repitiendo lo que ha dicho de forma amable, para ayudarle en su conversación. Dale tiempo a los niños para que encuentren las palabras adecuadas y luego ayúdales con el aprendizaje de una nueva. Observa su lenguaje corporal y su forma de comunicarse señalando objetos. Dales las palabras que buscan.

Aprender canciones y rimas es una forma estupenda de enseñar a los niños pequeños el lenguaje. Si tu hijo está en un centro de preescolar, averigua qué canciones están aprendiendo y pueden cantarlas juntos en casa. Mientras juegan, dile a tu hijo lo que estás haciendo y así aprenderá las palabras de la acción que está experimentando. Cuanto más jueguen juntos y digan las palabras correspondientes a las acciones, más aprenderá tu hijo a hablar el idioma que estás introduciendo en casa.

Hablar con los niños en edad preescolar:

Ahora tu hijo ha ascendido en la escala de la comunicación. Estas personitas están empezando a utilizar el lenguaje para describir su mundo y sus sentimientos. Utilizan frases más largas y empiezan a describir sus sensaciones. Los preescolares aprenden haciendo muchas preguntas. Quieren conocer el mundo que les rodea. Su capacidad de atención ha aumentado y son capaces de contar historias y mantener conversaciones. Demuestra a tu hijo que le escuchas y préstale toda tu atención cuando puedas. Tu hijo de preescolar ya tiene muchas palabras y puede encadenarlas. Si sus historias se están alargando demasiado y tú tienes otra cosa que hacer, sugiérele que termine rápidamente en ese momento, o que deje el resto de la historia para más tarde.

Escucharás muchas preguntas de "por qué". Intenta responderlas de manera justa. Tómate en serio la respuesta a las preguntas e intenta encontrar la respuesta correcta. Si no lo sabes, díselo a tu hijo en edad preescolar y busca la respuesta.

Pueden hacerlo conjuntamente si tu hijo está interesado. Leer y mirar libros con tu pequeño ayuda a ampliar su perspectiva y a aumentar su vocabulario.

Primeros años de la escuela primaria:

Esta es una etapa apasionante en la que las palabras y los sonidos se unen, y los niños empiezan a leer por sí mismos y a escribir, además de deletrear. Además, son capaces de mantener conversaciones más adultas. Si sospechas que hay algún retraso significativo en el lenguaje o problemas de habla, es importante que lo resuelvas cuanto antes. El maestro de tu hijo también podrá darte su opinión si no se desenvuelve bien en la escuela.

Nuestra capacidad de comunicación tiene dos caras. Hablar y escuchar, y la escucha es una habilidad. ¿Cómo aprendemos a escuchar? ¿Es un proceso natural o hay que enseñarlo? Básicamente, cuando los padres quieren que sus hijos escuchen, quieren saber si su hijo puede oír su voz. Quieren saber si su hijo es capaz de desentenderse de los ruidos de fondo y sintonizar con sus voces. ¿Tienen los niños la capacidad de entender el significado de las frases y pueden interpretar plenamente su sentido?

En realidad, no es de extrañar que a algunos niños les cueste escuchar. Esta habilidad está sujeta a su etapa de desarrollo, su capacidad cognitiva y su bienestar al momento de recibir el mensaje. La habilidad de escucha necesita práctica y estímulo. Seguir los pasos del desarrollo ayudará a los padres a entender en qué consisten estas habilidades y a ayudar a su incremento.

Escuchar requiere en realidad tres procesos. Oír, escuchar y prestar atención:

1. Oír:

La audición del bebé comienza a desarrollarse en el útero. En esta etapa tan temprana el bebé desarrolla la capacidad de oír. Poco después de nacer, el bebé reacciona a la voz de la madre. Algunos niños pueden nacer con una deficiencia o discapacidad auditiva. A veces sufren pérdidas de audición a causa de infecciones.

2. Escuchar:

Los bebés empiezan a escuchar y a girar la cabeza hacia un sonido a partir de los cuatro meses. A medida que crecen, empiezan a oír la diferencia entre los sonidos que les rodean y, en particular, la voz de su madre. A medida que se desarrollan y van creciendo, son capaces de identificar sonidos y reconocerlos en palabras y frases. Estas habilidades ayudan a los niños a comprender la fonética y les llevan a ser capaces de leer. Aunque pueden escuchar los sonidos, necesitan ser capaces de prestar atención al mismo tiempo para concentrarse en la escucha durante períodos más largos.

3. Prestar atención:

El tercer componente es prestar atención. Los niños pasan por cinco etapas de atención:

1. La fase de distracción de 0 a 1 año: A esta edad, los primeros intentos de mantener su atención no son fáciles de realizar.
2. La fase de atención monocanal de 1 a 2 años: Durante esta fase, el niño puede concentrarse en una cosa a la vez. No les gusta en absoluto que se les distraiga de esto.
3. La fase de canal único, más flexible, de 2 a 3 años: Aquí es donde pueden empezar a cambiar de una actividad a otra.
4. La fase de doble canal de atención entre los 4 y 5 años, en la que pueden centrar su atención en una actividad y en un interlocutor.
5. La atención plenamente integrada se produce a partir de los 5 años. El niño debe ser capaz de centrar su atención en grupos de distintos tamaños y de ignorar algunas distracciones. Pueden mantener su concentración por un periodo más largo de tiempo.

Es importante señalar que no todos los niños alcanzarán estos objetivos a la vez. Esto es sólo una orientación.

Los niños con poca capacidad de escucha tendrán dificultades para prestar atención y una mala comprensión repercutirá en su trabajo escolar. Escuchar permite a los niños desarrollar su vocabulario, mejorar sus habilidades lingüísticas y su entendimiento. Cuando los niños llegan a la fase de la escuela primaria y aprenden a leer, escribir y deletrear, necesitan ser capaces de escuchar y procesar los sonidos a través del procesamiento auditivo.

La escucha con comprensión es otra parte importante de las habilidades auditivas. Esta forma de audición hace que el niño comprenda el significado de las palabras y se relacione con ellas. También le permite escuchar una historia, entender de qué se trata y hablar de ella. Incluso puede ser capaz de recordarla y volver a contársela a otra persona. La comprensión auditiva tiene todos estos efectos de desarrollo de habilidades. Los buenos oyentes se convierten en buenos comunicadores.

A continuación, te proponemos algunas formas de mejorar la capacidad de escucha cuando tu hijo esté preparado para ello:

- Haz un esfuerzo consciente para planificar algún tipo de actividad de escucha en tu día. Puede ser un juego, leer un cuento, divertirse con juegos musicales como las estatuas o cantar rimas y canciones juntos.
- Ayuda a tu hijo a ampliar su vocabulario. Los libros con dibujos y palabras o los cuentos sencillos son elementos que refuerzan el léxico durante las primeras etapas de su adquisición. Las fichas, los juegos y los programas infantiles orientados específicamente a la obtención de palabras son de gran ayuda.
- Las actividades deben ser cortas y agradables, porque la mayoría de los niños pequeños tienen una capacidad de atención muy breve.

¿Cómo disciplinar a un niño que no escucha?

Este puede ser uno de los aspectos más frustrantes de la crianza. Quieres enseñar a tu pequeño, pero te desafía repetidamente y no quiere escuchar. Esto hace que los padres sientan que no tienen ningún control sobre su hijo y ninguna influencia a la hora de disciplinarle.

Una de las razones para no escuchar deliberadamente se atribuye a una lucha de poder en curso. Aunque no seas plenamente consciente de ello, tu hijo puede utilizar el hecho de ignorarte como una forma de tener cierto poder sobre ti al no escucharte de forma deliberada.

Si tu hijo puede oír y escuchar la mayor parte del tiempo cuando lo desea, el hecho de no escucharte a ti en particular podría formar parte de una mentalidad de lucha de poder. Cuando los niños deciden no escuchar, están tomando el control de la situación. Están utilizando su cuerpo y su actitud para tener preponderancia en la relación. Esto podría ser una oportunidad para que tú, como padre, dejes de lado parte del control que tienes y permitas que tu hijo tome algunas decisiones. No se trata de elecciones importantes, sino de algunas pequeñas como la ropa que se pone o el cuento que elige. Involúcralos en algunas de las tareas domésticas y trata de ceder parte del control que tienes sin que se den cuenta de que has tomado el dominio total.

Piensa en ofrecer a tu hijo la posibilidad de elegir. Si le das la posibilidad de decidir entre una u otra opción, le cederás algo de poder y le ayudarás a tomar decisiones. Cuando no hay elección, la petición se percibe como una orden y quizás tu hijo escucharía con más atención si la solicitud viniera acompañada de una opción. Entonces tu hijo tiene que pensar en las posibilidades y decidir.

Sé coherente con tus peticiones. Ser consistente permite que tu hijo se sienta cómodo con tus expectativas. Puedes hacer una cuenta atrás para realizar el trabajo. Esto ayuda a tu hijo a saber que dentro del espacio de la cuenta atrás tiene ciertas cosas que hacer y esa es la expectativa estable que necesita.

Modela tú mismo las buenas habilidades de comunicación y ayuda a mostrar a tu hijo que eres un buen oyente y que haces lo que se espera de ti en la casa. Estás dispuesto a ayudarle a ordenar, pero no estás dispuesto a aceptar una habitación descuidada y tu hijo tendrá que responder también por ella.

Aunque te sientas muy frustrado cuando tu hijo no te escuche, intenta no gritar. Con gritos y chillidos no se consigue nada. Los niños apagarán su botón de escucha ante los alaridos, y tus palabras y tu alto volumen de energía serán un desperdicio.

<u>Gritar no funciona</u>. Provoca miedo y negatividad. Los gritos eliminan las oportunidades de aprendizaje asociadas a la ayuda y la escucha.

Gritar simplemente hace que tu hijo sienta que tiene que obedecer, y no hay manera de que sea una parte integral de la acción. Solo se sienten empujados a seguir órdenes.

¿Qué puedes hacer en su lugar? Aquí tienes algunas sugerencias:

- No te limites a decir que no todo el tiempo mientras le gritas a tu hijo y a lo que está haciendo. Dale la vuelta a la conversación y dale un sesgo positivo pidiéndole a tu hijo que haga algo bueno. En lugar de gritar que no corra mientras todos bajan del coche, gira la conversación, y di que ahora vamos todos a caminar hasta la casa. Si la petición es

ignorada, entonces estaría justificado dedicar un tiempo a explicarle por qué ir hacia dentro es la mejor opción.
- Tómate el tiempo necesario para hacer una pausa y respirar profundamente antes de continuar con tus instrucciones. Ofrécele ayuda en la tarea y demuéstrale que trabajar juntos es una buena manera de hacer las cosas.

14

CÓMO PASAR DEL CAMPO DE BATALLA AL LUGAR PACÍFICO

Está claro que a todas las familias les gustaría que su casa fuese un refugio.

Como Dorothy del Mago de Oz, que dice:

"No hay lugar como el hogar".

Y con un chasquido de sus zapatillas de rubí, Dorothy, interpretada por Judy Garland en el musical de 1939, regresa a su casa en Kansas.

Esas zapatillas se han convertido en uno de los objetos más valiosos de los recuerdos de la película y, sin duda, le permitirían a Dorothy tener una gran casa, muy alejada de la humilde choza en la que vivía cuando se produjo el tornado. ¿A veces sientes que tu hogar ha sido golpeado por un tornado? ¿O crees que en realidad es una zona de guerra, un campo de batalla?

> *"El campo de batalla es un escenario de caos. El vencedor será el que controle ese caos, tanto el propio como el de sus enemigos"*
>
> — NAPOLEÓN BONAPARTE, UN LÍDER MILITAR FRANCÉS DURANTE LA REVOLUCIÓN FRANCESA.

¿Describiría esta cita tu casa? ¿Intentas ser el que controla el caos? ¿Te preocupa cómo el descontrol puede estar afectando a tu hijo? El caos afecta a la vida familiar. Se caracteriza por la desorganización y la confusión, y tiene un efecto negativo en los niños. Todo el mundo quiere un hogar tranquilo. Nadie quiere un campo de batalla.

El caos doméstico es un término válido utilizado por los investigadores sobre los efectos de la vida hogareña en los niños. Crecer en un hogar que es ruidoso y no tiene una rutina establecida y además es un entorno en el que los niños nunca saben lo que puede pasar a continuación, es perjudicial para el ambiente que los padres deberían intentar tener para criar a sus hijos. El caos doméstico se mide por el nivel de desorganización y confusión en el hogar y estos elementos tienen un efecto adverso en los niños. Los estudios sobre estos aspectos han demostrado que repercute en el desarrollo cognitivo, la alfabetización, el desarrollo social y emocional. La familia, o el caos doméstico, está directamente relacionado con las rutinas del hogar o la falta de ellas y con la negatividad de los padres, que también se ven afectados por él.

CAOS es un acrónimo de:

- **C** - Confusión
- **A** - Alboroto
- **O** - Orden ausente.

Confusión que refleja la falta de organización y límites en el hogar creando un ambiente organizado para toda la familia.

El alboroto describe los niveles de ruido, ya que todos luchan por hacerse oír por encima del caos.

Y

Orden ausente se refiere a la falta de organización ya que no hay rutina o poca estructura en la vida familiar.

La familia y los amigos se refieren a estos entornos domésticos con comentarios como:

"Nuestra casa es como si viviéramos en un zoológico",

o

"¡Cuando estoy en casa no me oigo pensar!".

El caos en el hogar o la mentalidad de campo de batalla están relacionados con el comportamiento disruptivo en la escuela, donde los niños arrastran un estilo de vida de enfrentarse a entornos revoltosos.

Este tipo de ambiente en el hogar se puede modificar y la introducción del modelo de crianza positiva junto con un estilo de Disciplina Positiva de control es la manera de restaurar el orden. Se necesitará un esfuerzo de equipo y una decisión consciente de cambiar, pero se puede hacer.

"Cuando un equipo se hace cargo de sus problemas, el problema se resuelve. Es cierto en el campo de batalla, es cierto en los negocios y es cierto en la vida"

— JOCKO WILLINK

Jocko Willink es un autor estadounidense y oficial retirado de los SEAL de la marina.

Si te encuentras desesperado en un mar de caos en casa, sigue el consejo de este oficial y reúne a tu equipo para hacer frente al descontrol. Lo contrario del caos es el orden y, por lo tanto, tiene sentido restablecerlo en tu entorno doméstico.

Aquí tienes algunos consejos prácticos para empezar:

Si tu casa es un entorno caótico, te parecerá abrumador al principio, pero empieza poco a poco y ve avanzando. Di a ti mismo:

"El amor empieza en casa", una breve y dulce cita de la Madre Teresa.

Todo lo que haces, lo haces por amor a tu familia.

Primer paso:

Tómate unos minutos para organizar tu mente y tu estado de ánimo con respecto a los cambios que quieres hacer. Escribe una lista para tener una idea ordenada de lo que vas a abordar. Este es tu plan de batalla.

Segundo paso:

Haz una pequeña cosa que te produzca orgullo y alegría. Limítate a limpiar el fregadero, a ordenar una estantería o a ordenar tu escritorio. Cualquier acción pequeña que realices cada día hará que te sientas menos caótico. Admira tu trabajo y revisa tu lista. Date un respiro. Has hecho un pequeño avance en el campo de batalla.

Tercer paso:

Crea un espacio de calma y tranquilidad para ti. Sí, como líder del equipo necesitarás un lugar que sea tuyo. Nada de juguetes tirados por ahí, nada de invadir la propiedad de los demás. Un refugio seguro al que puedas escaparte. Si es tu habitación o tu estudio o cualquier espacio, por pequeño que sea, que puedas llamar propio, entonces reclámalo y hazlo tuyo. Establece una línea divisoria. Dile a la familia cómo debe comportarse en tu espacio especial. Esta es tu "sala de operaciones", donde tienen lugar tus estrategias para resolver los problemas familiares.

Cuarto paso:

Señala tres áreas concretas que estén provocando que tus niveles de estrés se disparen. Aunque puede que sientas estrés por todas partes, es importante respirar hondo y buscar los peores puntos para hacer un buen trabajo positivo para solucionarlos. Dedica una página a la resolución de problemas para cada uno de ellos y decide sistemáticamente cómo resolverlos. Puede tratarse de algún tipo de desorganización en tu casa, o tal vez de un comportamiento que encuentres en tu hijo y que sea realmente molesto. ¿Este comportamiento se produce a la misma hora del día o es durante todo el día? Pregúntate cuándo es que estás más estresado y luego trata el problema, el momento o el comportamiento.

Aquí hay una breve descripción de una manera de hacer esto mientras todavía estás en la etapa de planificación de tu plan de batalla.

Escribe en tu agenda:

- Cuál es el problema.
- Qué puedo hacer al respecto.
- A continuación, pon en marcha algunos pasos para resolver el conflicto. Sé sincero contigo mismo: si tú eres el problema, empezar desde dentro hacia fuera te ayudará a alcanzar el punto de éxito más rápidamente. Si hay un momento del día especialmente difícil, quizás tu rutina esté desajustada. Si se trata de una acción particular de tu hijo, tal vez el problema de fondo sea tu estilo de crianza y sea necesario aplicar un poco de disciplina positiva.

Quinto paso:

Reúne a las tropas. Ahora que tienes tu plan de batalla, comienza con tu compañero de crianza y discute los planes que tienes para devolver el orden al caos. Explica tus motivos y ten un segundo el mando de tu lado. Analiza lo que pueden hacer juntos. Decidan algunos valores familiares y estén dispuestos a compartirlos con la familia. Fíjate en las edades de tus hijos y ten en cuenta sus niveles de desarrollo y su capacidad para concentrarse en tus planes. Es muy importante que todos acepten las nuevas rutinas y proyectos.

Sexto paso:

Celebra una reunión familiar en la que tú y tu pareja expliquen el nuevo régimen.

Todo el mundo tiene que estar de acuerdo. A cada miembro de la familia se le asignará una responsabilidad que sea manejable para su edad. Se les dirá a todos que la hora de la comida en familia no es negociable. Toda la familia se sentará a comer junta. Empieza con algo pequeño y especifica la frecuencia de las comidas familiares según el horario de la familia. Puedes dar la noticia en una reunión, cuando todos estén sentados juntos y tengas un público cautivo.

Paso siete:

Crea rutinas familiares. Reserva tres momentos del día en los que te gustaría que hubiera una rutina organizada. Piensa en la mañana, el mediodía y la noche para tus tres momentos clave y empieza por uno de ellos. Elabora la secuencia y haz que la familia la ponga en práctica.

Puedes elaborar una tabla como ésta para las rutinas de tu familia. Cada persona es diferente, por lo que estas son sólo directrices y siempre hay espacio para la flexibilidad.

MAÑANA	MEDIODÍA	NOCHE:
Levantarse y vestirse.	Llegar a casa o estar en la escuela para la atención extraescolar y los deportes	La hora del baño y la preparación para la cena y la hora de acostarse.
Desayunar.	Comer la comida y pasar un rato de relax.	Disfrutar de la comida en familia.
Cepillarse los dientes	Desempacar la mochila escolar y hacer los deberes.	Lavarse los dientes y prepararse para ir a la cama.
Peinar el cabello para que luzca ordenado	Leer algo de un libro o estudiar.	Cuento antes de dormir y finalización tranquila del día.
Revisar la mochila escolar.	Guarda tus deberes. Ten tiempo libre o deportes recreativos.	Di buenas noches y apaga las luces para dormir bien hasta la mañana.
Prepararse para el autobús o el auto de mamá.	Ordena tu habitación si es necesario.	Es hora de que los padres tengan su propio tiempo y espacio personal.
Disfrutar de la mañana en el colegio.	Agradece la tarde que has pasado aprendiendo y divirtiéndote.	Dormir plácidamente en un entorno libre de caos.

Cuadros como éste son sólo una guía y hacen que todos sientan que hay un plan, y la idea es ganar la batalla al caos y encontrar el orden en el hogar y la rutina.

El simple hecho de tener hábitos, marcará una gran diferencia en la paz interior y la tranquilidad del hogar. Una rutina reduce los niveles de estrés y proporciona una base de paz y calma para la familia. Además. añade más tiempo al día porque el horario está estructurado e incluso se dispone de tiempo para la libertad de elección. Las familias que siguen una, experimentan menores niveles de estrés, mejores hábitos de salud y se sienten más productivas.

Tener una rutina te ayudará definitivamente a salir del molde del caos y a llevar un estilo de vida más saludable.

Una vez que hayas abordado el caos que rodeaba el espacio vital de la familia y la forma en que llevaban sus vidas en el día a día, entonces céntrate en las habilidades de crianza positiva e implementa la disciplina positiva en tu hogar.

¿Cómo se empieza a aplicar la crianza positiva y, en particular, la disciplina positiva?

Barack Obama, un presidente norteamericano, dijo esto:

"Proporcionar mucho amor balanceado por la estructura y la disciplina".

— BARACK OBAMA

Aquí algunas sugerencias sobre cómo aportar esa estructura y disciplina al mismo tiempo que se comienza con la crianza positiva. Son estos conceptos los que apoyarán tu misión de ser un padre positivo y traer la paz a tu hogar.

Aquí hay 7 consejos para obtener la armonía en tu hogar a través de la crianza positiva:

1. Poner límites razonables:

Los límites están ahí para protegerte como padre, para que a su vez puedas proporcionar las mejores habilidades de crianza a tu hijo. Comunicar respeto por los progenitores y enseñar a los hijos a respetar es una buena habilidad de vida para el presente y para el futuro, cuando ellos también puedan ser padres.

2. Procura ser firme, pero cariñoso al mismo tiempo:

Tratar a los niños con un tono de voz firme pero afectuoso ayuda a que se sientan seguros con tu modelo de crianza. Mantén un tono de voz disciplinario moderado, sin gritar, pero con firmeza y coherencia.

3. Utiliza las consecuencias naturales como forma de enseñar a tu hijo:

Hay muchas oportunidades de utilizar las consecuencias naturales para reforzar un punto sobre el seguimiento del comportamiento correcto. Los niños pequeños, en particular, quieren desafiar las normas de los padres. La vocecita que dice que "no" todo el tiempo y se niega a ponerse una chaqueta cuando hace frío podría sentir la repercusión de pasar frío en una excursión. Por supuesto, habrías metido una chaqueta en el coche, pero deja que tu hijo pequeño sienta el frío y la secuela de no llevarla, para que se dé cuenta de que mamá o papá tenían razón y hay que hacerles caso. Se trata de consecuencias naturales que conducen al aprendizaje de lecciones.

4. Ayuda a los niños a ver la lógica de tu disciplina como padre:

Ayudar a los niños a ver una lógica detrás de tu acción disciplinaria es otra forma útil de empezar con la crianza positiva. Por ejemplo, mantener los rompecabezas ordenados significa que se pueden completar más tarde y que no se perderán las piezas. Eso significa que hay una razón para guardar las cosas con cuidado.

5. Sé un buen modelo de conducta y muestra una actitud de respeto hacia los demás:

Si quieres que tus hijos te respeten como padre, es importante que les respetes a ellos. Sigue mi ejemplo y muestra amabilidad y gentileza con los otros, si eso es lo que te gustaría que te mostraran a ti. Practica el decir "por favor" y "gracias" como muestra de respeto. Ayuda a los niños a fijarse en los buenos modelos de conducta y a estar dispuestos a copiar sus cualidades.

6. Desarrolla sentimientos de empatía:

Conoce qué y cómo puede comportarse tu hijo en determinadas etapas de su vida. Esto te permitirá relacionarte con los momentos que atraviesa y te ayudará a empatizar. Al mismo tiempo, comparte la empatía con tus hijos.

7. Trabaja el "tiempo dentro" en lugar del "tiempo fuera":

El tiempo dentro es una herramienta poderosa. El principio del "tiempo dentro" consiste en apartar al niño de la situación en la que se ha portado mal y, junto con sus padres, dedicarle un momento a una sesión individual con uno de sus progenitores. Durante este tiempo padre e hijo pueden analizar la situación y el niño será disciplinado en consecuencia.

8. Aprende a conectar con tus hijos:

La comunicación en el nivel adecuado es una parte muy importante de la crianza positiva. Esto significa ser capaz de entender de qué es capaz tu hijo en sus etapas específicas y construir esa conexión a través del juego y pasando tiempo de calidad con él. Es un proceso de vinculación desde una edad temprana.

Cuando tu hijo nace, ese lazo comienza a crecer y cada poco de tiempo que pongas en construir ese vínculo contará para construir una gran relación con tu hijo.

9. Dedica tiempo a las actividades familiares:

El relacionamiento con la familia en su conjunto crea recuerdos especiales y valores familiares para compartir.

10. Ten un estilo de crianza de amor incondicional:

Enséñale a tu hijo, mediante el afecto y la crianza positiva, que por muchos errores que cometa sigue siendo amado y apreciado por ti y que es una parte muy importante de tu hogar.

"La infancia es efímera, así que deja que los niños sean niños y valora el tiempo que tienen juntos". Palabras de sabiduría de Abraham Lincoln. El decimosexto presidente de los Estados Unidos, que lo sabía todo sobre el caos, ya que dirigió la nación durante la Guerra Civil Estadounidense.

Llevar la paz a tu hogar es probablemente el atributo más buscado en la paternidad. Es el resultado deseado de todas las aportaciones de la crianza de los hijos, a través de intentar acertar con la crianza positiva y su nuevo estilo de disciplina. Piensa en lo que significa para ti la tranquilidad en el hogar. Es posible que tu casa no siempre parezca ni suene tranquila. Los niños tienen energía y están ocupados, pero el sentimiento subyacente desde tu perspectiva debería ser de paz en el ambiente. Esta sensación proviene de la colocación de los bloques que construyen los límites que rodean la crianza positiva. Cuando tengas una base sólida sobre la que construir y puedas referirte al estilo de crianza en el que creas, deberías empezar a experimentar ese sentimiento.

Hay una entrañable plantita llamada cariñosamente "paz en el hogar". Esta plantita necesita algo de sol, no demasiado, calor y agua. Le encanta estar en la cocina, la parte nutritiva de la casa. Si la tienes y la cultivas con éxito, adornará tu casa como un ejemplo de paz, a la vez que desprende oxígeno para ayudarte a limpiar el aire. Comparte la paz en tu hogar y observa cómo crecen tus hijos.

"Cuando invitas a la gente a tu casa, la invitas a ti".

— OPRAH WINFREY

Ten en cuenta estas palabras y añade también una planta de paz en tu hogar. Así, a través de la conexión con la naturaleza y la crianza de tus hijos, podrás afrontar las batallas y salir triunfante.

CONCLUSIÓN

Ya has leído el libro, has tomado nota de los consejos para la crianza de los hijos y, con suerte, has llenado de combustible tu avión para volar con las dos alas intactas y el depósito lleno de amor incondicional. Este libro de crianza positiva, con los consejos sobre cómo disciplinar con intenciones libres de culpa, tiene las dos alas de tu avión. El conocimiento y la habilidad a los que se refería Wilbur Wright en los días en que comenzó la aviación.

Este libro tiene como objetivo ayudarte a volar, navegar y comunicarte a través de tu viaje como padre. Puede que haya habido turbulencias en el camino, pero con los capítulos que te ofrecen una visión del desarrollo infantil y de los primeros años de la vida de un niño, deberías tener una mejor idea de cómo poner en práctica las nuevas habilidades. El análisis de los diferentes estilos de crianza a través de la auditoría de la paternidad, debería ayudarte a ver qué hacer y qué evitar. Los indicadores y los recordatorios de la buena y la mala crianza dan a los padres la oportunidad de evaluar dónde se encuentran sus habilidades en el momento actual. Nadie es perfecto, pero todos pueden tomar medidas para mejorar sus capacidades y conocimientos.

El cambio no siempre es fácil y encontrar buenos modelos de conducta cuando te embarcas en algo nuevo es un reto. Descubrir que uno debe ser un buen ejemplo tampoco es sencillo. Se dice que los niños recuerdan mucho más cómo les hicieron sentir sus padres que lo que les hicieron hacer. Entrar en contacto con tus sentimientos, así como con los de tus hijos, requiere un profundo sentido de la empatía y respeto mutuo.

Este es un libro práctico, y cada capítulo tiene sugerencias sobre cómo empezar a ejercer la paternidad positiva. Consulta los cuadros comparativos para tener una idea cabal de lo que hay que hacer y lo que no. Mírate sinceramente en el espejo que describe la buena y la mala crianza. Si reconoces alguna de las cualidades mencionadas, tómate el tiempo de ser honesto contigo mismo, y cambia.

La Oración de la Serenidad, conocida por muchos por ayudar a hacer cambios y ser realista sobre lo que puedes y no puedes cambiar, puede ayudarte en tu papel de padre:

Pide **serenidad** para aceptar las cosas que no puedes cambiar.
Valor para cambiar las cosas que sí puedes,
Y **sabiduría** para saber la diferencia.

La serenidad aporta paz y calma a la crianza de los hijos. El coraje es la fuerza que necesitas para afrontar los momentos de tensión. La valentía te ayuda a hacer los cambios y a afrontar el miedo al fracaso que puedas tener al asumir este nuevo papel en tu vida.

La sabiduría es el conocimiento y la experiencia que adquirirás con la lectura de este libro, el que podrás consultar en numerosas ocasiones para levantar la moral y marcar las casillas de la paternidad que personalmente te corresponden.

Este libro puede ayudarte a ver la diferencia entre lo que se puede cambiar y lo que tienes que trabajar de la mejor manera posible. ¿Estás preparado para practicar el amor incondicional y aprender a hablar y escuchar a tu hijo? ¿Puedes cambiar tu idea del tiempo frente a la pantalla basándote en los consejos de este libro? ¿Te darás cuenta de que trabajar en la construcción de la confianza con tu hijo es la respuesta a muchos otros problemas?

El último capítulo se habla de convertir el "campo de batalla" en un "lugar pacífico". Esa sería la recomendación definitiva para el libro y su contenido. Empieza por resolver los problemas negativos y el caos en tu hogar y convierte la zona de guerra en un lugar de paz. Utiliza las dos alas del avión, el Yin y el Yang de la armonía para mejorar tu entorno. Observa y escucha la diferencia mientras construyes una confianza y unos vínculos emocionales más profundos con tus hijos.

Siempre habrá escépticos en el camino. Los optimistas y los pesimistas que comentan tu viaje. Siempre hay dos caras en una historia y una puede resonar con la otra si buscas lo positivo con lo negativo.

"Tanto los optimistas como los pesimistas contribuyen a nuestra sociedad"

dice Gil Stein, arqueólogo, autor de "Repensar los sistemas mundiales".

"¡El optimista inventó el avión y el pesimista el paracaídas!"

— GIL STEIN

Se espera, con toda sinceridad, que este libro haga volar con optimismo tu avión de la paternidad. Que tengas siempre un paracaídas en el que apoyarte cuando los tiempos sean difíciles, y necesites un suave paseo hacia un aterrizaje feliz.

FIN

www.ingramcontent.com/pod-product-compliance
Lightning Source LLC
Chambersburg PA
CBHW030901080526
44589CB00010B/93